Angela Wegmann

Freizeit-Spaß mit Hunden

Spiele • Sport • Tricks

Ich möchte meiner Tante Mona danken, die mir
immer eine Unterstützung war. Meinen Freundinnen
Anni Grabrucker, Roswitha Messinger, Maja Nowotny,
Rosa Huber und Sabine Robl möchte ich für ihre
geduldige Mitarbeit bei den Fotoaufnahmen danken.
Nicht zuletzt gilt mein Dank allen Hunden, die
bereitwillig und ausdauernd ihre Künste für
die Fotos gezeigt haben.

Inhalt

Wichtige und interessante Themen im Überblick

Mensch und Hund
als Team

Einführung

Für die meisten Hunde ist ihr kleines Mensch-Hund-Rudel der Nabel der Welt.

Jeder dieser Vierbeiner genießt nichts mehr, als das Zusammensein mit seinen Menschen. Besonders glücklich kann man seinen Hund aber machen, wenn man sich viel mit ihm abgibt. Es gibt eine Vielzahl von Beschäftigungsmöglichkeiten für draußen und drinnen, die nicht nur dem Hund Spaß machen.

Dieses Buch zeigt verschiedene Möglichkeiten, was man mit seinem Hund im Haus, im Garten oder im freien Gelände alles unternehmen kann. Dabei wird auch auf bestimmte Rassedispositionen eingegangen. (Windhunde laufen für ihr Leben gern, Terrier sind verrückt nach Fang- und Ziehspielen usw.) Die freie Natur kann für Hund und Besitzer zum Erlebnis, ja zum Abenteuerspielplatz werden. Für die meisten der Spiele braucht man nur eine geringe oder gar keine Vorbereitung. Fantasie ist gefragt. Das Buch soll auch Neugier wecken, Ungewohntes zu erproben. Hund und Halter werden sich so immer besser kennen und schätzen lernen.

Sie möchten mehr erleben, als Ihren Hund durch allerlei Spiele und interessante Tricks psychisch und physisch zu fördern? Wem es Spaß macht, seinen Hund sportlich auszubilden und wer sich unter Umständen auch mit anderen Mensch-Hund-Teams messen will, dem steht die Welt des Hundesports offen. Je nach Veranlagung bzw. Rasse des Hundes und Vorlieben seines Besitzers gibt es eine Fülle von Angeboten. Für manche Sportarten ist kein großer Aufwand nötig. Andere erfordern die Mitgliedschaft in einem entsprechenden Verein und in vielen Fällen ein Training unter professioneller Leitung.

Aber auch die Freizeitgestaltung von Herrchen oder Frauchen wird viel interessanter, wenn der Hund dabei ist. Im Buch werden verschiedene Möglichkeiten aufgezeigt, wie Herr und Hund ohne Stress viel Spaß erleben können. Die notwendigen Planungen, Vorbereitungen und viele immer wieder auftauchende Fragen werden er- bzw. geklärt, bis hin zu Tipps, wie der Hund ohne Schaden eine Flugzeugreise übersteht.

Was auch immer Frau/Herr und Hund zusammen tun, wenn es beiden Teilen Spaß macht, ist es sinnvoll. Das Spiel ist Schule für das Leben und Training von körperlichen, geistigen und sozialen Fähigkeiten. Die Mensch-Hund-Bindung wird sich dadurch auf jeden Fall verstärken.

Erklärung der Symbole

Um dem Leser bei der Auswahl der Aktivitäten eine rasche Orientierung zu ermöglichen, wurden den einzelnen Spielen bzw. Gruppen Symbole zugeordnet, die auf einen Blick Auskunft geben über Zeitaufwand, geistige Förderung des Hundes, Fitnessfaktor und Ähnliches. Folgende 7 Gruppen wurden gebildet:

I. Zeitaufwand:

gering   hoch   sehr hoch   extrem hoch

Bei diesem Punkt habe ich mich bemüht, einen Durchschnittswert zu finden. Natürlich kann der Zeitaufwand individuell sehr verschieden sein. Das hängt viel von der Veranlagung und Vorbildung des Hundes sowie den Fähigkeiten und Kenntnissen des Hundeführers ab. Die angegebenen Werte sollen Sie aber vor unliebsamen Überraschungen schützen und verhindern, dass Sie enttäuscht ein Unternehmen mit Ihrem Hund abbrechen, weil Ihnen die Zeit zum Üben fehlt. Besonders bei der Freizeitgestaltung habe ich versucht, Zeitwerte zu finden, die Ihnen und dem Hund einen gewissen Fitnesserfolg bringen. Nach oben sind hier freilich kaum Grenzen gesetzt.

II. Geistige Förderung des Hundes:

normal   besonders   außergehoch   wöhnlich

Jede Beschäftigung mit dem Hund fördert auch seine psychischen Fähigkeiten. Hier gibt es aber Unterschiede. Werden in dem einen Fall »nur« Instinktanlagen gefördert und geformt, so verlangen andere Tätigkeiten schwierigere Verknüpfungen von angelernten Handlungen.

III. Ist ein Helfer oder Verein nötig:

| nein | eventuell | ja |

Viele Beschäftigungen mit dem Hund können alleine durchgeführt werden. Bei manchen anderen kann ein Helfer von Vorteil sein. Vor allem, wenn die Übungen als Sport durchgeführt werden, ist meist die Mitgliedschaft in einem Verein nötig. Bei dem angegebenen Symbol wird von den Mindestanforderungen ausgegangen.

IV. Muss der Hundeführer besondere Kenntnisse haben:

| keine besonderen | Spezial-kenntnisse | umfangreiche Spezialkenntnisse |

In meiner Hundeschule nehmen immer wieder absolute Anfänger an den Kursen teil, denen man »das gewisse Händchen« für Hunde bald anmerkt. Andere bemühen sich, möglichst viel Wissen und Fertigkeiten zu erlernen. Hier gibt es auch schöne Erfolge. Aber manche wenden das Erlernte mehr mechanisch an. Man hat das Gefühl, dass Ihnen das richtige »Feeling« fehlt. Wieder andere bemühen sich und kommen nie auf einen grünen Zweig.

Ein Mindestwissen über das Verhalten des Hundes und die Lerngesetze, wie es am Beginn dieses Buches beschrieben ist, wird vorausgesetzt. Ohne diese Kenntnisse kann ein Hund nicht erfolgreich gehalten und ausgebildet werden. Die Forderung von Spezialkenntnissen ergibt sich aus der Natur des Ausbildungszieles, das mehr oder weniger komplex ist. Bei diesen Kenntnissen muss man eigentlich zwischen Sachkenntnissen um eine Beschäftigung und speziellem Wissen der Tierpsychologie unterscheiden. Der angegebene Faktor soll dem Leser signalisieren, wobei er mit einem gewissen Mehraufwand zu rechen hat.

V. Für welche Hunde geeignet:

Rassen wie angegeben

alle Rassen

Der Vorteil von Rassehunden gegenüber dem Mischling, bei dem meist zumindest der Vater unbekannt bleibt, ist, dass sie mit großer Wahrscheinlichkeit ein bestimmtes vererbtes Verhaltensmuster an den Tag legen. Aber natürlich besteht jede Rasse aus Individuen, deren Verhalten unterschiedlich sein kann. Es hängt auch von den Vorlieben und Fähigkeiten eines Hundeausbilders ab, ob er mit einer Rasse in einer Sparte der Ausbildung Erfolg hat, die nicht unbedingt typisch für diese ist. Defizite bei den Fähigkeiten des Hundes können von einem erfahrenen und geschickten Hundeführer manchmal ausgeglichen werden.

Noch ein Wort zu den Windhunden: Dies sind meist hoch spezialisierte Jagdhunde, die ihre Beute vor allem mit den Augen aufspüren. In unseren Breiten kann man einem Windhund mit Rennen und Coursing nur spärlichen Ersatz für die Komplexität einer echten Jagd bieten, die durchaus auch geistige Fähigkeiten fordert. Auf keinen Fall soll hier aber der Eindruck entstehen, Windhunde seien dumm. Ihre Intelligenz ist jedoch vor allem in einem bestimmten Fach, der vom Menschen unabhängigen Hetzjagd, voll entwickelt. Daher schneiden Windhunde in den üblichen »Intelligenztests« auch so schlecht ab. Der Umgang mit ihnen erfordert deshalb besonders viel Einfühlungsvermögen.

VI. Fitnessfaktor für den Menschen:

normal   hoch

Was der eine mit Begeisterung und unter Einsatz seines Körpers tut, bringt der andere eher gemütlich zustande. Fitness-Fanatiker können aber an dem Symbol ablesen, ob sich die beschriebene Tätigkeit für sie lohnt.

VII. Fitnessfaktor für den Hund:

normal   hoch

Hier kann man ablesen, ob das vorgestellte Programm dem Hund auch die nötige körperliche Beschäftigung bringt, die manche Rassen zu einem ausgeglichenen Verhalten benötigen.

Die Bedeutung des Spiels für Wölfe, Wild- und Haushunde

Beobachtet man Wölfe oder Wildhunde im Rudel, so fällt auf, dass es nicht nur die Welpen und Jungtiere sind, die spielen – hin und wieder packt auch die erwachsenen Tiere der Rappel und sie beschäftigen sich spielerisch miteinander. Der ethologischen (Ethologie = Verhaltensforschung) Definition nach wird die Bezeichnung »Spielverhalten« auf alle diejenigen Verhaltensweisen angewandt, die für den entsprechenden Verhaltensbereich keinen »Ernstbezug« besitzen. Spielverhalten ist im Allgemeinen gekennzeichnet durch einen relativ hohen Anteil spontanen Verhaltens.

Die biologische Bedeutung des Spiels lässt sich im Wesentlichen in drei Bereiche gliedern: Den motorischen Bereich, also unter anderem das Einüben von Muskelfunktionen (z.B. für die Jagd nötige Bewegungen). Daneben werden die allgemeinen Wahrnehmungsfähigkeiten geübt und laufend verbessert. Schließlich werden im Spiel soziale Rollen eingeübt. Spielerisch messen die Jungtiere ihre Kräfte mit anderen Rudelmitgliedern (meistens mit den jüngeren) und wachsen so nach und nach in die lebendige Sozialstruktur ihres Rudels hinein. Durch das Spiel verbessert sich die Kommunikation mit dem Rudel. Man kann mit vollem Recht sagen, dass das Spiel eine Schule für das Leben ist.

Das Spielverhalten unserer Haushunde ist dem ihrer wilden Vorfahren weitgehend gleich. Auch der junge Haushund übt seine Muskeln und Gewandtheit. Die größte Bedeutung und auch Chance für unseren Umgang mit dem Hund liegt darin, das Verhältnis zu unserem Hund im Hinblick auf unsere Rolle als »Rudelchefs« spielerisch aufzubauen. Stellen Sie sich so einen kleinen Rottweilerwelpen vor. Der kleine Wonneproppen versucht vielleicht schon im zarten Alter von 10 Wochen seinen Kopf durchzusetzen. Im Spiel kann er lernen, dass der Mensch den Ton angibt und nicht er. Spätestens wenn der Kleine 2 Jahre alt ist und 55 kg wiegt, erkennt man den großen Vorteil der rechtzeitigen Lenkung. Im Spiel gewinnt immer der Mensch, so

Zwei Dalmatiner-Welpen spielen mit einer »Kampfsocke«.

11

wie bei Unterordnungsübungen der Mensch den Ton angibt. Aber mindestens ebenso wichtig ist die Möglichkeit, dem Hund »so ganz nebenbei« im Spiel vieles zu lehren, was er meist ein Leben lang mit Freude ausführen wird.

Die Bedeutung des Spiels für die Mensch-Hund-Beziehung

Im Vergleich zu ihren wilden Vorfahren sind Haushunde »ewige Kinder«, praktisch nicht voll entwickelte Wölfe. Aber das erst macht uns den Umgang mit den Hunden in unserer engen Umwelt möglich. Wölfe, die von Nicht-Fachleuten gehalten werden, sind wegen ihres »wilden« Verhaltens, meist nach der Pubertät, nicht mehr als Haustiere geeignet. Viele Hunderassen sind hingegen dafür bekannt, dass sie ihren Spieltrieb bis ins hohe Alter behalten (z.B. viele kleine Terrierrassen oder der Deutsche Schäferhund).

Die spielerische Beschäftigung mit dem Hund lässt Mensch und Tier enger zusammenwachsen. Gemeinsame positive Erlebnisse und das erfolgreiche Lösen von Aufgaben schweißt

Deutsch-Drahthaar-Rüde Olex sucht die Nähe zum Menschen.

zusammen. Spielen bringt für den Hund und seinen Halter physische und psychische Vorteile. Der Körper bleibt fit und der Geist beweglich. Herrchen oder Frauchen lernen viel über sich und vor allem über ihren Hund.

Können Sie Ihrem Hund deutliche Signale über die Sprache und Ihre Bewegungen übermitteln? Haben Sie die Geduld, Ihren Hund zu beobachten, um auch auf sein individuelles Spielmuster einzugehen? Würde es Ihnen Spaß machen, mit Ihrem Hund auch einmal auf dem Boden herumzutollen? Sicherlich! Sonst hätten Sie sich nicht dieses Buch gekauft. Ihr Hund hatte diese Wahl nicht. Aber auch er wird begeistert sein, für und mit seinen Menschen etwas erleben zu können. Gerade der Spaß an der Bewegung und dem Lösen von bestimmten Aufgaben führt manche Hundehalter zum Sport mit dem Hund. Der unverkrampfte und stressfreie sportliche Wettkampf ist für viele Menschen die Krönung einer tief gehenden Beschäftigung mit ihren Hunden.

Wie lernt der Hund?

Unsere Hunde sind wie alle Lebewesen darauf angewiesen zu lernen. Sonst könnten sie nicht überleben. Die meisten Hunde lernen erstaunlich schnell, andere brauchen mehr Zeit und Hilfen. Aber mit dem nötigen Einfühlungs- und Durchhaltevermögen in Verbindung mit Konsequenz lässt sich für den noch festeren Zusammenhalt zwischen Mensch und Hund sehr viel Positives tun.

Zu den wichtigsten Lernvorgängen, die von der Verhaltensforschung unterschieden werden, gehört die Konditionierung. Diese Art des Lernens ist der Grundstock für alle in diesem Buch vorgestellten Lernvorgänge. Bedient man sich der **klassischen** oder **bedingten Konditionierung**, lernt der Hund praktisch am Erfolg. Berühmt sind Pawlows Hunde. Pawlow hat zunächst die Speichelabsonderung von Hunden beim Verlangen nach Nahrung gemessen. Immer wenn die Hunde gefüttert wurden, wurde ein Klingelzeichen gegeben. Bald zeigte sich, dass nur der Klang des Klingelzeichens ohne Futtergabe ausreichte, um bei den Hunden Speichelabsonderung zu erzeugen, als ob Futter da wäre. Das Klingeln alleine wurde zum Signalreiz, der die dazu gehörige Reaktion (Speichelabsonderung) auslöste. Es ist ein so genannter bedingter Reflex entstanden. Bei der klassischen Konditionierung lernt der Hund praktisch unfreiwillig.

Im Gegensatz dazu steht die **operante** oder auch **instrumentelle** Konditionierung. Hier findet eine so genannte bedingte Aktion statt. Eine neue Geste (das erwünschte Verhalten) des Hundes wird mit der Befriedigung eines Verlangens (zum Beispiel nach Spiel oder Fressen) verknüpft. Darauf basieren die meisten Erziehungs- und Ausbildungsmethoden. Führt der Hund diesen oder jenen Befehl aus, erhält er einen Futterbrocken oder er darf mit seinem Lieblingsspielzeug herumtollen. Der Hund lernt praktisch am »Erfolg«.

Der Mensch als Rudelführer

Das Sozialverhalten von Mensch und Hund hängt eng mit ihrem geselligen Gruppenleben zusammen. Das Mensch-Hund-Rudel ist sozusagen eine gemischte Gruppe. Der Hund erkennt den Menschen wie ein »Alpha-Tier« an. Die Gefolgschaftstreue des Hundes muss sich der Mensch aber erst verdienen. Wenn es dabei nur um Fitness und körperliche Stärke ginge, müsste so mancher Hundebesitzer vor seinem Bernhardiner oder seiner Dogge kapitulieren. Gefragt sind also echte Führungsqualitäten.

Man kann einen Hund zu vielem zwingen, aber erstens wird solch ein bedauernswertes Tier nie freudig seinem Menschen folgen und zweitens kann es gut sein, dass sehr selbstsichere Hunde sich eines Tages buchstäblich mit Zähnen und Klauen wehren. Gerade aber bei Spiel, Spaß und Sport hat der Halter die Möglichkeit, seinen Hund erfolgreich zur Lösung kleinerer oder größerer Aufgaben anzuleiten, so wie das Leittier des Wolfsrudels sein Pack zur erfolgreichen Jagd führt. Besonders im Spiel zeigt sich die Qualität der Beziehung zwischen dem Menschen und seinem Hund.

Der Golden Retriever genießt das Balgen auf dem Boden.

Bei sehr dominanten Hunden muss man eine Einschränkung für die Spiele machen: Der Halter darf sich hier nie auf die gleiche Ebene mit dem Hund oder gar unter ihn stellen. Darauf muss man vor allem beim freien Toben mit dem Hund achten. Auf der anderen Seite können ängstliche Hunde beim Balgen auf dem Boden sehr viel lernen, wenn sich ihr Mensch auf ihre Größe herab begibt.

Können Kinder mit dem Hund spielen ?

Kinder und Hunde können wunderbare Spielgefährten sein, die eine ganz besondere Gemeinschaft bilden. Unbestritten ist auch, dass die Beschäftigung mit dem Tier das Kind in vielen Belangen fördert. Damit es nicht zu Missverständnissen kommt, müssen ein paar Regeln eingehalten werden.

Wichtig ist zunächst, welche Stellung ein Kind im Mensch-Hund-Rudel hat. Wenn man sich vor Augen hält, dass jeder Wolf im Laufe seines

Lebens in der Rangordnung aufsteigen oder fallen kann, ist es nicht weiter verwunderlich, dass ein Kind in der Familie, je nach Alter, verschiedene Positionen einnehmen kann. Kleinkinder bis zum Alter von etwa 5 Jahren stuft der Hund normalerweise als Welpen ein. Somit haben die Kleinkinder gewisse Sonderrechte. Der Hund betrachtet sie zwar als in der Rangordnung unter ihm stehend, aber Kleinkinder genießen eine Art Narrenfreiheit. Im Schutze des Welpenstatus dürfen sie sich dem ranghöheren Hund gegenüber einiges erlauben.

Wenn das Maß aber voll ist, kann es sein, dass der Hund das Kind zurechtweist. Wie dies aussieht, ist individuell verschieden und hängt von der Persönlichkeit des Hundes ab. Während selbstsichere, ruhige und allgemein kinderliebe Hunde sich einfach zurückziehen, kann es bei einem anderen Hund sein, dass er (in der Regel sehr vorsichtig) das Kind »zwickt«. Hundezähne hinterlassen aber auf zarter Kinderhaut schnell Spuren. Solche Vorfälle sollte man nicht verharmlosen, aber sie müssen auch kein Anlass zu Hysterie sein.

Wichtig ist, dass das Kind von klein auf lernt, den Hund in seinem Refugium in Ruhe zu lassen (Hundekorb, Decke, ein bestimmtes Zimmer etc.). Diese Orte sind für das Kind tabu! Alle Handlungen, die den Hund dazu bringen, seine Stellung im Familien-Rudel zu verteidigen, müssen dem Kind verboten sein. Vor allem lebhafte Kinder verlieren im Eifer des Gefechtes schnell einmal das Gefühl dafür, wie weit sie gehen können. Dies ist auch der Hauptgrund, warum man nie (!) ein Kind mit einem Hund, und sei er noch so kinderlieb und zuverlässig, alleine lassen darf.

Alles was dem Hund weh tut, ist verboten. Besonders Kleinkinder neigen dazu, sich im Fell, an den Ohren oder am Schwanz festzuhalten. Zeigt der Hund deutlich, dass damit seine Toleranzgrenze überschritten ist, muss das Kind sofort aufhören. Andernfalls könnte sich der Hund genötigt sehen zu »zwicken«.

In Kindern bis zu etwa 8 Jahren sieht der Hund meist noch Untergeordnete. Das Kind sollte dem Hund keine Befehle geben, die vom Hund eine gehörige Portion Unterordnung verlangen

Kinder und junge Hunde verstehen sich meist problemlos.

*Schäferhund-Rüde Norbo ist viel
zu groß und stark, um von
einem Kind geführt zu werden.*

und seinen Rang im Rudel in Frage stellen würden. Kinder zwischen etwa 8 und 12 Jahren betrachtet der Hund als gleichrangig. Das Zusammenleben ist in aller Regel problemlos. Der Hund gesteht dem Kind gleiche Rechte zu. Solange der Vierbeiner nicht das Gefühl hat, dass ihm das Kind den Rang streitig macht, ist der Umgang freundlich. Ältere Kinder und Jugendliche werden meist problemlos als übergeordnet akzeptiert, solange der Hund nicht schikaniert wird. Das gilt vor allem, wenn der Hund zusammen mit dem Kind in der Familie groß werden konnte.

Es gehört zur Sorgfaltspflicht der Eltern dem Kind beizubringen, dass der Hund kein Spielzeug

ist, das nach Belieben benutzt oder in die Ecke gestellt werden kann. Kinder sind auch jeder Art von Rangelei und Kampfspielen mit einem großen Hund nicht gewachsen. Auch das wilde Jagen nach Scheinbeuten aller Art ist bedenklich, weil die Beißhemmung des Hundes abgebaut wird. Wenn ein Spiel außer Kontrolle zu geraten scheint, müssen Sie mit einem deutlichen AUS, FERTIG oder SCHLUSS dem Hund anzeigen, dass das Spiel zu Ende ist. Die Bedeutung dieses Wortes müssen Sie dem Hund freilich vorher beibringen. Größere Kinder können das Kommando selbst verwenden und so auch ihre Position stärken. Vor allem beim Tauziehen muss diese Kontrollmöglichkeit gegeben sein. Für kleinere Kinder eignet sich das Tauziehen nicht.

Einige »kindergeeignete« Spiele mit dem Hund sind:

■ **Verstecken:** Die meisten Hunde achten bei Familienausflügen ganz von selbst darauf, dass ja keiner verloren geht. Besonders die Hütehunde, wie z.B. der Deutsche Schäferhund oder der Border Collie, sind prädestiniert für solche Aufgaben. Lehren Sie dem Hund nun Schritt für Schritt das Suchen nach Personen. Schon bald (siehe dazu auch Seite 31ff.) wird Ihr Hund begriffen haben, um was es geht. Auch Kinder sind begeistert von diesem Spiel.

■ **Kleine Kunststückchen:** Sehr schnell lernt der Hund das Pfote geben (siehe Seite 67f.).

■ **Wurfspiele aller Art:** Der Hund jagt einer »Beute« nach, fängt sie und liefert sie bei seinem Menschen ab. Die Betonung liegt auf dem Abliefern. Wenn Erwachsene dem Hund dieses Spiel schon beigebracht haben, können Kinder unter Aufsicht mit dem Hund spielen. Achten Sie dabei darauf, dass Kinder dazu neigen, sich an der Jagd zu beteiligen. Das bedeutet für den Hund eine gewisse Art von Rivalität und verleitet das Tier leicht, das Bringen zu verweigern.

■ **Such-Verloren-Spiel:** Das Kind »verliert« einen Gegenstand, wie z.B. ein Taschentuch oder einen Handschuh. Wenn der Hund dann das Verlorene gefunden hat, gibt es einen großen Freudentanz oder eine andere Belohnung (siehe Seite 22ff.).

Spaziergänge
für den Hund
zum Erlebnis machen

Anleitung zur Neugier:
Ihr Welpe entdeckt die große Welt

Ihr Welpe wird in der Regel zwischen 8 und 12 Wochen alt sein, wenn Sie ihn vom Züchter holen. Für den Kleinen bedeutet das Abschied nehmen von seiner Mutter, seinen Geschwistern und der vertrauten Umgebung. Seien Sie nachsichtig. Der kleine Hund erfährt den ersten großen Einschnitt in seinem Leben. Bedrängen Sie den Welpen in den ersten zwei, drei Wochen nicht. Der Kleine braucht zunächst nur Zeit, sich in Ruhe an Sie und sein neues Heim zu gewöhnen.

Wenn Sie mit dem Zwerg Gassi gehen, tun Sie dies in erster Linie für die Erziehung zur Stubenreinheit. Große Ausflüge würden den Hund körperlich überfordern. Die Gelenke und Bänder sind noch weich und anfällig. Spätestens wenn sich der Kleine bei einem Spaziergang immer wieder hinlegt, ist es Zeit, umzukehren oder den Welpen zu tragen.

Gönnen Sie Ihrem Welpen über den Tag verteilt nach und nach bis zu 1 Stunde Ausgang. Gehen Sie aber nie länger als eine halbe Stunde am Stück spazieren. Jetzt haben Sie vor allen Dingen Zeit, zu Hause mit dem Welpen zu spielen. Beziehen Sie allenfalls noch Ihren Garten und die nähere Umgebung mit ein.

Wenn der junge Hund dem 5. Lebensmonat entgegengeht und vom Welpen zum Junghund wird, hat er sich längst eingewöhnt. Jetzt gehen Sie daran, ihn unbekanntes Territorium erobern zu lassen. Wie ein Schwamm wird seine Nase alle neuen Gerüche einsaugen. Lassen Sie ihn zunächst alleine. Er braucht Zeit, sich unbeeinflusst mit allem auseinander setzen zu können.

Halten Sie sich im Hintergrund. Nur wenn Gefahr droht oder der Hund etwas Unerwünschtes tun will, greifen Sie ein. Wenn der Hund sich zu einem Schläfchen zusammenrollt, wird er genug haben.

Ein kleiner Retriever-Welpe vor dem Erkunden der großen weiten Welt.

Bald wird es in der gewohnten Umgebung nichts Neues mehr zu entdecken geben. Erkundungen für Fortgeschrittene sind nun angesagt. Wenn Ihr Hund sich bis jetzt gut entwickelt hat, wird ihm auch nicht der Mut zum Ausprobieren fehlen. Jetzt sollten Sie praktisch als »Expeditionsleiter« in Aktion treten. Ihre Spaziergänge werden nun länger (bis zu ca. einer Dreiviertelstunde). Nach Möglichkeit sollte der Hund dabei frei laufen dürfen.

Setzen Sie den Rahmen und leiten Sie den jungen Hund an. Welches Spiel könnte interessant für ihn sein? Was kann er ohne Gefahr erkunden? Unter einer kleinen Brücke kann man durchgehen. An einem warmen Tag lädt seichtes Wasser zum fröhlichen Plantschen ein. Eine Plane bewegt sich geräuschvoll im Wind. Aber siehe da, wenn die Zurückhaltung erst einmal überwunden ist, finden sich unter der Plane Gutis oder ein Spielzeug!

Es gibt immer wieder kleine Draufgänger, die mutig die Sache selbst in die Hand nehmen. Ihr Hund kann aber auch zu den eher empfindsamen Seelen gehören, die sich nur in Ihrer Umgebung sicher fühlen. Wenn Ihr Kleiner zögert oder sich sogar zurückzieht, müssen Sie ihn mit Geduld und Einfühlungsvermögen zeigen, dass ihm keine Gefahr droht. Zerren Sie niemals einen ängst-

Spielen für Anfänger: die Prägungstage

Diese Spieltage sind wichtig für alle Welpen, vor allem wenn es sich um Einzelhunde handelt. Bei fachkundiger Betreuung machen Prägungsspieltage dem Hund viel Spaß und vor allem der unerfahrene Hundehalter lernt sehr viel über Hunde. Die Zahl der von Vereinen und privaten Hundeschulen angebotenen Kurse steigt. Aber nicht alle sind empfehlenswert.

Woran erkennen Sie fachlich gut durchgeführte Prägungstage? Schauen Sie sich zunächst eine Stunde an. Ist die Anzahl der Teilnehmer höher als Zehn? Wenn ja, dann darf man davon ausgehen, dass zwar nicht unbedingt der Welpe, aber der einzelne Besitzer zu kurz kommen kann, wenn es um Erklärungen für ein spezielles Verhalten seines Hundes geht. Die Welpen müssen auf dem Gelände gefahrlos frei laufen können. Am besten ist das Gelände eingezäunt. Die Gefahr, dass sich ein Welpe absichtlich von der Gruppe entfernt, ist freilich nicht groß. Aber im Eifer des Spiels wird es schon vorkommen, dass so ein kleiner Wicht seinen Besitzer »vergisst«.

Auf dem Spielgelände sollten sich die verschiedensten »Spielzeuge« befinden. Freilich ist es mit der beliebten Ballkiste nicht getan. Wichtig sind auch alle möglichen Untergründe – wie zum Beispiel Wellblech oder große Steine –, die der Hund mit den Pfoten ertasten kann und andere Spielmöglichkeiten (zum Beispiel Stofftunnel, kleine Bäche etc.). Der oder die Leiterin des Kurses sollte sich für jeden einzelnen Hund Zeit nehmen, bei Schwierigkeiten dem Hund helfen und seinem Besitzer das Warum erklären. Die Welpengruppe sollte möglichst homogen sein, das heißt die Welpen sollten in etwa gleich alt und groß sein. Freilich ist es auch wichtig, dass ein Welpe Umgang mit erwachsenen, gut sozialisierten Hunden haben kann, aber das gehört weniger in die Sparte von Prägungstagen als von freien Spielgruppen. Dabei muss man immer beachten, dass kleine und zarte Welpen leicht zu Mobbing-Opfern werden, wenn es stärkere Hunde in der Gruppe gibt. Das darf der Besitzer auf keinen Fall dulden.

lichen Hund an das Furcht-Objekt heran. Überreden Sie ihn vielmehr mit liebevoller Konsequenz. Der kleinste Schritt nach vorne wird belohnt.

Die Hundewiese ist für Ihren jungen Hund wieder etwas Neues. Sorgen Sie aber zunächst dafür, dass er nur mit freundlichen Hunden, die sachte spielen, zusammentrifft. Bereits im Alter von 8–12 Wochen befinden sich Welpen entwicklungspsychologisch in der Sozialisierungsphase. Das heißt der junge Hund entwickelt schon früh den Sinn für Gemeinschaft. Im Spiel kann man also von Anfang an die Bereitschaft zur Unterordnung fördern. Alle Arten von sozialen Spielen sind dabei besonders gefragt. Dies sind Spiele bei denen der Mensch mit seinem Hund im Team arbeitet. Zum Beispiel hat der Mensch seinen Schlüsselbund »verloren«. Nun sucht Frauchen oder Herrchen zusammen mit dem Hund nach dem Schlüsselbund im hohen Gras. Ihr Eifer wird sich auf den Hund übertragen und alle werden glücklich sein, wenn der Hund das Verlorene gefunden hat. Sie können zusammen mit Ihrem Hund auch ein schwieriges Gelände begehen.

Eine vorbildliche Züchterin lässt ihre Beauceron-Welpen die Natur entdecken.

(Vorsicht vor Verletzungsgefahr! Überanstrengen Sie den jungen Hund nicht.) Wenn es geschafft ist, wird nicht nur Ihr Hund stolz auf seine Leistung sein.

Wann ist ein Hund noch ein Welpe – wann ist er ausgewachsen und erwachsen?

Bei vielen Leuten besteht die Meinung, dass ein Hund bis zu einem Alter von einem halben Jahr oder sogar darüber hinaus bei anderen Hunden Welpenschutz genieße. Dies ist ein Irrtum. Relative Narrenfreiheit haben nur ganz junge Welpen bis zu einem Alter von ca. 3 Monaten. Darüber hinaus werden junge Hunde auch in einem Wolfsrudel mehr oder minder drastisch zurechtgewiesen. Auch wenn ein noch junger Welpe einem fremden älteren Hund zu sehr auf die Nerven geht, und unablässig unterwürfig dessen Maulspalte zu lecken versucht, kann es zu einer Erziehungsmaßnahme kommen.

Die Frage, wann ein Hund ausgewachsen ist, ist je nach Rasse unterschiedlich. In der Regel sind kleine Rassen eher frühreif, größere lassen sich mehr Zeit. Bernhardiner oder Doggen sind körperlich erst mit einem Alter von ca. 3 Jahren physisch ausgewachsen, psychisch erwachsen sind sie noch später. Bei den Gebrauchshunden sind die Deutschen Schäferhunde ausgesprochene Frühentwickler, die mit ca. 2 Jahren ihre Entwicklung abgeschlossen haben. Rottweiler sind mit 2 Jahren dagegen noch regelrecht kindisch. Sie brauchen etwa 3 Jahre, um erwachsen zu werden.

Im Alter von 5–6 Monaten durchlebt Ihr Hund die Rudelordnungsphase. Junge Wölfe werden in dieser Zeit mit Ihren Aufgaben bei der komplizierten Großwildjagd des Rudels vertraut gemacht. Der Ernst des Lebens beginnt. Damit das Rudel erfolgreich jagen und somit überleben kann, muss der junge Wolf drei Voraussetzungen erfüllen: Erstens unbedingte Disziplin, zweitens Kooperationsbereitschaft und drittens die bedingungslose Anerkennung eines erfahrenen Anführers. Es sind zum großen Teil sinnvolle Spiele, die dem jungen Haushund vollkommen zwanglos Ihre Vormachtstellung als »Rudelführer« deutlich machen.

Bei Zerrspielen lernt der Hund, dass Sie als Rudelführer jederzeit das Spiel beenden können und dass er das »Beutesstück« ohne Murren hergeben muss. (Achtung: Im Zahnwechsel etwa zwischen dem 4. und 6. Monat bitte keine Zerrspiele!)

Stadtluft schnuppern macht mutig

Hunde, die in der Stadt wohnen, finden an ihrer alltäglichen Umgebung nichts Interessantes mehr. Hunde, die vom Land kommen, müssen sich mit einer manchmal beängstigenden Mischung aus unbekannten Gerüchen und Geräuschen auseinandersetzen.

Es gibt Hunde, die mehr »ängstlich« sind, andere sind eher »mutig«. Mit Geduld, aber auch einem Quäntchen Durchsetzungsvermögen, leiten Sie Ihren Hund zu der vermeintlichen Gefahrenquelle hin. Nur so kann sich der Kleine von der Ungefährlichkeit überzeugen. Jeder Tag ist ein Erfolg, wenn der junge Hund ein Stück Sicherheit gewonnen hat.

Menschenmengen bieten eine besondere Herausforderung. Zur Sicherheit nehmen Sie Ihren Welpen oder sehr kleinen Hund auf den Arm, wenn es zu dicht wird. Nur so kann der Hund nicht aus Versehen getreten werden. Er hat Zeit, sich mit der neuen Situation auseinander zu setzen. Ruhiges Verhalten wird belohnt. Aggressionen, vor allem auch bei Kleinhund-Rassen, dürfen Sie nicht dulden (PFUI oder AUS). Besteht keine Gefahr mehr durch zu viele Menschen, setzen Sie Ihren Welpen oder Kleinhund wieder auf seine vier Pfoten.

Nehmen Sie den Hund an die Leine. Der Stadtverkehr birgt zu viele Gefahren. Hunde in der Stadt müssen sich daran gewöhnen, dass sie nicht zu allen Artgenossen hinziehen dürfen. Zwar kann Ihr Hund dann nicht mehr so viele vierbeinige Kontakte pflegen, aber sein Gehorsam wird geschult. Lassen Sie Ihrem Hund aber auch genügend Freilauf. Das braucht jeder Hund.

Dieser Foxterrier verhält sich im Straßenverkehr ruhig und sicher.

Das Geschäft mit dem Geschäft

Wann immer Sie sich mit Ihrem Hund auf einem Gelände befinden, dass der Öffentlichkeit zugänglich ist, aber auch wenn Sie nach dem gesunden Menschenverstand das Gefühl haben, dass die Hinterlassenschaften Ihres Vierbeiners stören: Die »Tüte«, genügend Papier, einen Lappen und eine Plastiktüte sollten Sie vor allem bei einem Welpen immer mit sich führen. Auch ein erwachsener Hund kann es durch Aufregung plötzlich sehr eilig haben, ein geeignetes »Örtchen« aufzusuchen. Seien Sie sich nicht zu gut, um die Hinterlassenschaft Ihres Hundes wegzuräumen. Unsere Umwelt wird immer enger. Tragen auch Sie dazu bei, dass das Ansehen der Hunde in unserem Land sich bessert. Die Schweiz kann da ein gutes Vorbild sein. Dort sind an allen wichtigen Auslaufgebieten Tütenhalter und Abfallkörbe aufgestellt, sodass das »Geschäft« problemlos entsorgt werden kann.

In der Stadt kann man mit dem jungen Hund nur Spiele machen, bei denen er an der Leine (Sicherheit!) bleiben kann. Dafür eignet sich ein Doppelführer, der nach Bedarf auf eine Länge von ca. 2 m aufgeschnallt werden kann. Wer mit einer Flexi-Leine (Rollleine) gut umgehen kann, kann auch eine solche verwenden.

In der Stadt lassen sich vor allem Übungen wie jegliche Art von Hindernisbewältigung gut durchführen. Besonders viel Mut vom Hund und Einfühlungsvermögen vom Menschen verlangen Kaufhauseingänge. Dort finden sich nicht nur breite Gitter, deren Überwindung alleine schon den meisten Hunden viel Mut abverlangt, sondern oft auch noch ein Gebläse. Gehen Sie solche Herausforderungen mit aller Ruhe und Geduld an. Nehmen Sie den Hund nie mit zu einem schnellen Einkauf, außer Sie können ihn, wenn Sie in Eile sind, über das Eingangsgitter tragen.

Heut geh'n wir in den Zoo

Neues riechen, sehen, hören – ein bunter Überraschungsstrauß bietet sich den Sinnen Ihres Hundes im Tiergarten. Erkundigen Sie sich aber vor einer Anreise. Nicht alle Zoos erlauben das Mitführen von angeleinten Hunden. Seien Sie nicht überrascht, wenn Ihr ansonsten recht mutiger Hund auf den Geruch von Raubkatzen ängstlich reagiert. Die meisten Hunde sind hier vorsichtig und ziehen sich zurück. Aggressionen sollten Sie nicht dulden. Lassen Sie Ihrem Hund Zeit, sich von der Ungefährlichkeit eines anderen Tieres zu überzeugen. Drängen Sie ihn nicht, an einen Käfig oder ein Gehege heranzutreten. Aber Sie sollten trotzdem Konsequenz walten lassen.

Wenn Ihr Hund keine Anzeichen von Panik (bei Raubtieren möglich) zeigt, paaren Sie Konsequenz mit freundlicher Überredung. Nur eine gelöste Aufgabe bringt dem Hund mehr Sicherheit.

Auch für den Zoobesuch ist eine Doppelführleine gut geeignet. Im Gedränge wird die Leine auf etwa 1 m geschnallt, wenn mehr Raum zur Verfügung steht, könne Sie die ganze Leinenlänge nutzen. Sie sollten auch auf solchen Spaziergängen darauf achten, dass der Hund in der Regel an der lockeren Leine geht. Große Aufregung verleitet den Hund leicht zum Ziehen. Bleiben Sie dann einfach stehen, bis sich Ihr Hund zu Ihnen umdreht und die Leine locker wird. Erst dann gehen Sie weiter. Der Hund wird früher oder später begreifen, dass er nicht an sein Ziel kommt, wenn er zieht.

Die meisten Hunde sind bei ihrem ersten Spaziergang durch einen Zoo derart aufgeregt und vielleicht sogar auch unter Stress, dass Sie auch bei kühlem Wetter immer mindestens 1 Liter Trinkwasser für den Hund dabei haben sollten. Sehr bewährt haben sich Plastik-Faltschüsseln, die zusammengelegt in jeder Hosentasche Platz finden. Auch sollten Sie für den Fall der Fälle Tüten dabei haben, um ein Malheur Ihres Vierbeiners diskret zu beseitigen.

Tiergärten, die das Mitführen von Hunden an der Leine in der Regel kostenlos erlauben, sind u.a. zu finden in Berlin: Tierpark Friedrichsfelde; Bremen: Wildpark Lüneburger Heide, Niendorf; Hamburg: Wildpark Schwarze Berge; Hannover: Zoo Hannover (Hund kostet DM 10,– Eintritt); München: Tierpark Hellabrunn; Rhein-Main-Gebiet: Opel-Zoo in Kronberg im Taunus.

Suchspiele mit Gegenständen

viele Rassen, außer Windhunde

Die meisten Hunde verlassen sich in erster Linie auf ihre Nase, um ein Gebiet zu erkunden. Wenn Sie das Auslaufgelände öfter wechseln, tun Sie Ihrem Hund schon etwas Gutes. Sie können einen Spaziergang mit Suchspielen aber noch viel interessanter gestalten und haben nebenbei den Effekt, dass Sie mit Ihrem Hund »spielerisch« immer mehr zusammenwachsen.

Es gibt zwei Arten von Suchspielen: Entweder der Hund verfolgt mit tiefer Nase eine Fährte und findet so einen Gegenstand, oder der Vierbeiner versucht mit hoher Nase den Geruch des Gegenstandes aufzunehmen und ihn so zu orten.

Welche Gegenstände eignen sich für das Suchspiel? Zunächst einmal für den Anfängerhund alle aus Stoff und Leder. Ein Handschuh

Schäferhund-Rüde Norbo sucht mit tiefer Nase einen Gegenstand.

Das richtige Spielzeug

Das Hundespielzeug muss in erster Linie sicher und funktional sein. Im Moment wird der Markt überschwemmt mit Spielzeug in den verschiedensten Formen und Farben. Vieles kaufen Hundebesitzer, weil es lustig oder originell ist. Dem Hund sind modische Erwägungen gleichgültig. Er zieht an einem alten Strumpf genauso gerne wie an einem komplizierten Seilaufbau. Es gibt aber auch käufliches Spielzeug, das relativ schwer selbst herzustellen ist und gute Dienste tut. Im Folgenden will ich eine kleine Grundausstattung vorstellen, mit der Sie dem durchschnittlichen Hund viel Freude bereiten können.

■ Der Klassiker: ein Ball. Der Ball sollte widerstandsfähig, aber doch nicht zu hart sein. Moosgummi zerlegen aber selbst zarte Hunde recht schnell. Tennisbälle sind oft gefärbt und sie enthalten Stoffe, an denen sich der begeisterte Tennisballkauer die Zähne abschleifen kann. Sehr sinnvoll ist ein Ball an der Schnur.

■ Zieh- und Zerrspielzeug: Für junge und zarte Hunde ist immer noch die »Kampfsocke« der Hit. Stopfen Sie eine alte Socke mit anderen Textilien aus. Durch die Füllmenge kann man den Härtegrad des Spielzeuges, das heißt den Widerstand gegen die Hundezähne, leicht variieren. Kongs gibt es in der Zwischenzeit in allen möglichen Größen von mini bis ultra maxi. Kongs sind trotz ihrer Härte bei Hunden sehr beliebt, da sie beim Auftreffen auf den Boden spannende Wege zurücklegen, die nicht so leicht vorherschaubar sind. Den Kong gibt es auch an der Schur. Dies ist ein empfehlenswertes Spielzeug. Auch Knoten aus Seilmaterial – ebenfalls in verschiedenen Größen erhältlich – sind eine durchaus sinnvolle Investition. Beißwürste aus widerstandsfähiger Jute sind ebenfalls zu empfehlen, zumal wenn sie mindestens an einer Seite eine Schlaufe zum Halten haben. Ohne Schlaufe sind bei manchen wilden Hunden ohne Absicht Ihre Finger in Gefahr. Die Würste werden in unterschiedlicher Qualität angeboten. Manche sind nur zusammengerollt und verklebt. Diese Würste öffnen sich beim rauen Spiel sehr schnell und sind dann nur noch ein Lappen. Besser sind vernähte Beißwürste. Für manche Hunde unwiderstehlich ist eine eingebaute Quietschstimme. Ringe aus stabilem Gummi sind eine gute Anschaffung. Sie lassen sich auch gut werfen.

■ Werfspielzeuge gibt es in unübersehbarer Vielzahl. Hier seien nur die unzähligen Quietsch- und Gummitiere etc. genannt. Der eine Hund liebt die Form einer Ente, der andere steht auf Quietschigel. Finden Sie heraus, was Ihr Hund für einen Favoriten hat. Spielzeug aus Latex ist nicht sehr widerstandsfähig und übersteht meist die ersten Bisse nicht. Quietschstimmen in jeder Form halten in der Regel nicht sehr lange. Manche Hunde scheinen da eine richtige Technik zu haben, das kleine Pfeifchen mit wenigen Bissen außer Funktion zu setzten. Für fröhliche Wasserspiele gibt es auch schwimmfähiges Spielzeug. Zu diesem Zweck eigenen sich die vielen verschiedenen Dummies aus der Retrieverarbeit gut.

oder eine Mütze, ein Schal oder ein Stofftaschentuch. Die Gegenstände sollten für den Anfang ca. eine Hand groß sein. Sie sollten sich in ihrer Farbe und Form nicht wesentlich von der Umgebung unterscheiden, sonst findet der Hund sie zu leicht mit den Augen. Kleinere Gegenstände und solche aus Holz, Plastik oder gar Metall sind erst etwas für Fortgeschrittene. Am besten Sie sammeln einige alte Gegenstände zum Suchen (aber auf Abwechslung achten), dann ist der Verlust auch nicht so groß, wenn der Hund einmal etwas nicht findet. Kleine Holzgegenstände können zum Beispiel Wäscheklammern sein, Metall ein Schlüsselbund.

Aber Vorsicht: Beim Auslegen eines Gegenstandes ist man sich noch ganz und gar sicher, dass der Schlüsselbund beim dritten Gänseblümchen von rechts auf der Höhe des zweiten Maulwurfhaufens liegt. Findet Ihr Anfängerhund die Schlüssel nicht, kann es schwierig werden. Beim Suchen haben Sie eine ganz andere Perspektive und die Wiese ist plötzlich voller Gänseblümchen und Maulwurfhaufen. Fortge-

schrittene Hunde suchen auch Holzstöckchen, die man vor Ort gefunden hat. Man muss sie nur kurz in der Hand halten, damit sie Geruch annehmen.

Welche Art des Suchspiels Ihrem Hund mehr liegt, das Fährten mit tiefer Nase oder das Stöbern mit hoher Nase, wird er Ihnen bald zeigen. Selbst wenn er die Sucharten mischt, lassen Sie ihn, es soll Ihrem Hund ja Spaß machen. Sie werden sehen – je mehr Sie Ihren Hund Gegenstände suchen lassen, desto sicherer wird er. Solche zwanglosen Suchaktionen bieten Ihnen die Möglichkeit, Ihrem Hund eine große, hundegerechte Freude zu machen. Eine Einschränkung muss man allerdings bei den meisten Windhunderassen machen. Sie werden seit Jahrhunderten in erster Linie auf den Gebrauch Ihrer Augen zur Jagd gezüchtet. Wenn das Suchspiel Ihrem Windhund keinen Spaß macht, dann können Sie es mit großen sichtbaren Gegenständen versuchen, die der Hund erspähen kann, oder Sie machen ein anderes Spiel mit dem Hund. Es bietet sich alles an, bei dem viel Bewegung integriert ist.

Schäferhund-Welpe Donar sammelt erste Suchspiel-Erfahrungen.

Der Malinois-Junghund Buddy beobachtet gespannt sein Herrchen.

Um Ihrem Hund die Spielregeln begreiflich zu machen, bedarf es nicht viel. Binden Sie Ihren Hund zunächst an der Leine an oder lassen Sie ihn von einer anderen Person halten. (Welpen und Junghunde sollten Sie nur an einer leichten Kette anbinden, sonst könnte der Hund schnell lernen, Leinen durchzubeißen.) Zeigen Sie Ihrem Vierbeiner nun den Gegenstand und machen Sie ihn so richtig interessant. Sobald der Hund anspringt und den Gegenstand unbedingt haben will, entfernen Sie sich geheimnisvoll einige Schritte und werfen Sie ihn so, dass der Hund es sehen kann, ein paar Meter weg, zum Beispiel in hohes Gras. Machen Sie es Ihrem Vierbeiner anfangs nicht zu schwer. Kehren Sie zum Hund zurück und schicken Sie ihn mit einem aufmunternden SUCH VERLOREN auf den Weg. Wenn der Hund gefunden hat, sollten Sie ihn dazu anleiten Ihnen den Gegenstand abzuliefern.

Manchen Hunden ist das Apportieren angeboren, zum Beispiel allen Retriever-Rassen, bei anderen bedarf es einer gewissen Überredung. Wichtig ist, dass Sie dem Hund nie entgegengehen und mit einer schnellen Bewegung nach der »Beute« greifen. Laufen Sie besser vom Hund weg und locken Sie ihn mit hohen aufmunternden Tönen. Kommt der Hund mit seiner Beute zu Ihnen, loben Sie ihn und lassen Sie sich den Gegenstand geben oder vor die Füße legen. Kommt der Hund ohne Gegenstand zu Ihnen, dann laufen Sie zum Gegenstand zurück und machen ihn für den Hund wieder interessant, indem Sie ihn zum Beispiel leicht vom Hund weg (»Beute« flieht) bewegen. Wenn der Hund nun wieder aufnimmt, lassen Sie ihn nur ein kurzes Stück tragen. Der Hund wird schnell lernen, dass das Spiel nur dann weitergeht, wenn er bringt – wie, ist von untergeordneter Bedeutung. (Sie können Ihrem Hund natürlich auch beibringen, bei einem gefundenen Gegenstand zu verharren. Bringen oder Bleiben – auch da wird Ihnen Ihr Hund schnell deutlich machen, was ihm mehr liegt.)

Gestalten Sie das Spiel nach und nach schwieriger, verstecken Sie den Gegenstand unter Heu oder Laub, legen Sie ihn in eine

Ein Lakeland Terrier sucht begeistert die »Nadel im Heuhaufen«.

Baumgabel, dann wird das Spiel erst recht interessant. Sie werden feststellen, dass auch geübte Sucher eine Zeit brauchen, um einen Gegenstand zu finden, der nicht am Boden liegt. Für besonders Geübte ist es spannend, einen Stoff- oder Wollgegenstand im flachen Wasser abzulegen, sodass der Gegenstand ganz bedeckt ist. Wenn der Hund ihn nicht mit den Augen entdecken kann, ist es möglich, dass er die von dem Gegenstand ausgehenden Geruchsstoffe, die zur Wasseroberfläche gelangen, ortet.

Der Hit für passionierte Sucher: Bei der zweiten Variante des Suchspiels »verlieren« Sie auf einem Spaziergang (auf einem Erd- oder Grasweg) einen Gegenstand, sodass der angeleinte Hund dies zunächst noch sieht. Gehen Sie dann mit dem Hund ein paar Meter weiter und schicken ihn dann mit SUCH VERLOREN zurück. Bringt der Hund nicht, verfahren Sie wie oben beschrieben. Sobald der Hund es kaum erwarten kann, zur Suche von der Leine gelassen zu werden, können Sie das Spiel nach und nach schwieriger gestalten, den Hund nicht mehr zuschauen lassen und den Weg verlängern. Beide

Wie alt muss der Hund für die Suchspiele sein ?

Von allen Sinnen entwickelt sich das Riech-vermögen des Welpen am frühesten, nämlich schon ab dem 16. Lebenstag. Der Welpe beginnt seine Umwelt wahrzunehmen. Wenn Ihr Kleiner im Alter von 8–10 Wochen in Ihr Haus kommt, riecht er schon fast so gut wie ein erwachsener Hund. Dieser erweitert seine Riechfähigkeiten durch Erfahrung und Ler-nen. Bieten Sie also Ihrem Welpen mit leicht zu lösenden Aufgaben den Kindergarten der Geruchsschulung an. Sie werden überrascht sein, was der Zwerg schon alles kann!

Kommt Ihr Liebling in die Jahre, ist es das Riechvermögen, das ihn im biblischen Alter zuletzt verlässt. Viele sehr alte, blinde Hunde finden sich dank ihrer Nase in bekanntem Territorium noch gut zurecht.

Sucharten haben noch einen sehr angenehmen Nebeneffekt: Haben Sie wirklich einmal etwas verloren, wird Ihr Hund begeistert danach suchen und sich eine Extraportion Lob verdienen können.

Eine lustige Variante für »Nasenhunde« gibt es, wenn Sie mit anderen Hundebesitzern spazie-ren gehen und jeder Mensch einen Gegenstand, den er längere Zeit bei sich getragen hat, auf der Erde ablegt. Immer ein anderer Hund wird zur Suche geschickt und muss den Gegenstand »seines« Menschen unter den andern herausfin-den. Anfangs kann man den Hund noch leicht unterstützen, bis er begriffen hat, wie das Spiel funktioniert.

Wie immer Sie das Suchspiel auch gestalten: Wichtig ist es, dass es allen Beteiligten Spaß macht. Daher ärgern Sie sich nicht, wenn Ihr Hund einmal einen Gegenstand nicht finden kann. Das passiert selbst Profi-Nasen. Wenn Sie merken, dass der Hund die Lust an der Suche verliert, helfen Sie ihm zum Erfolg ein wenig nach oder holen Sie den Gegenstand selbst. Las-sen Sie den Hund aber möglichst selbstständig finden. Das ist wichtig für ihn und stärkt auch sein Selbstvertrauen. Wenn Ihr Hund Ihnen nach langer Suche stolz den Handschuh bringt und seine Augen dabei leuchten, verstärkt sich auch das Band gegenseitigen Vertrauens zwischen Ihnen und Ihrem Tier.

Werfspiele

Fast alle Hunde laufen für ihr Leben gerne einem geworfenem Gegenstand hinterher, um ihn zu »erbeuten«. Das ist ein Teil ihres natür-lichen Jagdtriebs. Nicht nur Bälle und Frisbee-scheiben animieren zu Wurfspielen. Im Zoohan-del ist inzwischen eine schier unübersehbare Anzahl von Hundespielzeugen, die sich theore-tisch fast alle auch zum Werfen eignen, erhält-lich. Es gibt auch schwimmfähige Ringe. Manche sind allerdings so schwer, dass sie fast ganz unter die Wasseroberfläche einsinken. Wenn dann der Ring noch eine gedeckte Farbe hat, kann der Hund den Ring unter Umständen sehr schlecht orten. Bei Wasserspielen dürfen Sie das Spielzeug nie in Ihnen unbekanntes trübes Wasser oder reißende Flüsse werfen. Beides kann für Ihren Hund zur Gefahr werden. Wenn Ihr Hund keine Wasserratte ist, dann zwingen Sie ihn nie ins Wasser. Vielleicht gehen Sie selbst ein Stück weit ins Wasser und locken Ihren Vierbeiner. Lassen Sie ihm hier Zeit, bis er seine anfängliche Scheu überwunden hat. Nur wenigen Hunden macht das Plantschen im Wasser keinen Spaß.

Tennisbälle sind leicht und meist billig zu haben. Unternehmen Sie doch einmal einen Spaziergang rund um Tennisplätze. Es ist unwahrscheinlich, dass Ihr Hund keinen Tennisball findet. Auch ausgediente Bälle werden gerne verschenkt. Gegen das gelegentliche Werfen eines Tennisballes ist nichts einzuwenden, wenn Sie folgende Regeln beachten: Der Tennisball darf nicht zum Dauerlutscher werden. Vor allem bunte Bälle enthalten Farbstoffe, die selbst in Teppichen Kleckse hinterlassen. Zum zweiten kann sich ein Hund, der dauernd auf einem Tennisball herumkaut, die Zähne abschleifen. Werfen Sie den Tennisball für einen großen Hund (Schäferhund, Rottweiler) nie steil in die Luft. Der Ball könnte so tief in das Maul geraten, dass er sich nicht mehr entfernen lässt und der Hund daran erstickt. Für große Hunde sind auch kleine Bälle, vor allem Golfbälle, nicht ungefährlich.

Frisbee-Scheiben sollten speziell für den Gebrauch als Hundespielzeug hergestellt worden sein. Diese sind viel schmiegsamer und stabiler als viele normale Frisbee-Scheiben. Wenn Sie Stöckchen zum Werfen benutzen, dann suchen Sie ein eher kurzes Stück mit möglichst stumpfen Enden heraus, damit sich der Hund nicht beim Fangen verletzen kann. Mit steigenden Fertigkeiten können Sie schließlich alles verwenden, was Sie werfen können und was der Hund von der Größe und Form bringen kann. Für erste Wurfspiele mit dem jungen Hund sollte sein Lieblingsspielzeug zum Einsatz kommen.

Frauchen zeigt dem Berger-des-Pyrenées-Welpen Bandit den Spielknoten.

Bandit will den Knoten nun unbedingt haben und wird hierin noch bestärkt.

Ganz ohne Zwang bringt der Welpe schließlich den Knoten zurück.

Stolz hat Mischlings-rüde Wotan ein Stöckchen ergattert.

Damit der Spaß nicht allzu einseitig wird, sollte Ihr Hund den Wurfgegenstand wieder bei Ihnen abliefern (siehe dazu auch bei den Suchspielen). Wenn der Hund erst einmal begriffen hat, dass Sie das Spielzeug nur dann erneut werfen, wenn er es Ihnen zurückbringt, dann ist er so nebenbei gerade im Begriff, das Apportieren zu lernen. Laufen Sie Ihrem Hund nie nach, sondern eher von ihm weg. Ein korrektes Abliefern ist für das Spiel nicht so wichtig. Vor allem bei wilden Knautschern lässt man sich die »Beute« besser vor die Füße legen. Die meisten Vierbeiner können gar nicht genug vom Ballwerfen bekommen.

Wenn Sie draußen in der freien Natur mit Ihrem Hund spielen, gilt es, ein paar Regeln einzuhalten: Im Wald sollten Sie keine Werfspiele mit Ihrem Hund machen. Ein Jäger sieht nur den herrenlos rennenden Hund, zumal, wenn dieser sich abseits der Wege befindet. Bitte bleiben Sie zum Schutz des Wildes im Wald unbedingt auf den Wegen und leinen Sie Ihren Hund nur dann ab, wenn er hundertprozentig kein Wild hetzt. In machen Wäldern ist das Frei-laufen-lassen von Hunden generell verboten. In freier Flur sollten Sie bitte die Belange der Landwirte und des Naturschutzes beachten. Werfen Sie dem Hund sein Spielzeug nicht in zur Mahd anstehendes, hohes Gras. Denken Sie auch an Wiesenbrüter, die ungestört bleiben müssen. So verhalten Sie sich »umweltverträglich« und tragen zum besseren Ruf der Hundebesitzer bei. In Parks gelten unterschiedliche Bestimmungen (Tipp: Die »Auf vier Pfoten«-Buchreihe, siehe Literaturverzeichnis).

Sollten Sie einen Hund haben, der in der momentanen Situation (Kampfhunde-Diskussion) einen Maulkorb tragen muss, dann nehmen Sie einen größeren Ball (Fussball etc.). Der Hund wird am Anfang versuchen, den Ball aufzunehmen. Helfen Sie ihm ein wenig zu begreifen, dass er den Ball mit der Schnauze bis vor Ihre Füße rollen kann. So können Sie aus der Not eine Tugend machen. Meiner Meinung nach reicht ein einfacher Ball. Den Wert von teuren Fußbällen mit kurzen Seilen an jedem Ende kann ich für Maulkorbträger nicht sehen.

Wenn andere Hunde in der Nähe sind, sollten Sie Ihrem Hund nichts werfen. Auch die fremden Hunde können animiert werden, der »Beute«

Auszug aus dem Landesjagdgesetz

Nach § 16 (Inhalt des Jagdschutzes), Absatz 1 sind die zur Ausübung des Jagdschutzes berechtigten Personen insbesondere befugt, »wildernde Hunde (...) zu töten. Als wildernd gelten im Zweifel Hunde, die im Jagdbezirk außerhalb von öffentlichen Wegen und außerhalb der Einwirkung ihres Herrn (...) angetroffen werden.«

hinterher zu laufen. Es ist schon so mancher Streit um ein Spielzeug entflammt.

Wenn Ihr Hund langsam zum Hundesenior wird, müssen Sie auf die beliebten Wurfspiele nicht ganz verzichten. Denken Sie nur daran, dass der Hund unter Umständen nicht mehr so gut auf den Beinen ist und plötzliche Richtungsänderungen und Stopps aus vollem Lauf die alten Knochen doch sehr belasten. Drehen Sie die Schraube einfach etwas herunter und spielen Sie »Rentnerball« mit Ihrem alten Hund. Statt den Ball zu werfen (außer der Hund kann ihn im Stand fangen) rollen Sie den Ball lieber ein Stück von Ihrem Hund weg, sodass die »Jagd« nicht so anstrengend sein muss. Auch noch ganz alte Hunde schätzen in der Regel, wenn man ihnen den Ball so vor sie Füße rollt, dass sie ihn leicht »erbeuten« können.

Wer Werfspiele mit seinem Vierbeiner auch auf sportlicher Ebene betreiben will, sei auf die entsprechenden Kapitel in diesem Buch verwiesen (Frisbee und Flyball; siehe Seite 134).

Zerrspiele

    alle Rassen, besonders Terrier

Viele Hunde lieben Ziehspiele. Vor allem die selbstsicheren Vierbeiner, die einen stark ausgeprägten Beutetrieb haben, werden begeistert sein, wenn sie mit Ihnen um die »Beute« raufen dürfen. So können Sie gefahrlos ihren natürlichen Beute- und Jagdtrieb ausleben.

Gut geeignet zum Tauziehen sind Stoffknoten, die es in allen möglichen Größen im Zoohandel gibt. Auch ein je nach Hund mehr oder weniger widerstandskräftiger Gummiring ist geeignet. Spielzeug aus Latex ist in der Regel zu weich und wird selbst von zarten Hunden schnell zerrissen. Sehr gut geeignet sind auch Bälle oder Kongs an der Schnur. Sie haben den Vorteil, dass Ihre Finger nicht in den Bereich des Hundemauls kommen. So mancher übereifrige Hund hat Frauchen oder Herrchen schon einmal ohne jede Absicht gezwickt, wenn er mit seinen Zähnen nachgreift. Suchen Sie sich einen Ball aus, der nicht zu schwer ist, aber Ihrem Hund widerstehen kann. Moosgummibälle sind bei wilden Ziehern schnell kaputt.

Neuerdings gibt es im Zoohandel Fußbälle mit kurzen Seilen auf beiden Seiten. Warum dieses Spielzeug so besonders sein soll, habe ich, ehrlich gesagt, noch nicht herausgefunden. Teu-

Tauziehen mit der Rottweiler-Hündin Brisca. Das Kind alleine wäre überfordert, außerdem schütteln Rottweiler ihre Beute gerne kräftig.

er sind die Bälle allemal. Es muss auch nicht unbedingt ein gekauftes Spielzeug sein. Vor allem etwas zaghafte Hunde lieben oft ein Stück Stoff oder alte Handtücher, die vom Haushaltsvorstand zum Zerfetzen freigegeben worden sind.

Sicherlich können Sie auch zu Hause mit dem Hund spielen, aber als kleine Einlage beim Spaziergang wird die »Beutejagd« zum freudigen Ereignis. Die Bewegung an der frischen Luft bekommt sicherlich nicht nur Ihrem Hund gut. Und: Welcher Wolf hat seine Beute schon einmal in einem Wohnzimmer geschlagen?

Eine besondere Freude können Sie Ihrem Hund bereiten, wenn Sie nicht einfach an dem Spielzeug ziehen, sondern praktisch »Leben« in die Beute bringen. Die Beute hüpft vom Hund weg und macht dabei Qietschgeräusche. Der Hund greift zu. Die Beute gibt sich geschlagen. Doch dann: plötzlich will die Beute fliehen. (Bitte schütteln Sie die Beute nie so, dass der Kopf des Hundes ruckartig von oben nach unten bewegt wird. Das kann der Halswirbelsäule Schaden zufügen.) Der Hund kann das nur verhindern, wenn er fest zubeißt. Irgendwann kommt der Zeitpunkt, an dem der Hund die Beute »totschütteln« wird. Geben Sie dann nach und lassen Sie Ihren Hund mit der Beute im Fang stolz seine Runden drehen.

Werfen Sie sich beim Spiel auch einmal auf den Boden und lenken Sie den Hund über sich oder unter den Beinen durch. Lachen Sie. Kreischen Sie (Vorsicht bei sehr sensiblen Hunden). Piepsen, glucksen oder »drohen« Sie, bevor Sie die Beute herausrücken. Ihrer Fantasie sind keine Grenzen gesetzt. **Aber:** Ihr Hund muss einige Regeln einhalten. Vor allem bei zur Dominanz neigenden Tieren darf man sich nie hinlegen, sodass der Hund gar über einem steht. Was bei einem ängstlichem Hunden sehr zur Stärkung seines Selbstbewusstseins dienen kann, fordert in dieser Stellung den dominanten Hund geradezu heraus, Ihre Führerrolle in Frage zu stellen. Während der weiche Hund meistens der Gewinner sein darf, so muss bei einem dominanten Tier immer der Mensch gewinnen. Der Mensch muss das Spiel auch jederzeit beenden können.

Was können Sie tun, wenn der Hund seine Beute nicht hergeben will? Fassen Sie den Hund mit einer Hand über die Schnauze und drücken Sie ihm die Lefzen leicht gegen die Zähne. Mit diesem Schnauzengriff ahmen Sie eine schon bei Wölfen und Wildhunden oft benutze Dominanz-Geste nach. Es gibt nun allerdings Hunde, die auf Druck noch mehr zu machen. Das ist nicht unbedingt ein Zeichen von Stärke, sondern kann auch daher kommen, dass der Hund einfach unsicher ist, was kommt, wenn er die Beute hergibt. Bei solchen Hunden tun der Beutetausch oder Futter oft sehr gute Dienste. Der Hund bekommt ein heiß begehrtes Spielzeug sofort dann, wenn er seine momentane Beute loslässt. Das gleiche Prinzip funktioniert auch mit Futter. Auf jeden Fall entspannt sich der Hund in solch einer Lage wesentlich mehr. Der Hund kann dann das Hörzeichen AUS ohne Stress lernen. Wenn sich durch Ihre Gebärden und Laute auch andere frei laufende Hunde angezogen fühlen, stellen Sie ohne Kommentar das Spiel sofort ein. Es könnte sein, dass Ihr Hund über die unliebsame Konkurrenz nicht begeistert ist und das den anderen auch mehr oder minder deutlich zur Kenntnis gibt.

Border-Collie-Hündin
Meggan möchte ihre
Beute nicht loslassen.

Versteckspiele mit Menschen

Die wilden Ahnen und Verwandten unseres Haushundes stöbern ihre Beute auf und verfolgen deren Fährte (Geruchsspur auf dem Boden = tiefe Nase) oder deren Luftwitterung (Geruchs-»Spur« in der Luft = hohe Nase), bis sie das Beutetier stellen können. Wenn Sie das bedenken, können Sie leicht verstehen, warum jede Art von Versteckspiel für den Hund eine Herausforderung ist. Dieser Urtrieb lässt sich beim Hund auch in Bezug auf die Suche nach Menschen aktivieren. Die Suche nach Gegenständen wurde oben bereits beschrieben (siehe Seite 22). Die meisten Hunde fühlen sich auf dem Spaziergang erst richtig wohl, wenn das ganze »Rudel« zusammen ist. Besonders Hütehunde wie der Border Collie sind ständig in Bewegung, um alle Familienmitglieder wie eine Herde zusammenzutreiben. Der Hund wird schnell merken, wenn ein Rudelmitglied fehlt.

Bei den lustigen Personen-Suchspielen können schon Welpen mitmachen: Der Hund lernt vollkommen zwanglos, seine Nase einzusetzen. Am meisten hängt der Welpe an seinem Hauptfrauchen/-herrchen. In den ersten Wochen wird der Welpe immer bestrebt sein, diese Person nicht aus den Augen zu verlieren. Wenn er das nicht tut, stimmt etwas im Verhältnis zwischen Mensch und Hund nicht. Suchen Sie sich ein unübersichtliches Gelände, in dem Sie den Welpen ohne Gefahr frei laufen lassen können. Sobald Sie sicher sind, dass der Kleine durch die vielen interessanten Dinge abgelenkt ist, verstecken Sie sich zum Beispiel hinter einem Busch. Wählen Sie am Anfang keine zu schwierigen Verstecke aus. Der kleine Hund soll schnell zum Erfolg kommen. Der Wind sollte dabei in

Richtung des Hundes wehen und ihm Ihren Geruch zutragen. Bleiben Sie absolut ruhig in Deckung und warten Sie ab. Es wird nicht lange dauern, bis der kleine Wicht entsetzt bemerkt, dass Herrchen oder Frauchen nicht mehr da ist. Selbst wenn er jetzt anfängt zu bellen, zu jaulen oder gar zu heulen – bleiben Sie standhaft. Wenn Sie sich jetzt bemerkbar machen, lernt der Hund nicht, sich auf seine Nase zu verlassen, sondern eher Augen und Ohren einzusetzen. Es wäre schade, wenn so spannende Suchspiele verhindert würden. Warten Sie, bis der Welpe seine Nase einsetzt und Sie so findet. Loben Sie ihn herzlich, geben Sie ihm einen Futterbrocken und/oder spielen Sie mit ihm. Sie werden feststellen, dass Sie den Welpen immer seltener »austricksen« können. Der Hund wird schnell lernen, dass er immer schön auf Sie achten muss, wenn sein Meister nicht plötzlich verschwinden soll. Der Hund lernt vollkommen zwanglos seine Nase einzusetzen und das Hörzeichen SUCH kennen. Ganz nebenbei lernt Ihr Hund auch noch das Herankommen, und das Band zwischen Ihnen und Ihrem Hund festigt sich enorm.

Nun können Sie die Suche schwieriger gestalten. Übergeben Sie Ihren Hund angeleint einem Familienmitglied oder einer anderen zuverlässigen Person. Sie verstecken Sich jetzt so, dass der Hund nur die ersten Meter Ihres Weges verfolgen kann, dann muss ihm die Sicht durch eine Hausecke, eine Mauer oder ähnliches versperrt sein. Für den Vierbeiner ist es eine spannende Sache, nach dem verlorenen Schaf zu suchen. Wenn sich Menschen verstecken, kann sie der Hund ebenso auf zwei Arten orten. Mit tiefer Nase (= fährten) oder mit hoher Nase

Auch ein Gebrauchshund wie der Dobermann freut sich, wenn er mit seiner Familie zusammen sein kann.

SUCH zum Einsatz seiner Nase auf. Sie selbst verhalten Sich absolut reglos und still. Früher oder später wird der junge Hund Ihre Witterung aufnehmen und Sie finden. Großes Hallo! ist dann angesagt. Nach und nach können Ihre Verstecke auch etwas schwieriger werden.

Wenn der Hund sicherer wird und sein »Rudel« gut kennt, können sich auch andere Familienmitglieder verstecken, und Sie muntern den Hund mit einem SUCH DEN/DIE ... auf, seine Nase einzusetzen. Erst wenn der Hund alle Rudelmitglieder im leichten Versteck sicher findet, kann man dazu übergehen, auch schwerere Verstecke zu wählen, zum Beispiel im dichten Geäst eines umgefallenen Baumes oder in Mulden. Meistert Ihr Hund auch diese Schwierigkeiten begeistert, ist es Zeit, fremde Menschen zu verstecken. Dabei gehen Sie zunächst wieder zwei Schritte zurück: Der Hund darf das Weggehen des Fremden sehen und die Verstecke werden eher wieder leicht zu finden sein. Schritt für Schritt steigern Sie dann die Anforderungen an den Hund.

Achten Sie stets darauf, dass der junge Hund nicht überfordert wird. Wenn er lustlos oder gar nicht sucht, brechen Sie die Suche ab und hören nach einer kleinen, leichten Führersuche (nach Ihnen) für diesen Tag auf. Wenn Ihr Hund und Sie immer noch mit Feuereifer dabei sind, könnten Sie sich überlegen, ob Sie nicht ein Team wären, dass in der Rettungshundearbeit Erfüllung findet. Suchspiele fördern auf jeden Fall die Aufmerksamkeit des Hundes und sie verstärken die Bindung zwischen Mensch und Hund.

(= stöbern). Natürlich gibt es auch Mischformen dieser beiden Sucharten. Für ein lustiges Suchspiel ist es unerheblich, wie der Hund findet. Der Hund wird das verwenden, was ihm mehr liegt. Lassen Sie ihn gewähren.

Sie gehen in Ihr Versteck, das noch nicht zu schwer erreichbar sein soll. Jetzt lässt die Hilfsperson den Hund mit dem Kommando SUCH von der Leine. Der Hund wird erst einmal an den Punkt rennen, an dem er Sie verschwinden gesehen hat. Die Hilfsperson muntert den Hund mit

Wer fürchtet sich vor'm Schwarzen Mann?

Suchen bei Dunkelheit. Wenn Ihr Hund bis jetzt alle Schwierigkeiten gemeistert hat, kann es reizvoll sein eine Suche einmal auf die Nachtzeit zu verlegen. Für das Nasentier Hund ist die Orientierung dabei problemloser als für das Augentier Mensch. Vermeiden Sie es bei dem Gebrauch einer Taschenlampe den Hund direkt ins Gesicht zu leuchten. Er ist genauso geblendet wie Sie es wären. Gefahrenquellen müssen noch gründlicher als bei der Tagsuche erkundet werden.

Die Suche im Schnee

In der Realität sucht der ausgebildete Rettungshund nach Personen, die von einer Lawine verschüttet wurden. Schnee eignet sich besonders für jeden Hund, lustige Suchspiele zu arrangieren. Die meisten Hunde sind begeistert von der weißen Pracht. Mit Wonne fahren Sie mit der Schnauze in den Schnee, wälzen sich und graben, was das Zeug hält. Vor allem, wenn mit dem Hund schon Suchspiele durchgeführt wurden, wird der Vierbeiner es sehr schnell begreifen, im Schnee vergrabene Gegenstände mit der Nase zu orten und auszubuddeln. Bei den ersten Versuchen sollten Sie einen nicht zu kleinen Gegenstand (z. B. eine Mütze oder einen kleinen Rucksack) nur knapp mit Schnee bedecken. Bedenken Sie, dass die Geruchsstoffe, die der Gegenstand abgibt, eine Zeit brauchen, um an die Oberfläche zu gelangen. Je kompakter der Schnee ist, desto weniger Geruch kommt nach oben. Vergrößern Sie die Tiefe nur nach und

Mischlingshündin Nouni pflügt mit der Schnauze den Schnee nach einem versteckten Gegenstand um.

nach. Lawinenhunde suchen bei Ihrer ersten Prüfung Gegenstände, die bis zu ca. einem halben Meter verschüttet sind. Später liegen die Gegenstände noch tiefer.

Was müssen Sie bei den verschiedenen Suchspielen beachten?

Konzentriertes Suchen ist für den Hund sehr anstrengend. An heißen Tagen kann seine Körpertemperatur schnell an die Fiebergrenze steigen. Beachten Sie Fieberanzeichen. Machen Sie sofort eine längere Pause und reichen Sie dem Hund viel Trinkwasser. Wollen Sie den Hund im Busch oder Wald suchen lassen, sollten Sie vorher mit dem zuständigen Förster bzw. Jäger sprechen. Manche Jäger schießen recht schnell, wenn Sie einen offensichtlich alleine stöbernden Hund als vermeintlichen Wilderer sehen. Im Wald darf sich ein Hund nur auf Wegen frei bewegen, wenn er unter sicherem Gehorsam steht und nicht wildert. Haben Sie sich ein Gelände ausgesucht, dann sollten Sie vorher

klären, ob es Gefahren birgt, z. B. abrupte Abbrüche o. Ä. Bei auch militärisch genutztem Gelände (wenn ein Betreten überhaupt erlaubt ist) stellt Panzersperrstacheldraht eine nicht zu unterschätzende Gefahr dar. Im verschneiten Gebirge gilt es besonders auf eine eventuelle Lawinengefahr zu achten. Hören Sie bei unklarer Schneelage die entsprechenden Radiosender ab oder informieren Sie sich bei der örtlichen Bergwacht. Eine verharschte Schneeoberfläche lässt Hundepfoten schnell aufreißen und bluten. Spezielle Schutzschuhe für den Schnee-Einsatz sind im Handel erhältlich. Viele Modelle sind aber nicht sehr tauglich. Am ehesten halten die Schuhe für Schlittenhunde an den Pfoten.

Bei sehr empfindlichen, alten oder kranken Hunden ist eine im Handel erhältliche Wetterschutzdecke sinnvoll (siehe Bezugsquellen).

Für den Laien ist es nicht ratsam, sich ein Schneeloch zu graben und sich selbst oder eine andere Person zuschütten zu lassen. Vielleicht haben Sie die Gelegenheit, einen Lawinensuchhunde-Kurs einer Rettungshundestaffel mitzumachen. Manche Staffeln öffnen bestimmte Kurse eingeschränkt auch für Nicht-Profis. Mit Kraft und Ausdauer könnten Sie sich aber – überirdisch – stabile und geräumige Iglus bauen, die genug Platz für einen Menschen bieten. Der Eingang des Iglus wird mit großen Schneebrocken und relativ locker aufgeschüttetem Schnee zugebaut. Der Hund wird wie immer mit SUCH gestartet. Das sich Durchbuddeln zu einer heißgeliebten Person macht allen Hunden riesig Spaß.

Geschicklichkeitsspiele:

Geschicklichkeitsspiele bieten sich für jede Hunderasse und jedes Alter an. So laden liegende Baumstämme zum Balancieren und Klettern ein. Bei aufgestapelten, gefällten Baumstämmen müssen Sie darauf acht geben, dass der Stapel nicht ins Rutschen kommen kann. Welpen setzen Sie anfangs auf den Stamm, damit sie nicht hinaufspringen müssen. Bis zu einem Alter von etwa einem Dreivierteljahr beanspruchen Springen und Klettern die Gelenke und Bänder des jungen Hundes zu stark. Sitzt der Filius nun auf dem Stamm, helfen Sie ihm, sein eigenes Gleichgewicht zu finden. Anfangs wird sich der Kleine sehr wahrscheinlich an Sie anlehnen. Gehen Sie nun nicht plötzlich zurück. Der Hund würde herunterfallen. So etwas wäre ein typischer Spaßkiller. Ziehen Sie sich ganz behutsam zurück, bis der Kleine frei steht. Seinen Sie aber jederzeit

bereit, ihn aufzufangen, wenn er doch abrutschen sollte. Zwingen Sie Ihren Kleinen auf gar keinen Fall zum Gehen. Ein Guti, so vor seine Nase gelegt, dass er mindestens einen Schritt

Terrier sind unternehmungslustige Hunde (Lakeland Terrier).

wagen muss, um es zu bekommen, wirkt meist Wunder. So werden aus dem einen Schritt dann zwei und so weiter. Hat der Hund diesen Akt erfolgreich bestritten, loben Sie ihn überschwänglich für seinen Mut und seine Geschicklichkeit. Wundern Sie sich später nicht, wenn Ihr Held beim Spaziergang von sich aus jeden Holzstamm erklimmt und mit stolzgeschwellter Brust auf seine Belohnung wartet.

In Wald und Feld finden sich aber noch andere Möglichkeiten, bei denen der Hund sein Geschick erproben kann. So lassen sich zum Beispiel immer wieder Röhren finden, durch die der Hund laufen kann. Je enger und länger die Röhre ist, desto größer muss der Mut Ihres Hundes sein. Schicken Sie ihn generell nur in Röhren, deren Verlauf Sie von einer Seite zur anderen vollständig überblicken können. Am besten, es stehen Ihnen am Anfang eine großräumige, kurze Röhre und ein Helfer zur Verfügung, der den Hund auf einer Seite festhält. Dann schauen Sie im wahrsten Sinne des Wortes in die Röhre, von der anderen Seite. Rufen Sie Ihren Hund. Der Helfer muss darauf achten, dass der Hund auch wirklich in die Röhre hineingeht und nicht seitlich vorbei zu Ihnen läuft.

Haben Sie keinen Helfer oder braucht der Hund noch eine zusätzliche Unterstützung, können Sie oder der Helfer Gutis oder ein Spielzeug in die Röhre werfen, sodass der Hund nur ein kleines Stückchen in die Röhre muss. Holt sich der Hund das Guti/Spielzeug und kehrt dann wieder um, wird er trotzdem gelobt. Das nächste Guti verschwindet nun schon etwas weiter in die Röhre. Irgendwann wird dann der Zeitpunkt kommen, an dem sich Ihr Vierbeiner ganz durch die Röhre wagt. Begrüßen Sie ihn wie einen Helden! Auch wenn es etwas länger dauert, zwingen Sie Ihren Hund nie durch eine Röhre, überreden Sie ihn eher freundlich, dann wird er dieses Spiel begeistert mitmachen.

Auch schmale Brücken können für einen Hund zur Herausforderung werden. Leinen Sie hier Ihren Hund zunächst einmal auf jeden Fall an, selbst wenn der Abgrund unter der Brücke nicht sehr tief ist. Dem Prinzip nach können Sie

Mops Schorschi wird mit einer Röhre bekannt gemacht. Furchtlos durchläuft der unternehmungslustige kleine Hund den Schlauch.

In der Natur finden sich viele Gelegenheiten, um für den Hund den Spaziergang zum Abenteuer zu machen (Bedlington Terrier).

genauso vorgehen wie beim Klettern über Baumstämme. Aber vergessen Sie nicht: Auch Hunde können unter Höhenangst leiden! Umso vorsichtiger und einfühlender müssen Sie Ihrem Vierbeiner klar machen, dass ihm keine Gefahr droht. Dann wird er Ihnen sicher bald begeistert über jeden Steg folgen.

Ein auch bei Kindern beliebtes Spiel ist das Abhänge-Hinunterrutschen. Suchen Sie sich einen nicht zu steilen Abhang, dessen Belag keine Gefahren für Sie und den Hund bergen kann. Nehmen Sie Ihren Hund an die Leine und rutschen Sie am Anfang selbst mit. Wahrscheinlich wird Ihnen Ihr Hund nach anfänglichen Bedenken folgen, und schon bald wird er den Dreh heraushaben und nicht mehr versuchen, sich mit allen Vieren einzuhaken, sondern auf seinem Hinterteil zu rutschen. Achtung! Meiden Sie lose Sandhaufen wie zum Beispiel in Kieswerken. Der Sand kann in Bewegung geraten und Ihren Hund verschütten. Bedenken Sie auch, dass der Weg hinunter relativ leicht ist, den selben Weg hoch zu klettern kann Sie und Ihren Hund schnell

überfordern. Schauen Sie sich also schon vor der Rutschpartie nach einem geeigneten Aufstieg um. Solche Rutschspiele sollten Sie, vor allem mit dem noch nicht ausgewachsenen Hund, höchstens zwei- bis dreimal am Tag machen. Während das Ab Gelenke und Bänder des jungen Hundes sehr beansprucht, stärkt ein mäßiger Aufstieg die Glieder. Die meisten Hunde lieben aber vor allem das Hinunterrutschen. Um den Hund nicht zu verführen, den Hang zu schnell hinunterzurutschen, sollte zwischen Ihnen und dem Hund kein Rusch-Wettkampf entstehen.

Eine nette Variante dieses Spiels für Fortgeschrittene ist zum Beispiel ein Hang, den der Hund alleine hinunterrutscht. Versuchen Sie nun doch einmal Ihren Hund, der am Fuße des Hangs angekommen ist, aus der Entfernung zum Aufstieg hin zu lenken. Geben Sie ihm Anfangs noch Hilfestellung, indem Sie ihm am Aufstieg ein kleines Stück entgegenkommen. Später können Sie den Hund dann mit Handzeichen in die gewünschte Richtung leiten.

Wilde Spiele – nicht nur für halbstarke Vierbeiner

     eher robustere Rassen

Sind Ihnen gesittete Spielchen mit Ihrem Hund zu langweilig? Oder zeigt Ihnen Ihr Hund, dass mehr in ihm steckt? Dann können Sie Ihre Fantasie walten lassen und ohne große Vorbereitung sich das Fitness-Studio sparen. Schauen Sie doch einmal spielenden Hunden zu. Da geht es meist nicht gerade sanft zu. Rennen, Balgen, Zerren, (Schein-)Kämpfe, das sind die Hits bei den Hunden. Am meisten profitieren Ihr Hund und Sie von Spielen mit Körperkontakt zwischen Mensch und Hund. Wilde Rüpel werden begeistert auf solche Spiele eingehen. Die mehr empfindsamen Seelen sind da meist eher zurückhaltend. Aber auch solche Hunde profitieren von Balgereien. Man muss Sie nur Schritt für Schritt ganz vorsichtig damit bekannt machen.

Mischlingshündin Nouni kam als Ex-Straßenhund im Alter von ca. einem halben Jahr in meinen Haushalt. Mit anderen Hunden hatte sie keine Probleme, aber Menschen, vor allem Männer und Kinder, waren ihr nicht ganz geheuer. Wahrscheinlich hatte sie mit diesen Spezies in der so wichtigen Welpen- und Junghundezeit keine guten Erfahrungen gemacht. Mir und Frauen gegenüber taute sie schnell auf. Aber Körperkontakt lehnte sie rigoros ab. Es hat 3 Jahre gedauert, bis sie das nötige Vertrauen zu mir hatte, um auch einmal eine Balgerei mitzumachen. Lieben tut Sie so etwas bis heute nur sehr dosiert. Wir arbeiten aber Schritt für Schritt daran, die letzten Berührungsängste abzubauen. Und Nouni macht langsam Fortschritte. Schon läuft Sie auch zwischen meinen eng gestellten Beinen hindurch, ohne vorher eine Viertelstunde Mut schöpfen zu müssen.

Es ist bei jedem Volldampfspiel wichtig, den Hund vorerst nicht in Bedrängnis zu bringen. Je sicherer der Hund wird, desto mehr Begeisterung dürfen Sie zeigen. Das steckt Ihren Vierbeiner an und wird ihn schließlich aus der Reserve locken. Wenn Ihr Racker so richtig anspringt, können Sie Ihre volle Kondition ausspielen. Balgen Sie sich was das Zeug hält! Ihr Hund hat eine Beute, die er in Sicherheit bringen will – das kann ein Ball oder auch Ihre Mütze sein. Setzen Sie ihm nach und jagen Sie ihm spielerisch die Beute ab. Lassen Sie den Hund diesmal gewinnen. Ein anderes Mal richten Sie es so ein, dass Sie Sieger blei-

Deutsch Drahthaar Olex springt temperamentvoll nach dem Ball.

Olex bei einer wilden Balgerei.

Wenn am Ende eines Spiels Mensch und Hund erschöpft, aber glücklich nebeneinander auf dem Rasen liegen, war das Spiel gut. Sie werden schnell feststellen, dass solche Spiele das Zusammengehörigkeitsgefühl auf beiden Seiten ungemein fördert. In einem vollkommen stressfreien Rahmen können sich Mensch und Hund näher kommen. Sie lernen sich noch besser kennen und verstehen.

Für solche wilden Balgereien gibt es aber einige Regeln, die unumstößlich eingehalten werden müssen, sonst schadet das Spiel mehr als es nutzt. Regel Nummer eins: Sie dürfen den Hund nie verletzen oder ihm ernsthaft Angst einjagen. Regel Nummer zwei: Sie und nur Sie bestimmen den Spielverlauf und vor allem das Ende. Der Hund muss lernen einige Tabus einzuhalten: Er darf auch im wildesten Spiel seine Zähne nicht soweit einsetzen, dass Ihre Haut verletzt wird. Striemen von den Krallen und blaue Flecken müssen Sie vor allem bei großen Hunden schon in Kauf nehmen. Der Hund darf jedoch nie im Ernst seine eventuelle Dominanz ausspielen, das heißt er muss unter allen Umständen letztlich von Ihnen beherrschbar sein. Haben Sie mit Ihrem Hund in irgendeiner Art und Weise Dominanz-Probleme (verteidigt der Hund zum Beispiel sein Spielzeug oder Futter), sind wilde Spiele verboten. Vor allem große Hunde könnten ihre Körperkraft ausspielen und Sie ernsthaft unterwerfen – ein Katastrophe für den Gehorsam.

Schon Welpen müssen diese Regeln beachten. Es gibt solche Dreikäsehochs, die mit 4 Monaten Ihrem Herrchen ernsthaft die Zähne zeigen. Das ist auch bei einem kleinen Hund kein Spaß und muss rigoros unterbunden werden. Hört der Hund auf Ihr Kommando sogleich mit dem Spiel auf, auch wenn Sie gerade unter ihm liegen? Sie müssen jederzeit und in jeder Position das Spiel abbrechen können und dem Hund eine Beute ohne Widerspruch abnehmen können. Spätestens ab einem Alter von 6 Monaten muss der Hund einen guten Grundgehorsam haben. Meist ist dann auch die Dominanzfrage geklärt. Sie sind der Chef!

ben. Ein Kong oder Ball an der Schnur fordert den Hund zum Wettstreit mit Ihnen auf. Messen Sie Ihre Kräfte. Solche Zerrspiele bieten Ihnen die Möglichkeit, den Hund bewusst an Ihren Körper heran zu bringen.

Forcieren Sie Körperkontakt. Ziehen Sie den Hund mit dem Ball zwischen Ihren Beinen hindurch, an Ihrem Körper hoch, werfen Sie sich (vorsichtig !) auf den Hund. Ihr Liebling gibt sein Bestes und kann Ihnen gerade noch entrinnen und seine Beute in Sicherheit bringen. Sie setzen ihm nach, packen die Schnur und zerren, lassen aber diesmal schneller aus ...

Balgen Sie sich in Kampf- und Knuddelspielen am Boden mit dem Hund. Schwimmen Sie mit ihm um die Wette. Finden Sie heraus, was Ihnen und Ihrem Hund besonders Spaß macht. Power-Spiele sind auch etwas für Herz und Seele.

Tipp

Ein Kong an der Schnur hat oft die unangenehme Eigenschaft, dass die Schnur leicht durch das Loch im Spielzeug rutscht, wenn der Zug zu groß wird. Beugen Sie dem vor, indem Sie entweder den Knoten durch eine Metallscheibe vergrößern oder noch zusätzliche Knoten anbringen. Ein Ball an der Schnur kann meist nicht mehr repariert werden, wenn die Schnur erst einmal aus dem Ball gesprungen ist.

Spiel und Spaß bei Hundebegegnungen im Freien

Wenn Sie nicht gerade abseits der Zivilisation leben, werden Sie es kaum verhindern können, dass Ihr Hund mit anderen Hunden zusammentrifft. Das wäre auch gar nicht wünschenswert.

Ihr Hund soll ja möglichst viel Kontakt zu seinen Artgenossen haben können. Wenn Ihnen der fremde Hund unbekannt ist und der Hund wird an der Leine gehalten, sollten Sie auch Ihren Hund zunächst anleinen. Bleiben die Hunde ruhig, sollte man nach Verständigung mit dem anderen Besitzer möglichst beide Hunde von der Leine lassen. Am besten entfernen sich die Hundeführer, sodass keiner der beiden Hunde eifersüchtig werden kann oder meint, sein Herrchen/Frauchen verteidigen zu müssen. Gut sozialisierte Hunde halten normalerweise die Regeln des Hundeanstands ein. Sie kommen sich entweder näher und fangen vielleicht sogar an miteinander zu spielen, oder man kann sich im wahrsten Sinne des Wortes nicht »riechen« und trennt sich nach mehr oder minder ausgeprägtem Imponiergehabe.

In manchen Städten gibt es Parkanlagen, in denen sich regelrechte Spielgruppen mit der Zeit von selbst etablieren.

Wie nach Geheimplan treffen sich Menschen und Hunde immer wieder. Schauen Sie den spielenden Hunden ruhig erst einmal eine Weile zu, um sie richtig einschätzen zu können, bevor Sie Ihren »Neuen« zum ersten Mal in solch eine Spielrunde entlassen. Nun sollten sich alle Vierbeiner ohne Leine frei bewegen können, damit erst gar keine Aggressionen entstehen.

Einem Welpen darf bei aller Rauheit des Spiels zunächst nichts Angst Einflößendes passieren. Mobbing gibt es nicht nur im Büro des Menschen! Schreiten Sie ein, wenn ein Hund offensichtlich zum Opfer aller anderen wird! Vor allem in der Kennenlernphase sollten die Hunde aber unter sich bleiben dürfen. Bei gut sozialisierten Hunden gibt es hier auch in der Meute keine Schwierigkeiten. Neue Hunde werden ausgiebig beschnüffelt. Es wird nicht lange dauern, dann ist offensichtlich, ob Ihr Vierbeiner in die Gruppe aufgenommen wird und mitspielen darf

Der schwarze Mischling Wotan trifft im Park einen fremden Hund. Solche Kontakte sind für Hunde wichtig.

oder ob er unerwünscht ist. In solch einem Fall wird sich Ihr Hund von selbst zurückziehen.

Bringen Sie in eine Hundemeute auf keinen Fall ein Beutespiel ein. Es kann leicht zu Konkurrenzen kommen, die in einer Rauferei enden können. Aber auch aus einem ausgelassenen Spiel kann plötzlich Ernst werden. Das kann man auch in Wolfs- oder Wildhunderudeln erleben. Renn- und Verfolgungsspiele sind dagegen sehr beliebt. Manchmal kommt es dann auch zum »Hasen«-Spiel. Mit gekrümmtem Rücken und eingezogenem Schwanz gibt ein Hund Vollgas

und lässt sich über Stock und Stein verfolgen, bis ein anderer Hund ihn »erlegt« hat. Es kann aber auch sein, dass der Gejagte plötzlich keine Lust mehr zum Spiel hat und aufgibt. Besonders in solch einer Situation schlägt das Spiel manchmal in Ernst um. Aber seien Sie nicht zu ängstlich. In der Mehrzahl der Fälle passiert außer großem Geschrei nichts.

Hat sich eine Hundemeute erst einmal gefunden, können die Mitglieder vorübergehend ein Rudel bilden. Gemeinsames Stöbern birgt aber auch Gefahren. Viele Hunde sind des Hasen

Richtiges Verhalten bei Raufereien unter Hunden

Unter Hunden, selbst unter solchen, die sich kennen, kann es immer wieder zu Meinungsverschiedenheiten kommen. Greifen Sie nur ein, wenn ein kleiner Hund Gefahr läuft, von einem größeren, schwereren einfach niedergetrampelt zu werden oder wenn sich plötzlich alle auf Ihren Schützling werfen. Das ist ein typisches Meuteverhalten. Bedenken Sie, dass Sie auf jeden Fall Gefahr laufen, im Eifer des Gefechtes auch von Ihrem eigenen Hund gebissen zu werden. Schreien oder gar Schlagen nutzt nie etwas, sondern spornt die Kampfhähne nur noch mehr an. Übrigens sind Kämpfe unter Hündinnen wesentlich kompromissloser als unter Rüden.

Tod! Zusammen ein Loch zu buddeln sollte unseren Hunden an bestimmten Stellen erlaubt sein. Spielende Hunde vergessen aber manchmal nur allzu gerne den Gehorsam. Sie haben dann keine große Einwirkungsmöglichkeit. Bevor Sie sich die Seele aus dem Leib schreien oder Ihrem Hund gar nachrennen (Kardinalfehler!), entfernen Sie sich lieber und machen Sie dabei den Hund auf sich aufmerksam. Herzitieren tun Sie ihn definitiv erst, wenn der Hund deutlich zu Ihnen läuft.

Zwei Welpen beim fröhlichen Spiel.

41

Freizeitgestaltung
in Begleitung des Hundes

Joggen, Wandern und Bergwandern

alle
vitalen
Rassen

Joggen mit dem Hund

In der Regel kann ein Hund weit länger und schneller traben als ein Mensch. Sie müssten schon ein durchtrainierter Marathonläufer sein, um den Durchschnittshund nach dem Lauf müde zu erleben. Überfordern Sie Ihren Hund aber auch nicht, nehmen Sie Rücksicht auf seine individuellen Eigenschaften. Es gibt Rassen, denen an viel flotter Bewegung eher weniger gelegen ist. Auch mancher Hundesenior verbringt seine

Durch den Bauchgurt hat die Joggerin beide Hände frei (Malamute).

Zeit lieber auf der Couch als beim Trimmtrab. Bei kranken Hunden verbietet sich das Joggen und Wandern von selbst.

Joggen ist auch eine gute Möglichkeit Ihren Hund langsam zu trainieren und ihn so auch für größere Touren fit zu machen. Hunde können nämlich wie Menschen Muskelkater bekommen, wenn sie unvorbereitet einer größeren körperlichen Belastung ausgesetzt sind. Gemeinsames Joggen tut Mensch und Hund gut. Es gibt in der Zwischenzeit ein spezielles Bauchgurt-Leinen-System. Die Leine hängt an einem Gurt, den der Mensch locker um die Taille geschnallt hat. Der Vorteil bei dieser Leinen ist, dass Sie beim Joggen die Hände frei haben.

Der Mensch kann die starken Stoßwirkungen eines harten Untergrunds durch gutes Schuhwerk etwas mildern. Denken Sie daran, dass Ihr Vierbeiner diese Milderung nicht hat. Sein Knochengerüst, die Gelenke und die Bänder sind bei hartem Untergrund stark beansprucht. Am besten laufen Sie mit dem Hund auf einem Wiesen- oder Waldweg. Meiden Sie auch Untergrund mit spitzen Steinen. Vor allem bei Hitze kann sich der Hund sehr schnell die Pfoten wund laufen.

Es gibt Hunde, die von Haus aus empfindlichere Pfoten haben. Untersuchen Sie einmal die Ballen Ihres Hundes. Wie dick ist die Hornschicht? Rosa Pfoten müssen nicht zwangsläufig empfindlicher sein als dunkle. Generell kann man durch langsame Gewöhnung die Pfoten des Hundes bis zu einem gewissen Grad abhärten.

Den Pfoten müssen Sie bei jeder Art der schnellen und/oder ausdauernden Bewegung besondere Aufmerksamkeit widmen. Rissige Ballen pflegt man mit Melkfett oder Vaseline.

Der Briard ist durch eine Reflexdecke (siehe Bezugsquellen) gut sichtbar.

zen Sie dann vorsichtig die Ballen und untersuchen Sie mit der gleichen Methode die Ballenzwischenräume. Auch hier können kleinste eingetretene Teilchen zur Lahmheit führen. Wenn es Ihnen auch schon einmal so gegangen ist, dass Sie einen leichten Schmerzreiz am Fußballen verspürt haben und sich der Störenfried als ein eingetretenes kurzes Haar (!) herausgestellt hat, dann können Sie mit Ihrem Hund sicher mitfühlen.

Können Sie trotz aller Vorsicht nichts an der Pfote finden, liegt der Schaden sicherlich im Bereich des Bewegungsapparates. Wenn der Hund sehr lahmt, sollten Sie die Tour abbrechen und dem Hund möglichst den Rückweg ersparen. Im Zeitalter der Handys können Sie ja vielleicht motorisierte Hilfe holen. Vermeiden Sie es auch, den Hund mit vollem Bauch (bis zu zwei Stunden nach der Fütterung) laufen zu lassen. Kreislauf und Magen könnten es sehr übel nehmen.

Wandern mit dem Hund

Der Herbst mit seinen gemäßigteren Temperaturen lädt nicht nur den Menschen zum Wan-

Schont der Hund ein Bein, kann es leicht sein, dass er sich etwas eingetreten hat. Wenn Sie auf Anhieb nichts sehen, fahren Sie mit einem Finger sanft über die Ballen. So können Sie auch kleinste Dornen oder dergleichen spüren. Sprei-

Der Berger des Pyrenées ist ein ausdauernder Läufer.

Ein spezieller Hundeschuh (siehe Bezugsquellen) gehört zur Notfallausrüstung bei Wanderungen und soll einen verletzten Fuß schützen.

dern ein. Auch unsere Vierbeiner fühlen sich bei kühleren Temperaturen in der Regel wohler und sind aktiver als in der Sommerhitze. Aber vor allem längere Touren müssen sorgsam ausgewählt und geplant werden, damit Mensch und Hund Freude daran haben. Da gibt es einiges zu beachten. Auch die Ausrüstung muss Ihrem Vierbeiner zuliebe um ein paar Dinge erweitert werden, damit Sie für den Fall der Fälle gerüstet sind. Beachten Sie auch die Regeln des Natur- und Jagdschutzes. Wer längere Zeit mit seinem Hund unterwegs ist, sollte Kenntnisse in der Ersten Hilfe für den Hund haben.

Damit das Wandern Ihnen und Ihrem Hund Spaß macht, müssen die Routen der Kondition von Hund und Mensch angepasst sein. Mit einem Dackel, einer Bulldogge oder einem Mops kann nicht die gleiche Tour angegangen werden wie mit einem Retriever, Setter oder Schäferhund. Aber auch hier gibt es Ausnahmen. Nicht immer ist von der Größe des Hundes auf dessen Leistungsfähigkeit zu schließen. Außerdem ist stets das Alter des Vierbeiners zu berücksichtigen. Für kleine Hunde, die gesundheitlich nicht ganz fit oder schon älter sind, gibt es spezielle Ruk-

Der Hunderucksack (siehe Bezugsquellen) ist eine gute Möglichkeit einen kleinen Hund auch auf große Fahrt mitzunehmen.

ksäcke zum Tragen des Hundes im Fachhandel zu kaufen (siehe Bezugsquellen am Schluss des Buches).

Der Lauf- und Atemrhythmus Ihres Hundes ist wahrscheinlich ein anderer als Ihrer. Dessen müssen Sie sich vor allem bei längeren Wander- oder gar Bergtouren bewusst sein.

Am besten wäre es daher, wenn Sie Ihren Hund auf Touren frei laufen ließen, damit er seinen eigenen Rhythmus finden kann. Angst vor »Fehltritten« Ihres Hundes müssen Sie dabei nicht haben. Auch wenn nicht alle Hunde schwindelfrei sind, ist es doch immer wieder erstaunlich, wie sicher ein Hund Stellen meistert, die uns Menschen zu schaffen machen, selbst wenn der Weg eng und steil wird. Ihr Hund wird auch tiefe Abgründe wahrscheinlich ohne Leine besser meistern und vor allem sicherer, als wenn ihn eine Leine behindert. Notwendige Voraussetzung für das freie Laufen aber ist, dass Ihr Hund weder anderen Wanderern noch Tieren nachstellt und Ihnen wirklich gut gehorcht.

Muss der Hund doch angeleint laufen, so ist eine längere Leine (ca. 2–3 m) zu empfehlen. Manche Hundebesitzer kommen auch gut mit

Große Hunde wie Schäferhunde können spezielle Packtaschen tragen, in denen bis zu einem Drittel des Körpergewichts an Proviant verstaut werden kann.

Berger des Pyrenées Bandit bei einer kleinen Verschnaufpause.

entsprechendem Training generell für alle Arten von Wanderungen geeignet. Schäferhunde sind mit ihrem Temperament und ihrer Ausdauer für das Laufen und notfalls auch Klettern prädestiniert, ebenso die verschiedenen Jagd- und Retrieverrassen, Schnauzer und Terrier (die in der Regel »unermüdlich« sind). Kurzbeinige Rassen sind vor allem bei einem langen Rücken viel weniger belastbar (z.B. Dackel oder Basset Hound).

Welpen sollten Sie nur dann auf eine Tour mitnehmen, wenn Sie klein und leicht genug sind, dass Sie sie tragen können. Muten Sie dem Kleinen nicht mehr als eine halbe Stunde am Stück zu. Richtig belastbar ist ein Hund erst, wenn er körperlich ausgewachsen ist. Das geht bei kleinen Rassen in der Regel schneller als bei den großen oder gar den Riesenrassen.

Bergwandern mit dem Hund

Obwohl im europäischen Raum viele Berggebiete vor allem an den Wochenenden überlaufen sind, lassen sich doch immer noch weitgehend »einsame« Gebirgsregionen finden. In Seen und Gebirgsbächen kann hier der Hund in aller Regel plantschen oder schwimmen, ohne dass sich jemand darüber beschwert. Vergessen Sie aber nicht, dass gerade Bergseen sehr kalt sein können. Der Hund muss sich auch im Sommer trocken laufen können, oder Sie helfen mit einem Handtuch nach. Im Winter würde ich einen Hund in dem kalten Wasser nicht schwimmen lassen.

Wenn Ihr Schützling aber die Ohren auf Durchzug gestellt hat und sich mit einem Freudenschrei in die eiskalten Fluten stürzt, können Sie bei einem Hund mit dichtem Haar und genügend Unterwolle davon ausgehen, dass solch ein Vierbeiner nach einem kurzen Bad gar nicht bis auf die Haut nass ist. Machen Sie die Probe bei Ihrem Vierbeiner. Teilen Sie das Fell des Hundes und schauen Sie sich die Haut an. Ist sie nass? Bei einem kurzen Bad sehr wahrscheinlich nicht. Trotzdem sollten auch solche Hunde abgetrocknet werden oder sich trocken laufen können.

Wenn der Hund nicht oder nur begrenzt frei

einer Flexi-Leine (Rollleine bis zu 10 m lang) zurecht. Dadurch hat der Hund mehr Freilauf, gleichzeitig haben Frauchen oder Herrchen dennoch die Möglichkeit, über die Leine auf den Hund einzuwirken.

Wenn Sie sich einen neuen Hund zulegen wollen und Wandertouren für Sie wichtig sind, dann müssen Sie wissen, dass in erster Linie der Gesundheitszustand des Tieres für eine Tour wichtig ist. Erfreut sich Ihr Vierbeiner nicht bester körperlicher Kondition und Gesundheit oder handelt es sich um einen Hundesenior, dann müssen Sie auf längere Wanderungen verzichten beziehungsweise kleine Hunde zwischendurch tragen. Ruhige und behäbige Rassen sind für lange und steile Bergtouren nicht geeignet (z.B. Mastino Neapolitano oder Bernhardiner). Sie freuen sich eher über eine kurze Wanderung im Flachen. Auch kurzatmigen Hunden, wie z.B. der englischen Bulldogge oder dem Mops, sollte man keine Touren über 6 Stunden zumuten.

Alle Rassen, die gerne viel laufen, sind bei

laufen kann, empfiehlt sich für das Bergwandern mit dem Hund die Verwendung eines Laufgeschirrs, das den Hund um Brust und Bauch umschließt. Es bietet sicheren Halt, und der Hund kann sich auf keinen Fall am Halsband erhängen. Aber: Hunde sind keine Gemsen! Die Kletter- und Wandermöglichkeiten von Hunden im hochalpinen Bereich sind begrenzt.

Haben Sie Angst, dass Ihr Hund abstürzen könnte? Seien Sie beruhigt. Das normale Risiko ist für Sie wesentlich größer als für Ihren Hund. Da es viele Bergpfade gibt, auf denen sich »ausgesetzte« Wegabschnitte befinden oder eine Seilsicherung vorhanden ist, sollte man sich vor Beginn einer Tour bei der örtlichen Bergrettung oder dem Fremdenverkehrsbüro informieren. Solche Wegstücke müssen allerdings nicht generell für den Hund geeignet sein. Seien Sie mutig, aber nicht leichtsinnig. Sie werden erstaunt sein, welche Stellen ihr Hund sicheren Schrittes bewältigt, an denen Sie vielleicht glauben, Sie seien nicht in der Lage, auch nur einen Meter weiter zu gehen.

Die Ausrüstung des Hundes für eine größere Tour

- ■ *Leinen, eine kurze (ca. 1 m lang) und eine lange (ca. 3 m lang) oder eine Flexi-Leine;*
- ■ *Halsband und/oder ein Brustgeschirr für Bergwanderungen;*
- ■ *eventuell Maulkorb (ist an manchen Orten für bestimmte Hunderassen vorgeschrieben);*
- ■ *hochwertiges Futter für Touren ab 2 Tagen (am besten ein gutes Trockenfutter);*
- ■ *Wasser!!! (für eine Tagestour im heißen Wetter bis zu 5 Liter).*

Nehmen Sie auf großen Touren eine kleine Hundeapotheke mit:

- ■ *Betaisodona als Flüssigkeit oder Salbe (Desinfektionsmittel, das auch direkt auf Wunden gegeben werden kann und nicht brennt);*
- ■ *Präparate gegen Durchfall (Kohletabletten helfen nur in leichten Fällen) und Erbrechen;*
- ■ *Augentropfen gegen Bindehautentzündung;*
- ■ *Verbandszeug und mindestens einen Hundeschuh zum Schutz eines Fußverbandes;*
- ■ *Fieberthermometer (die Normaltemperatur eines Hundes liegt zwischen 38–39 °C);*
- ■ *Zeckenzange und Pinzette;*
- ■ *Hirschtalg, Vaseline oder Melkfett gegen rissige Pfoten.*

Schwieriger sind die Stellen, an denen z.B. an einer Leiter mehrere Meter Höhenunterschied überwunden werden müssen. Selbst wenn es sich nur um 3 m handelt, kann dies mit einem größeren Hund ein Grund sein, dass Sie an dieser

»Bergziege« Nouni liebt lange Wanderungen.

Stelle die Wanderung abbrechen und umkehren müssen. Einen kleineren Hund kann man vielleicht noch tragen.

In Deutschland, Österreich, der Schweiz und Norditalien sind die üblichen Wanderwege und Pfade sehr gut gekennzeichnet, und auch das vielfältige Material an Wanderkarten ist in der Regel sehr genau. Auf jeden Fall sollten Sie bei den ausgewählten Wegen auf den Schwierigkeitsgrad und die angegebene Wanderzeit achten. (Rechnen Sie die Pausen noch dazu!)

Vor einer Gletscherbegehung sollten Sie unbedingt mit der örtlichen Bergrettung Rücksprache halten und klären, ob diese Tour ohne Führer möglich ist. Vergessen Sie bei einer Gletscherwanderung nicht den Schutz der Hundeaugen! Gewöhnen Sie Ihren Hund am besten rechtzeitig an eine Gletscherbrille. Für die Tourenplanung sind die Informationen, die Sie beim Alpenverein und/oder dem Tourismusverband erhalten können, hilfreich. Telefonnummern können Sie bei der Auskunft erfragen.

Rad fahren

alle vitalen Rassen

Das Laufen neben dem Fahrrad ist ein ausgezeichnetes Konditionstraining für den Hund, wenn man einige Regeln beachtet. Die meisten Hunde mittlerer bis größerer Rassen, die nicht zu schwer sind, laufen gerne neben dem Fahrrad her (zum Beispiel alle Schäferhunde). Kleine Hunde, und hier vor allem die mit einem sehr langen Rücken und kurzen Beinen, darf man nicht überstrapazieren (z.B. Dackel oder Basset Hound). Auch kurzatmige Hunde (Mops, Pekinese) lieben das Laufen neben dem Fahrrad nicht. Die Belastbarkeit richtet sich nach dem gesundheitlichen Zustand, dem Alter des Hundes und seinem Trainingsstand.

Es gibt immer wieder Mitbürger, die das Laufen neben dem Fahrrad als Tierquälerei und als rechtswidrig ansehen. Zum einen ist das Mitführen eines Hundes neben einem Fahrrad laut Straßenverkehrsordnung (StVO § 28, Absatz 1) erlaubt. Zum anderen ist es nur dann als Tierquälerei anzusehen, wenn der Hund hinter dem Rad her»gezerrt« wird, aber nicht, wenn er fröhlich und locker neben dem Rad läuft.

Generell können wir einen Hund ab einem Alter von 6 Monaten langsam an unser Vehikel gewöhnen. Regelrechtes Fahrradtraining sollten Sie nicht vor einem Alter von mindestens einem Dreivierteljahr sacht, für jeweils 10 Minuten, im langsamen Trab beginnen. Immer noch ist der Hund im Wachstum. Die Gelenke und Bänder dürfen nicht überstrapaziert werden.

Wenn das Körperwachstum des Hundes abgeschlossen ist, kann man ganz allmählich mit dem richtigen Fahrradtraining anfangen. Fordern Sie Schritt für Schritt immer mehr vom Hund. Eine halbe Stunde bei ruhigem Tempo (etwa 10 km/h) reicht für den Anfang. Es empfiehlt sich die Anschaffung eines Fahrradtachometers. Es sind sogar drahtlose Geräte mit vielfältigen Funktionen ab DM 30,– im Handel erhältlich.

So können Sie das Training Ihres Hundes noch besser überwachen. Beachten Sie aber immer, dass vor allem junge Hunde von sich aus nicht gleichmäßig durchlaufen, sondern immer wieder anhalten, um zu schnüffeln. Das konstan-

Kleine Hunde (hier ein Cairn Terrier) lassen sich im Fahrradkörbchen durch einen Deckel sichern.

te Tempo des Radfahrers oder Joggers stellt für Hunde eine größere Anforderung dar, als wir meist vermuten.

Auch wenn es für Sie bequemer ist, meiden Sie Teerstraßen. Neben etwaigem Autoverkehr ist der harte Belag nicht gut für den Bewegungsapparat Ihres Vierbeiners. Ich habe es selbst erlebt, dass sich zwei Schäferhunde im Sommer nach 1 km leichtem Galopp alle vier Füße wund gelaufen hatten. Suchen Sie weiche Wege ohne spitze Steine, die vor allem eine Tortur für die Hundepfoten sind, aber auch Ihre Fahrradschläuche ruinieren können.

Lassen Sie Ihren Hund immer an der rechten – dem Verkehr abgewandten – Seite des Fahrrades laufen. Auch wenn Sie den Hund sonst links führen! Ich kenne keinen Fall, in dem der Vierbeiner nicht sehr schnell begriffen hat, die beiden Situationen zu unterscheiden. Ich verwende auch zwei verschiedene Hörzeichen: FUSS = der

Spaß am Lernen in der Hundeschule: vom Grundgehorsam bis zur Begleithundeprüfung

Richtig durchgeführte, abwechslungsreiche Erziehungskurse machen dem Hund und seinem Führer Spaß und sind zudem äußerst nützlich. SITZ, PLATZ, HIER, BLEIB, AUS und FUSS sind die Basisübungen, die jeder Hund beherrschen sollte. Auch im wilden Spiel mit Menschen oder Hunden oder bei der Lösung einer kniffligen Aufgabe muss der Hund ansprechbar bleiben und die Hör- und/oder Sichtzeichen seines Besitzers beachten. Eine gute Grundlage für die Beschäftigung mit dem Hund sind der Team-Test beziehungsweise die Begleithundeprüfung (BH), die in einem Hundeverein abgenommen wird.

Die Begleithundeprüfung besteht aus zwei Teilen: einer Unterordnung auf dem Übungsplatz und einem Straßenteil im Verkehr. Bei der Unterordnung muss der Hund eine passable Leinenführigkeit und Freifolge zeigen (mit und ohne Leine immer in Höhe des linken Knies seines Führers). Der Hund muss sich auf Kommando aus der Bewegung hinsetzen bzw. hinlegen und sitzen bzw. liegen bleiben, bis der Führer wieder zu ihm zurückkommt. Der Vierbeiner muss auch frei liegen bleiben, während ein anderer Hund seine Unterordnungsübungen zeigt. Zwei abgegebene Schüsse dürfen den Hund nicht beeinträchtigen. Im Straßenteil muss sich der Hund gehorsam und sicher zeigen. Große Schreckhaftigkeit oder gar Aggressionen führen zum Nichtbestehen der Prüfung. Der Team-Test ist ähnlich aufgebaut. Die Überprüfung der Schussgleichgültigkeit entfällt.

Hund geht an der linken Seite. FAHRRAD oder RAD = der Hund geht an der rechten Seite des Fahrrades. Wenn der Hund das zweite Kommando kennt, können Sie ihn auch abrufen und er geht automatisch an die richtige Seite.

Der Hund sollte auch lernen, in der Freifolge am Fahrrad zu bleiben. Üben Sie das konzentriert, genau so wie Sie eine Freifolge bei Fuß üben würden. Schieben Sie das Rad und lassen Sie den jungen Hund an der Leine nebenher laufen. Wenn das beim Hund ohne Angst klappt, können Sie kurz aufsteigen und ein paar Meter fahren. Sie sollten dem Hund angewöhnen, vor jedem Start und bei jedem Halt sich zu setzen oder zumindest fest stehen zu bleiben. Viele Hunde freuen sich so auf den Fahrradausflug, dass sie es kaum erwarten können loszupreschen. Für solche Hunde ist es gut, wenn sie sich vor dem regelgebundenen Lauf neben dem Rad austoben und gründlich lösen können. (Letzteres gilt natürlich für alle Hunde.)

Wenn der Stand des Gehorsams es erlaubt, sollten Sie den Hund nach Möglichkeit ganz frei laufen lassen. So kann er seine Umwelt schnüffelnd erkunden, sein Geschäft machen und dann im Eilspurt Ihnen wieder folgen. Wie weit Sie Ihrem Vierbeiner solche Freiheiten gewähren können, liegt auch an der Verkehrssituation und natürlich am Gehorsam des Tieres. Hunde, die flott neben dem Rad laufen, kommen viel eher in Versuchung aus der Bewegung heraus zum Beispiel Weidetiere oder Wild zu jagen. Sie müssen solche Situationen während des Fahrradtrainings aufsuchen und üben.

Ich sehe immer wieder Hundeführer, die Ihre Hunde zwar an der Leine und der rechten Seite führen, aber oft ist die Leine zu lang. Der Hund sollte nie so weit vor oder hinter das Rad laufen können, dass es zu einer gefährlichen Notbremsung kommt. Verwenden Sie am besten eine 1 m lange, stabile Arbeitsleine, die locker durchhängen sollte. Wickeln Sie sich die Leine niemals um die Hand. Im Notfall müssen Sie die Leine sofort fallen lassen können. Es ist auch eine Unart, die Leine am Fahrradlenker festzubinden. Dies kann zu bösen Stürzen führen.

Einen gut erzogenen Hund wie diesen Collie kann man bei entsprechenden Verkehrsverhältnissen auch frei neben dem Fahrrad laufen lassen.

Im Moment ist es Mode, einen Hund mit Zuggeschirr weit vor dem Fahrrad laufen zu lassen. Die Leine ist unter dem Lenker befestigt. Für solch ein Unternehmen muss der Vierbeiner schon sehr gut erzogen sein. Glauben Sie mir: Auch ein Mann kann nicht mehr bremsen, wenn sein Zughund aus vollem Galopp zum Beispiel in eine Wiese abbiegt, um einen Hasen zu jagen. Einen Hund an der Handleine kann man aus dem Trab noch bremsen. Aus dem Galopp wird das schon schwieriger.

Ob Sie ein Halsband oder ein Geschirr für das Fahrradtraining verwenden ist Geschmackssache, solange der Hund mit beidem folgt. Mehr Einwirkungsmöglichkeiten haben Sie am Halsband. Eine relativ neue Sache ist der »Springer«. Es handelt sich dabei um einen gefederten Metallarm, der unterhalb des Fahrradsattels montiert wird. Der Hund wird mittels einer kurzen Leine an dem Metallarm festgeschnallt. Es klingt unwahrscheinlich, aber es ist tatsächlich so, dass auch ein großer Hund wie zum Beispiel ein Deutscher Schäferhund oder ein Dobermann das Fahrrad damit nicht aus der Spur ziehen kann, selbst wenn der Radfahrer kein Schwergewicht ist.

Mein Cairn-Terrier-Mischling ist noch im Alter von 17 Jahren ein gutes Stück am Fahrrad gelaufen, dann kam er ins Fahrradkörbchen. Für kleine Hunde, die nicht absolut sicher im Körbchen bleiben, gibt es spezielle Fahrradkörbchen mit einem Drahtdeckel. Einen großen, alten

Der »Springer« (siehe Bezugsquellen) hält den Hund sicher am Fahrrad. Rucke werden durch die besondere Konstruktion ausgeglichen.

Hund kann man nach Gewöhnung gut in einen Anhänger für Kinder verfrachten. So kann er am Familienausflug noch teilnehmen und der Mensch auf der Zugmaschine kann sich so nebenbei besondere Fitnesspunkte gutschreiben.

Was müssen Sie bei einem Hitzschlag tun?

Anzeichen: Der betreffende Hund wirkt gestresst, er hechelt stark und die Schleimhäute sind gerötet. Wenn Sie nichts unternehmen, baut der Hund schnell ab und kann kollabieren. Auch wenn Sie nur einen Verdacht auf Hitzschlag haben, sollten Sie den Hund so schnell wie möglich mit viel kaltem Wasser herunterkühlen. Bedecken Sie den Patienten mit nass gemachten Tüchern.

Wenn vorhanden, können Sie Eisbeutel rund um seinen Körper lagern, und feuchten Sie auch die Zunge mit kaltem Wasser an. Lassen Sie den Hund aber nicht zu kaltes Wasser trinken. Sie sollten alle 15 Minuten die Temperatur des Tieres rektal messen (bei Hitzschlag ist sie erhöht), bis sie wieder auf 38,3 °C abgesunken ist. Stellen Sie den Hund so schnell wie möglich einem Tierarzt vor.

Wie schnell sollte man fahren? Rassetypisch sind viele Hunde vom Gebäude her zum Traben angelegt (z. B. der Deutsche Schäferhund), andere bewegen sich lieber im Galopp vorwärts (Windhunde). Man sollte sich also mit der Veranlagung seiner Rasse vertraut machen. Mit einem lauffreudigen, gut trainierten Hund können sie durchaus ein Tempo von 30 Kilometern pro Stunde über kürzere Strecken vorgeben. Wichtig ist es, den Hund immer nur nach und nach mit längeren Strecken zu konfrontieren.

Meiden Sie im Sommer die Mittagshitze. Schon mancher bewegungsfreudige Hund hat sich übernommen und einen Hitzschlag erlitten. (Die normale Körpertemperatur liegt bei einem Hund zwischen 38,3 und 38,7 °C, bei Nackthun-

den normalerweise 1 Grad höher.) Besonders gefährdet sind kurznasige Rassen, dicht behaarte Hunde und Tiere ohne ausreichende Wasserversorgung. Führen Sie vor allem an warmen Tagen immer genügend Wasser für den Hund mit!

Dass man die Leistungsfähigkeit kleiner Hunde oft unterschätzt, zeigt uns das Beispiel der vierjährigen Kleinspitzdame Easy und des achtjährigen Kleinpudels Sayman. Beide Hunde sind bei einer Ausdauerprüfung für Gebrauchshunde, in diesem Fall Rottweiler, mitgelaufen – das heißt 20 km (!) locker am Fahrrad traben – und haben die Prüfung, ohne dass sie sich verausgabt haben, mit Bravur bestanden. Auch die Gehorsamsprüfung nach der Radtour war keine Schwierigkeit für die Kleinen.

Wassersport

Es gibt Hunde, die geborene Wasserratten sind. Solche Hunde gehen meist schon als Jungtiere von sich aus zum Plantschen ins Wasser. Dazu gehören vor allem die Retriever, die ja unter anderem auch für das Apportieren von geschossenen Vögeln aus dem Wasser gezüchtet worden sind. Neufundländern sagt man nach, dass sie Schwimmhäute zwischen den Zehen hätten. Dies entspricht zwar nicht der Wahrheit, aber wasserscheu ist die Rasse nicht. Ursprünglich dienten die Hunde als Fischerhunde unter anderem zum Netzziehen und Landetaue-durch-die-Brandung-Bringen. Auf diese Weise erwarben sie ihre Härte und Wasserfreudigkeit. Bekannt ist der Hund »Boatswain« (dt. Bootsmann). Dieser Neufundländer soll Napoleon I. vor dem Ertrinken gerettet haben, als dieser sich am 26. Februar 1815 in Elba einschiffte und ins Wasser

fiel. Als Nichtschwimmer drohte er zu versinken. Ein Denkmal von »Boatswain« steht in Windsor Castle in England. Die mächtigen Hunde werden auch heute noch gerne als Wasserrettungshunde ausgebildet, die Ertrinkenden zur Hilfe eilen und Boote an Land ziehen.

Es gibt aber auch Hundeindividuen vieler Rassen oder Mischlinge, die das Schwimmen erst lernen müssen. Solche Vierbeiner stehen fast senkrecht im Wasser, sobald sie den Grund verlieren und rudern wie wild mit den Vorderpfoten. Ein Hund, der so »schwimmt«, kann sehr leicht untergehen, weil er sich natürlich schnell verausgabt. Solche Hunde wollen meist möglichst schnell ein Ziel erreichen (z.B. ein ins Wasser geworfenes Stöckchen). Diese Hektik sollte vermieden werden. Schwimmen Sie mit Ihrem Hund eine kleine Strecke, sodass er merkt, dass er ohne Zappeln viel sicherer und schneller vorankommt. Der Hund schwimmt dann richtig, wenn seine Rückenlinie knapp über oder unter der Wasseroberfläche liegt. Halten Sie den Schüler dazu an, ruhig neben Ihnen zu schwimmen. Geben Sie ihm notfalls sogar eine kleine Hilfestellung und stützen Sie seinen Bauch mit einer Hand ab, sodass der Hund ins richtige Schwimmen kommt.

Aber Vorsicht: Hunde, ob gute Schwimmer oder Lehrlinge, neigen dazu, einem menschlichen Schwimmer zu nahe zu kommen. Ich vermute, dass die Hunde nur den Kopf des Schwimmers sehen und die Lage der restlichen Glieder nicht einschätzen können. Sicherlich wollen solche Hunde den Menschen nicht verletzen, aber so mancher Schwimmer hat sich durch Hundekrallen schon böse Striemen am Rücken eingehandelt oder wurde sogar unter Wasser gedrückt. Einen Hund mit Gewalt ins Wasser zu zerren oder ihn gar hineinzuwerfen, ist der Sache nicht dienlich und kann dem Hund leicht das Wasser ein für alle Mal vermiesen. Freundliche Überredung hilft da viel weiter. Als Lockmittel kann man schwimmende Dummies in einer Farbe, die sich gut vom Wasser abhebt, verwenden. Es gibt

Schäferhündin Mücke taucht nach einem untergegangenem Spielzeug.

auch spezielle schwimmende Gummiringe und anderes schwimmfähiges Spielzeug. Leider sinken vor allem die Ringe so weit ins Wasser ein, dass sie der Hund nur noch schwer orten kann. Da ist es praktisch, wenn der Hund sich z. B. durch das Werfen kleiner Steine in der Richtung lenken lässt.

Wenn Sie Ihren Vierbeiner in einem Wassergefährt mitnehmen wollen, können Sie manches für die allgemeine Sicherheit tun. Soll der Hund im Kanu, Boot oder dergleichen bleiben, empfiehlt es sich, auch dem Tier eine Schwimmweste anzulegen. Diese Schwimmwesten gibt es extra für Hunde in verschiedenen Größen in Leuchtfarben. Geht der Hund unbeabsichtigt über Bord, versinkt er nicht, kann leicht ausgemacht und an einem Griff ins Boot gezogen werden. Für solch eine Aktion braucht man allerdings schon für einen mittelgroßen Hund viel Kraft. Die Weste ist als reine Sicherung anzusehen. Zum richtigen Schwimmen ist sie nicht geeignet, da der Hund schlecht vorwärts kommt.

Soll der Hund schwimmen, kann man ihm zur Sicherheit ein spezielles Wassergeschirr anziehen, das ihn nicht behindert, an dem man ihn

Retriever lieben das Wasser. Golden-Retriever-Hündin Camilla beim wilden Plantschen.

aber durch eine Leine sichern und auch ins Boot ziehen kann. Zur Not kann auch ein einfaches Fährtengeschirr aus Gurt dienen. Wasserrettungshunde haben Spezialgeschirre, an denen sich auch Ertrinkende festhalten können. Ich wurde einmal gefragt, ob man den Hund hinter einem Ruderboot herschwimmen lassen kann und ihn am Halsband sichern sollte. Ersteres ist möglich, aber der Hund darf auf keinen Fall am Halsband angebunden werden; hier muss man ein Geschirr verwenden. Wenn Sie Ihren Hund auf einer Luftmatratze mit hinausnehmen wollen, muss der Hund, sobald er von der Matratze rutscht, schwimmen. Viele Luftmatratzen widerstehen den Krallen an den Pfoten nicht. Außerdem dürfte es nur bei kleinen Hunden möglich sein, das Tier wieder auf die Matratze zu hieven. Auch ein Schlauchboot muss aus sehr stabilem Material sein, damit Hundekrallen es nicht beschädigen können. Es gibt Hunde, die in ruhigem Wasser gerne auf dem Surfbrett mitfahren. Testen Sie das bitte erst im flachen Wasser. Hunde könne auch im Kanu mitgenommen werden. Dann muss der Vierbeiner aber ruhig sitzen bleiben, sonst besteht die Gefahr des Kenterns. In

Die Autorin mit dem Schäferhund Donar beim Paddeln. Wenn der Hund hier nicht stillhält, ist ein unfreiwilliges Bad vorhersehbar.

größeren Booten fährt der Hund (mit Schwimmweste) meist gefahrlos mit. Wenn Sie einen Außenbordmotor verwenden, müssen Sie unbedingt darauf achten, dass der Hund der Schraube nicht zu nahe kommt.

Luftmatratzen halten Hundekrallen nicht immer stand.

Je nach Trainingsstand schwimmt ein Hund genauso lange und sicher wie ein guter menschlicher Schwimmer. Ohne Gegenströmung kann solch ein Hund gut 1 km zurücklegen. Andere Hunde sind nach 10–15 Minuten Schwimmen erschöpft. Trainieren Sie Ihren Hund langsam auf Ausdauer. So lernen Sie schnell seine Grenzen kennen. Sie dürfen aber nicht vergessen, dass auch ein dichtes Fell mit der Zeit nicht mehr gegen kaltes Wasser (unter 10 °C) isoliert. Je mehr Unterwolle ein Tier hat, desto länger hält sie ihn trocken. Aber einmal bis auf die Haut nass, sind Hunde genauso kälteempfindlich wie menschliche Schwimmer. Wieder aus dem Wasser, muss der Hund entweder genügend Möglichkeiten haben, sich in warmer Luft trocken zu laufen, oder Sie müssen dafür sorgen, dass er mit einem Handtuch abgerubbelt wird und an einen warmen und zugfreien Ort gebracht wird, bis er vollkommen trocken ist.

Ein Hund, der (vor allem in kaltem Wasser) viel schwimmt, verbraucht wesentlich mehr Energie. Bedenken Sie das und geben Sie Ihrem Tier ein energetisch hochwertiges Futter. Tragen Sie Sorge dafür, dass Ihr Hund nicht in gefährliche Strömungen und Strudel gerät und auch Wehre meidet (hier bilden sich Wasserwalzen, die den Hund in die Tiefe ziehen). Richtig angelernt sind Hunde (meist) begeistert, wenn es ans Wasser geht. Das Schwimmen ist auch für sie eine sehr gesundes Art der Bewegung. Gehen Sie im Sommer viel mit Ihrem Hund baden. Er wird es Ihnen sicher danken. (Schwimmplätze, zu denen Hunde mitdürfen, sind teilweise in den »Auf vier Pfoten«-Bänden – siehe Literaturverzeichnis – zu finden.)

Meerwasser ist übrigens meist gut für strapazierte Hundehaut. Das Schwimmen im Meer ist aber nicht überall ungefährlich. Achten Sie auf Strömungen.

Reitbegleitung

    alle vitalen Rassen

Immer mehr Reiter wollen Ihren Hund zu Ausritten oder gar auf lange Wanderritte mitnehmen. Damit es dabei keine Probleme gibt, müssen nicht nur das Pferd und der Hund einzeln gut ausgebildet sein, sondern sie müssen auch als Team funktionieren. Um das zu gewährleisten hat sich die »Vereinigung der Freizeitreiter in Deutschland (VFD)«, Landesverband Niedersachsen/Bremen, Gedanken über eine geeignete Ausbildung des Teams gemacht, die in einer seit 1993 angebotenen Prüfung getestet werden kann. Ob Sie solch eine Prüfung anstreben oder nur mit Ihrem Hund und Pferd viel Spaß haben wollen – ein paar Dinge sind nützlich zu wissen.

Vielleicht sind Sie ja in der glücklichen Lage, Ihren Hund immer frei neben dem Pferd herumtollen lassen zu können. Wenn nicht, hier ein paar Tipps: Ihr Hund hat den Ausbildungsstand eines Begleithundes? Er folgt freudig Ihren Hörzeichen mit und ohne Leine? Um so besser. Das Pferd sollte möglichst gut ausgebildet und scheufrei sein. Sie können sich viel besser auf Ihren Hund konzentrieren, wenn Ihr Pferd eine gewisse Gelassenheit an den Tag legt und möglichst Hunde gewöhnt ist. Der Hund muss lauffreudig und vor allem im Trab ausdauernd sein. Meist scheiden sehr große (z. B. Bernhardiner) oder extrem kleine Rassen (Yorkshire Terrier)

Der Hund darf das Pferd auch im Galopp nicht behindern oder den Hufen zu nahe kommen.

aus. Während die einen zu schwer sind, fehlt es den anderen an der körperlichen Konstitution.

Im Prinzip kann man viele Hunderassen zum Reitbegleithund erziehen. Es ist aber deutlich von Vorteil, wenn sich der Hund gegen andere Hunde, Tiere oder gar Menschen nicht aggressiv zeigt. Ihre Einwirkungsmöglichkeiten vom Pferd aus sind begrenzt. Ängstliche Hunde haben meist die Angewohnheit, sich in Schrecksituationen enger an ihren Menschen anzulehnen. Bei einem Reiter könnte der Hund den Pferdehufen deshalb leicht zu nahe kommen und auch das Pferd verunsichern. Das gleiche gilt für einen zu verspielten Hund, der vielleicht aus reinem Übermut am Pferd hochspringt oder nach den Pferdebeinen schnappt. Selbstverständlich sollte der Jagdtrieb entweder nicht besonders ausgeprägt oder zu beherrschen sein.

Ein besonderes Problem bilden Hunde mit stark ausgeprägtem Hütetrieb, zum Beispiel der Border Collie. Diese Hunde wollen ihre »Herde« ständig zusammenhalten. Aus diesem Grund neigen die Tiere sehr dazu, Sie und das Pferd zu

umkreisen. Dabei können Sie leicht den Hufen gefährlich nahe kommen. Nicht leicht ist auch die Ausbildung von sehr eigenwilligen Hunden. Nordische Hunde und Windhunde sind zwar begeisterte und ausdauernde Läufer, aber sie müssen mit sehr viel Ausdauer und Einfühlungsvermögen erzogen werden. Meist kann man sie wegen ihres ausgeprägten Jagdtriebes nur an der Leine neben dem Pferd laufen lassen.

Das gleiche Problem kann bei anderen Jagdhunderassen auftreten. Positiv fallen hier die Retriever auf. Sie werden schon seit langem dazu gezüchtet nicht selbst zu jagen, sondern geschossenes Wild auf Kommando zu apportieren. Daher neigen sie weniger zum Wildern.

Was muss Ihr Hund können, um ein angenehmer Reitbegleithund im Gelände und Verkehr zu sein? Er sollte folgende Regeln beherrschen:

- ■ An lockerer Leine auf der rechten Seite des Pferdes im gleichen Tempo mitlaufen.
- ■ Auf das Hörzeichen SITZ oder PLATZ sich sofort hinsetzen beziehungsweise hinlegen und nur mit Erlaubnis wieder aufstehen.
- ■ Wenn er, wo das möglich und erlaubt ist, frei läuft, darf er nicht stöbern und Wild hetzen

Ein Ritt am Strand ist für alle Beteiligten ein Hochgenuss.

und er muss auf Ruf oder Pfiff sofort zu Ihnen kommen.

- Wenn Sie Ihren Hund auf mehrtägige Wanderritte mitnehmen wollen, sollte sich der Hund auch in fremder Umgebung nicht unwohl fühlen, problemlos auch einmal längere Zeit alleine gelassen werden können und in Bezug auf Futter nicht zu empfindlich und wählerisch sein. Es kann sein, dass Sie nicht immer das gewohnte Futter in ausreichender Menge mitnehmen können.

Hunde, die mit ihren Menschen zusammenleben und möglichst an alle Orte mitdürfen, haben in der Regel keine Schwierigkeiten mit fremden Plätzen. Man kann einen Hund auch bis zu einem gewissen Maß daran gewöhnen, nicht auf eine bestimmte Futtersorte oder gar -marke zu bestehen. Auch das Alleinebleiben sollte man vom Welpenalter an trainieren.

Um dem Hund die nötige Kondition anzutrainieren, fangen Sie am besten mit längeren Spaziergängen (über 1 Stunde) an. Dazu sollte der Hund je nach Rasse, Körperbau und Entwicklungsstand, mindestens 6–9 Monate alt sein. Als Steigerung empfiehlt sich das Joggen mit dem Hund. Ab 1 Jahr (zum Beispiel Deutscher Schäferhund), bei körperlichen Spätenwicklern (zum Beispiel Rottweiler) später, können Sie mit leichtem Fahrradtraining beginnen (siehe Seite 48ff.). Ziehen Sie aber in Betracht, dass sich manche Hunde über ihre Kräfte hinaus anstrengen, um ja nicht den Anschluss zu verlieren. Solche Hunde laufen zwar gut mit, bei einer Pause lassen sie sich aber sofort stark hechelnd fallen. In einem solchen Fall lassen Sie den Hund ausruhen und im langsamen Schritt nach Hause gehen. Notfalls führen Sie das Pferd und den Hund.

Für die Ausrüstung des Hundes gibt es ein paar Dinge zu beachten: Der Hund sollte bereits so gut erzogen sein, dass Sie spezielles Ausbildungszubehör, z.B. ein Halti, nicht mehr benötigen. Für das Führen vom Pferd aus eignet sich am besten ein normales Leder-, Gurt- oder Kettenhalsband. Letzteres möglichst mit langen Gliedern und nicht auf Zug gestellt. Am Anfang

Das Pferd und der Hund müssen ruhig bleiben, wenn der Hund aus dem Sattel heraus an- oder abgeleint wird.

kann ein Halsband mit einem begrenzten Zug nützlich sein, da der Hund nicht so leicht aus dem Halsband schlüpfen kann. Eine gut in der Hand liegende, stabile Leine ist wichtig zum problemlosen Führen am Pferd. Lassen Sie Ihren Hund ca. 1m vom Pferd sitzen. Die Leine sollte noch deutlich durchhängen. Dann hat sie die richtige Länge. Bedenken Sie, dass Sie auch noch die Zügel des Pferdes in der Hand haben. Jedes überflüssige Stück Leine wird da nur lästig. Rollleinen (Flexi-Leinen) sind zum Führen am Pferd vollkommen ungeeignet. Bei Frei-Stellung kann der Hund durch den größeren Bewegungsraum plötzlich vor oder hinter das Pferd geraten. Außerdem können Sie mit einer Rollleine nicht schnell und präzise auf den Hund einwirken. Auch sind diese Leinen nicht gut in der Hand zu halten.

Dieter Schulte-Wörmann beschreibt noch eine Leine, die speziell für den reitenden Hundeführer entwickelt wurde und es ermöglicht, Hunde jeder Größe vom Pferd aus an- oder abzuleinen. Es ist eine Doppelleine aus kräftigem Leder, die vielfältig verstellt werden kann. Außer ihrem praktischen Nutzen bietet sie auch ein hohes Maß an Sicherheit. Der Hund kann diese Leine auf keinen Fall abstreifen. Außerdem hat sie keinen Karabinerhaken, der klemmen oder sich im falschen Moment von selbst öffnen könnte, und auch keine Befestigungsringe, die vielleicht bei einem starken Ruck reißen könnten. (Bezug nur über den Hersteller, siehe Anhang.)

Um Pferd und Hund aneinander zu gewöhnen, gehen Sie am Anfang mit beiden Tieren spazieren. Vermeiden Sie Eifersucht und geben Sie immer beiden Vierbeinern ein Leckerchen. Erste Übungen im Sattel sollten so gestaltet sein, dass Sie reiten und der Hund von einer Hilfsperson rechts neben dem Pferd geführt wird. Bauen Sie nach und nach auch Hindernisse ein (z. B. Laufplanken), die der Hund überwinden darf. Verhalten sich Pferd und Hund ruhig und der Hund hält ausreichend Abstand, können Sie die Leine übernehmen und die Übungen nicht nur auf dem Reitplatz, sondern auch im Gelände abhalten.

Eine besondere Situation ist das An- und Ableinen vom Pferd aus. Entweder Sie lehren Ihrem Hund, sich am Pferd aufzurichten, sodass Sie an sein Halsband gelangen können, oder Sie verwenden die oben erwähnte Spezialleine. Verlangen Sie von Ihrem Pferd aber anfangs nicht zu viel: Der Hund gehört eigentlich zur Ordnung der Raubtiere, denen das Pferd normalerweise durch Flucht ausweicht, vor allem wenn es angesprungen wird.

Wintervergnügen

Die meisten Hunde lieben Schnee. Nirgends kann man so schön buddeln, vor Übermut mit der Nase eine Furche ziehen oder sich genüsslich wälzen. Auch kurzhaarige Hunde kann man bis zu einem gewissen Grad abhärten. Vor allem solange sie in Bewegung sind, ist ihnen nicht unwohl. Bei extrem tiefen Temperaturen werden Sie beobachten, dass auch Kälte gewöhnte Hunde von einem Bein auf das andere treten. Wahrscheinlich frieren sie tatsächlich an den Pfoten.

Auf Langlaufskiern durch eine weiß verzuckerte Landschaft zu gleiten, gehört mit zu den

Schäferhund Donar
fängt für sein Leben
gerne Schneebälle.

Die Autorin mit Donar und Nouni beim Skilanglauf über die Felder.

schönsten Erlebnissen mit dem Hund. Leider sind auf angelegten Loipen Hunde meist nicht erlaubt, da die Hundepfoten die Spur zerstören können. Es gibt aber spezielle Hunde-Langlaufloipen. Diese sind meist etwas kürzer als normale Loipen und ohne Spuren, also gewalzt angelegt. (Holen Sie Informationen beim zuständigen Fremdenverkehrsamt ein.) Aber gönnen Sie sich und dem Hund auch einen Lauf quer über die Felder.

Auf keinen Fall sollten Sie dort langlaufen oder Ski fahren, wo Wild gestört oder gar aufgeschreckt werden kann. Hasen oder Rehe brauchen bei einer Flucht so viel Energie, dass sie den Bedarf nur schwierig wieder decken können. Benutzen Sie in der Nähe vom oder im Wald nur angelegte Wege und nehmen Sie Ihren Hund dort an die Leine.

Soll Ihr Hund Sie beim Langlaufen begleiten, gibt es zwei verschiedene Möglichkeiten: Entweder der Hund läuft neben Ihnen oder er geht in der Spur hinter Ihnen. Bei Letzterem muss der Hund sehr gut erzogen sein, da Sie ihn nicht

ständig im Auge haben. Bringen Sie dem Hund, auch wenn er frei tollen darf, auf jeden Fall bei, vor den Skiern zwar nicht Angst, aber einen gehörigen Respekt zu haben, sonst könnte er übermütig ständig Ihren Weg kreuzen und Ihnen das gleichmäßige Gleiten schwierig machen, da Sie ständig aufpassen müssten, den Hund nicht anzufahren.

Ist das sichere Spurgehen des Hundes für den Langlauf eine wünschenswerte Übung, so ist es für das Skiwandern mit Abfahrten und das alpine Skifahren unumgänglich. Zu leicht könnte der Hund in die Nähe der messerscharf geschliffenen Skikanten kommen. Sehnen sind schnell durchtrennt und Stürze vorprogrammiert. Am leichtesten lernen Sie dem Hund das Spurgehen zunächst ohne Ski im Tiefschnee. Der Hund wird schon aus Bequemlichkeit gerne Ihrer Spur folgen. Nun müssen Sie ihm nur noch beibringen, exakt hinter Ihnen zu bleiben und Sie auch nicht zu bedrängen.

Trampeln Sie einen Weg im Tiefschnee. Nehmen Sie Ihren Hund an die Leine und verhindern

Sie so, dass er Sie in der Spur überholt. Das Hörzeichen könnte »SPUR« sein. Die meisten Hunde lernen das schnell.

Im nächsten Schritt leinen Sie den Hund ab. Eine kleine Hilfe kann es sein, wenn Sie Ihren Kameraden mit Skistöcken in der Spur hinter sich halten. Aber halten Sie die Stöcke immer nach unten, damit sich der Hund nicht verletzen kann. Jetzt muss der Hund – noch immer im Trampelpfad – lernen, Ihnen auf Skiern zu folgen, ohne laufend auf die Bretter zu steigen. Temperamentvollen Hunden kann dies etwas schwer fallen. Benutzen Sie das Kommando und bleiben Sie zwischendurch auch immer mal wieder stehen. Der Hund muss dann verharren.

Wenn das Spurgehen im Trampelpfad auch mit Skiern klappt, können Sie im alpinen Bereich dazu übergehen im Tiefschnee langsam mit Bögen abzufahren. Achten Sie darauf, dass der Hund wirklich nicht abkürzt. Ein Helfer, der hinter Ihnen und dem Hund fährt und Ihnen ansagt, was der Hund macht, ist sehr hilfreich. Sonst wäre eine gleichmäßige Abfahrt unter Umständen durch Ihr ständiges Zurückblicken gefährdet. Beachten Sie, dass auf präparierten Pisten das Mitführen von Hunden meist nicht gestattet ist. Beim Skiwandern müssen Sie die Route sehr gründlich aussuchen. Aber ein Aufstieg mit Fellen und eine Abfahrt in unberührter Natur lohnt jede Mühe.

Ein paar Gesundheitstipps für ungetrübte Winterfreuden: Hunden, die lange Haarbüschel zwischen den Pfoten haben, sollte man diese unbedingt entfernen, da sich an den Haaren schnell Schnee festsetzt und die Vierbeiner dann durch Schneeklumpen behindert werden. Außerdem sollte man empfindliche Hundepfoten mit Hirschtalg einreiben. Hundeschuhe halten nur bedingt bei einem Hund, der sich bewegt. Am besten geeignet sind Schuhe, wie sie auch bei Schlittenhunden verwendet werden. Schneefressen wird sich kaum verhindern lassen. Reagiert das Verdauungssystem Ihres Vierbeiners mit Durchfall, sollten Sie für alle Fälle ein Mittel dagegen dabeihaben. In leichten Fällen (aber wirklich nur in leichten) helfen Kohletabletten. Wenn sich Ihr Hund, vor allem bei Sonnenschein, längere Zeit draußen im Schnee aufhalten sollte, führen Sie Augentropfen mit sich, da die intensive Strahlung zu einer Entzündung der Augen führen kann. Bei Touren im Gletscherbereich ist es nicht übertrieben, den Hund an eine Gletscherbrille zu gewöhnen.

Reisen mit dem Hund

Hunde fühlen sich am wohlsten, wenn sie am Leben ihres »Rudels« teilnehmen dürfen. Wenn den Vierbeiner so leicht keine Situation aus der Fassung bringen kann, ist er sicher auch ein guter Reisegefährte. Als Faustregel gilt: Je problemloser das Zusammenleben mit dem Hund zu Hause im Alltag ist, desto eher kann man ihn auch mit auf Reisen nehmen.

Eine »umweltfreundlich« erzogene Dogge kann ein angenehmerer Begleiter sein, als ein quirliger Dackel. Wenn Sie befürchten, dass Ihre Hündin genau im Urlaub hitzig werden könnte, suchen Sie Ihren Tierarzt auf. Mit einer Hormonspritze lässt sich die Läufigkeit verschieben.

Ich lasse meine Hunde nur zu Hause, wenn es in die Tropen geht. Ansonsten genieße ich das entspannte Zusammensein mit meinen vierbeinigen Kameraden, die mir nebenbei in fremden Ländern auch noch einen zusätzlichen Schutz gewähren. Vor dem Aufbruch sollten Sie sich allerdings ein paar Gedanken machen, einige Dinge organisieren und sich gut informieren, damit die Reise mit dem Hund auch für alle Teilnehmer zum Erfolg wird. Über drei Dinge sollten Sie sich zunächst Klarheit schaffen: Die Art der Reise, welches Fortbewegungsmittel Sie benutzen und wo Sie Quartier nehmen wollen.

Fortbewegungsmittel

Wenn Sie Selbstfahrer sind, muss das Gefährt der Größe Ihres oder Ihrer Hunde/s angemessen sein. In den meisten Fällen werden vor allem Großhundebesitzer einen Combi fahren, der sich leicht für den sicheren Transport von Hunden herrichten lässt. Ein stabiles Netz oder Gitter sollte den Fahrerraum abtrennen. Wenn Sie sich eine der Größe des Hundes angemessene Flugbox in den Wagen stellen, können Sie im Stand zur Belüftung die Heckklappe des Wagens offen stehen lassen. Die Box hat auch den Nebeneffekt, dass sich in ihr Schmutz fängt, der so wesentlich leichter aus dem Auto entfernt werden kann. Etwas großzügiger als im Combi sind die Ausmaße eines Busses. Der Bus hat gegenüber dem PKW auch den Vorteil, dass er sich durch sein größeres Volumen bei heißem Wetter weniger schnell aufheizt.

Ein eigenes oder geliehenes Wohnmobil kann oft die beste Lösung sein. Ich selbst habe ein kleines Wohnmobil mit Hochdach (kein Alkoven) als mein ständiges Fahrzeug. Es erlaubt mir bis zu vier große Hunde zu transportieren. Das Hochdach hat den Nachteil, dass man nicht mehr überall durchkommt. Aber die Vorteile sind doch auch gewichtig: Ich habe immer ein trockenes und sauberes Bett. Mit Kühlschrank, Wasser, Herd und Standheizung sowie Toilette ist man so ziemlich unabhängig. Bedenken Sie bei der Fahrt in heiße Gebiete, dass eine Klimaanlage auch mit Generator betrieben werden kann. Nur so hatten meine Freundin und ich während einer USA-Rundreise mit unseren Schäferhundbrüdern die Möglichkeit, auch einmal etwas in Ruhe zu besichtigen. Beachten Sie bei der Buchung eines Wohnmobils, dass Hunde nicht generell zugelassen sind.

Bei Bahnfahrten muss meist für den Hund eine Kinderfahrkarte gekauft werden. Bedenken Sie bei der Planung der Strecke, dass Ihr Hund sich auch einmal erleichtern muss. Haben Sie immer ein »Notfallset« (saugfähige Wischtücher, Plastiktüten) dabei! Auf Schiffen bzw. Fähren sind manchmal spezielle »Örtchen« für Hunde ausgewiesen. Erkundigen Sie sich vorher. Oft muss der Hund auch angemeldet werden. Auf eine reine Kreuzfahrt würde ich meinen Hund nicht mitnehmen, da die Bewegungsmöglichkeiten doch sehr gering sind.

Planen Sie eine Flugreise, müssen Sie den Hund auf jeden Fall anmelden. Manche Fluglinien nehmen auch nur eine bestimmte Anzahl von Hunden mit. Sehr keine Hunde, die in eine Transporttasche passen, können meist mit in die Kabine genommen werden. Größere Hunde müssen in einer speziellen Flugbox (siehe Kasten) in einem klimatisierten und mit Druckausgleich ausgestatteten Transportraum verstaut werden.

Bei einer Schifffahrt sind die Auslaufmöglichkeiten für Hunde meist begrenzt (Lakeland Terrier).

Ich bin schon mit vielen Hunden rund um die Welt geflogen. Keinem meiner Tiere hat der Flug etwas ausgemacht. Wenn Sie trotzdem daran denken, Ihrem Hund ein Beruhigungsmittel zu geben, müssen Sie sich unbedingt mit Ihrem Tierarzt absprechen. Es gibt Tranquilizer, die den Hund körperlich zwar ruhig stellen, bei denen aber die Geräuschempfindlichkeit stark ansteigt.

Das Quartier

Mit einem Wohnmobil sind Sie sicherlich am unabhängigsten. Aber bedenken Sie, dass wildes Campen nicht überall erlaubt ist und nicht auf

*Was geht denn da drau-
ßen vor? Nouni im
Wohnmobil.*

jedem Campingplatz Hunde gestattet sind. Der gut erzogene Hund ist in vielen Hotels in der Zwischenzeit ein gern gesehener (und zahlender!) Gast. Bis zu DM 25,– verlangen manche Hotels pro Hund und Nacht. Außerdem darf der Hund meist nicht mit ins Restaurant. Für den gut erzogenen Hund ist es sicherlich kein Problem, auch einmal eine Weile im Zimmer alleine zu verbringen, ohne dass er etwas zerstört oder ununterbrochen bellt. Auf großer Fahrt tut hier wieder die Flugbox gute Dienste. Auf ein Rollgestell geschnallt, ist sie leicht zu transportieren und bietet dem Hund auf längere Zeit hin ein gewohntes Lager im Hotelzimmer. Zudem hinterlässt der Hund vor allem nach Regenspaziergängen nicht so viel Schmutz im Zimmer. Denken Sie bitte auch an das Zimmermädchen, das durch Ihren Hund mehr Arbeit hat, für die es nicht bezahlt wird. Ein kleines Trinkgeld mit dem Hinweis, dass es für den Mehraufwand durch Ihren Hund bestimmt ist, macht Ihnen Freunde.

Eine Ferienwohnung oder gar ein Ferienhäuschen zu mieten ist sicherlich eine gute Lösung. Sehr praktisch, aber durchaus nicht selbstverständlich ist es, wenn das Grundstück des Ferienhäuschens rundherum eingezäunt und robust bepflanzt ist. Es gibt in der Zwischenzeit für viele Urlaubsgebiete spezielle Angebote für Reisende mit Hund. Wenn Sie aber vorhaben, mit mehreren Hunden auf Fahrt zu gehen, dann sprechen Sie sich bitte vorher mit dem Vermieter ab. Eventuell müssen Sie eine höhere Reinigungspauschale bezahlen.

In vielen Berghütten sind Hunde keine gern gesehenen Übernachtungsgäste. Erkundigen Sie sich vor einer mehrtägigen Tour. Es ist sicherlich eine Selbstverständlichkeit für Sie, Verunreinigungen durch Ihren Hund selbst zu beseitigen. Auch hier tut das Notfallset (Tücher und Tüten) gute Dienste.

Art und Zeitpunkt der Reise

Es gibt viele Anlässe zu Reisen und manche Möglichkeiten, den Hund mitzunehmen. Wenn Sie aber eine reine Kulturreise mit umfangrei-

Tipp: die Flugbox

Die meisten Hunde, die ich kenne, lieben Ihre Flugbox. Sie leistet schon bei der Reinlichkeitserziehung des Welpen sehr gute Dienste. Die Boxen gibt es in verschiedenen Größen und Ausführungen. Bei einer Art besteht das Türchen aus einem stabilem Gitter. Zur sonstigen Belüftung befindet sich links und rechts an der Box je ein ca. 15 cm breiter, vergitterter Schlitz. Das Material der Box ist ein ziemlich unverwüstlicher Kunststoff. Die andere Art der Box ist aus einem starreren Material, das bei großer Beanspruchung mit der Zeit eher bricht. Türchen und Belüftung sind weniger durchsichtig gestaltet, was manchen Hunden angenehmer ist.

Schaffen Sie sich eine den Ausmaßen Ihres Hundes angepasste Boxengröße an. Der Hund muss in der Box stehen und sich bequem umdrehen können. Eine in das Türchen einzuhängende kleine Wasserschale würde ich nicht verwenden, da sie beim Transport überschwappt (auch im Flugzeug durch den Transport zur und von der Maschine). Erkundigen Sie sich beim Kauf der Box auf jeden Fall, ob sie auch zum Transport im Flugzeug zugelassen ist. Da gibt es Normen.

Gewöhnen Sie den Hund Schritt für Schritt an die Box. Lassen Sie die Box zunächst einfach offen stehen. Legen Sie eine benutzte Hundedecke und einen Kauknochen oder Spielzeug in die Box, sodass Ihr Hund selbst entscheiden kann, wann und wie lange er in die Box möchte. Viele Hunde schätzen die Box anscheinend als Höhlenersatz. Wenn Ihr Hund die Box öfters aufsucht und vielleicht sogar in ihr schläft, dann können Sie das Türchen auch einmal kurz schließen. Ablenkung durch Kauknochen erleichtert dem Hund die Entscheidung pro Box. Nach und nach verlängern Sie die Zeit in der geschlossenen Box, bis der Hund auch einmal eine ganze Nacht darin verbringt und sich dabei wohl fühlt.

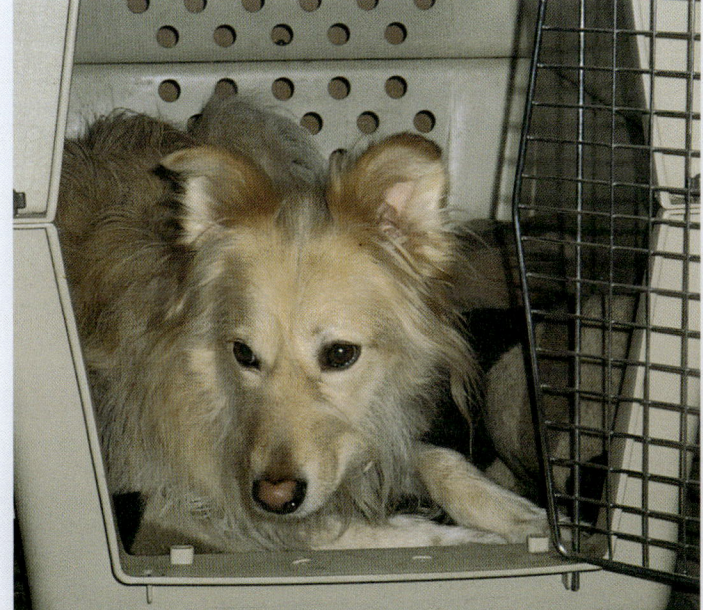

Nouni fühlt sich in der Flugbox sicher und zieht sie sogar einem Hundekörbchen vor.

chem Besichtigungsprogramm planen, lassen Sie Ihren Vierbeiner lieber zu Hause. Lange Spaziergänge und Wanderungen machen sicherlich nicht nur Ihrem Vierbeiner Spaß. Wenn möglich, sollten Sie Ihren Hund ohne Leine laufen lassen können. Wählen Sie also ein Land und ein Gebiet, in dem Sie nicht alle Nase lang auf einschränkende Vorschriften stoßen. Fremdenverkehrsämter geben manchmal Auskunft. Noch wichtiger ist aber die Erfahrung anderer Hundebesitzer. Solche Berichte finden sich in den vielen Hundezeitschriften immer wieder. Je weiter südlich Sie in Europa kommen, desto legerer wird die Sache mit dem Hund. Denken Sie daran, dass Sie kaum das gewohnte Hundefutter zu kaufen bekommen werden.

Bei der Planung des Zeitpunktes Ihrer Reise meiden Sie die Hauptreisesaison. Zum einen ist das in südlichen Ländern auch oft die Zeit der größten Hitze, zum anderen müssen Sie damit rechnen, dass Sie sich mit Ihrem Hund z. B. einen Strand mit vielen anderen Erholungssu-

chenden teilen müssen, die nicht zwangsweise hundefreundlich sind. Für eine Reise mit Hund in südliche Gefilde wählen Sie besser etwas kühlere Jahreszeiten. Bei Reisen nach Skandinavien, die neuerdings möglich sind, vergessen Sie nicht, dass zu bestimmten Jahreszeiten Myriaden von Mücken Ihnen und dem Hund das Leben schwer machen können. Einen besonderen Reiz hat eine Reise im Spätherbst an die See. In der Regel sind die Strände menschenleer und laden zu stundenlangen herrlichen Hundespaziergängen ein. (An der Nordsee sind solche Spaziergänge trotz Nebensaison nur sehr bedingt möglich, da die Deiche von Schafen abgeweidet werden und vielerorts Leinenzwang herrscht.)

Richtiges Verhalten am Urlaubsort

In südeuropäischen Ländern wie z. B. Griechenland und der Türkei, aber auch Süditalien herrschen besondere Verhältnisse. Der Hund hat

Ein Spaziergang am Strand macht allen Spaß (hier mit einem Briard). Vorher sollten Sie sich erkundigen, ob Hunde erlaubt sind.

lange nicht den Stellenwert wie in Deutschland. Die Bestimmungen sind nicht so restriktiv, aber dafür leben viele tausend Straßenhunde und - katzen in großem Elend. Das muss ein Tierfreund erst einmal verkraften können. In manchen Regionen gibt es beherzte Tierschützer, die sich sicherlich über eine kleine finanzielle Unterstützung freuen, die Sie durch den Verzicht auf ein Galaabendessen vielleicht geben können.

In südlichen Ländern gibt es einige schwere Krankheiten, die bei uns (noch?) unbekannt sind. Die meisten dieser Krankheiten, z.B. die Leishmaniose oder Herzwürmer, werden durch Insekten übertragen.

Die **Leishmaniose** kommt im mediteranem Raum sowie in Portugal vor. Auf den Kanarischen Inseln und Madeira gibt es sie nicht. Diese Krankheit schwächt das Immunsystem und verläuft langfristig tödlich. Eine Schutzimpfung gibt es nicht. **Herzwürmer** (Filariosen) sind in Nord- und Südamerika, auf den Kanarischen Inseln und inzwischen leider auch in Teilen des Mittelmeerraumes verbreitet. Im Gegensatz zur Leishmaniose ist Filaria heilbar, und gegen diese Blutparasiten ist auch eine effektive Prophylaxe möglich.

Besonders langhaarigen Hunden der nordischen Rassen sollte man einen Aufenthalt in den feuchtheißen Tropen und Suptropen ersparen. Ich kam auf einer USA-Rundfahrt einmal mit meinem Langhaarschäferhund nach Florida. Der Rüde suchte bei jedem Gassigang unter Rasensprenklern Abkühlung und verbrachte die Zeit im Hotel trotz Klimaanlage nur im gefliesten Bad. Außerdem warf er eine Unmenge Haare ab und sah bald wie ein gerupftes Huhn aus. Kurzhaarige Rassen fühlen sich im arktischen Klima nicht wohl. Einen krassen Klimawechsel muss auch ein Hund erst einmal verkraften.

Neben dem Klima müssen Sie auch die Kultur Ihres Reiselandes beachten. In islamischen Ländern ist der Hund ein unreines Tier. Die USA sind ein absolut ungeeignetes Hundereiseland. Hunde sind fast nirgends erlaubt. In den Nationalparks sind sie auf nur wenigen Publikumswegen an der

Die Schäferhundbrüder Donar und Taran auf großer Fahrt in den USA. In den USA ist es oft nicht ganz einfach, mit Hunden zu reisen.

Leine gestattet. Touren ins Hinterland sind für Hunde tabu. Ausführliche Informationen zu vielen Ländern und wichtige Adressen finden Sie bei G. Treß (siehe Literaturverzeichnis).

Unumgänglich sind für Sie natürlich die Einreisebestimmungen der einzelnen Länder. Da diese sich von Zeit zu Zeit ändern, fragen Sie bitte bei der zuständigen Botschaft nach. Neuerdings sind Reisen nach Skandinavien und England unter Beachtung einiger Besonderheiten (Bluttest etc.) möglich. Frankreich hat im Sommer 2000 nur noch Hunde mit Erkennungs-Chip ins Land gelassen. Riesenschnauzer durften (neben anderen Rassen) nicht einreisen. Auch in anderen Ländern gibt es Einreisebeschränkungen für bestimmte Rassen (z.B. »Kampfhunde«).

»Kampfhunde« unterliegen auch in den Bundesländern Deutschlands Einschränkungen verschiedener Art (zum Beispiel Leinen- und Maulkorbpflicht). Die Lage ist zurzeit kaum überschaubar, weil jedes Bundesland unterschiedliche Rasselisten führt.

Ihr Hund lernt lustige Spiele und nützliche Tricks

Klassiker unter den Tricks

Gib Pfötchen! Sag guten Tag! Winke! Salut!

Benötigte Utensilien: Belohnung

Die Grundlage zu vier netten Tricks ist schnell gelegt. Schon ein Welpe patscht mit den Pfoten nach Ihnen, um Sie anzubetteln. In seiner Sprache ist es der Milchtritt nach dem Gesäuge seiner Mutter, den der Kleine geschickt nun auch für andere Forderungen einsetzt. Vor allem, wenn Sie in der einen Hand einen Leckerbissen oder ein Spielzeug halten, wird der Welpe schnell auf die Idee kommen, Ihnen bittend die Pfote zu geben. Wenn er es wirklich nicht tun sollte, was unwahrscheinlich ist, dann helfen Sie ein wenig nach und nehmen sein Pfötchen in die Hand, sagen PFOTE und geben ihn einen kleinen Happen. Den Mechanismus: ich muss meinem Herrchen nur die Pfote reichen und schon gibt es etwas, wird Ihr Schlingel sehr bald gelernt haben. Nun können Sie sich also vor ihn hinstellen und auf das Hörzeichen PFOTE bekommen Sie prompt eine Pfote gereicht. Die meisten Menschen sind Rechtshänder und die meisten Hunde scheinen Linkspfoter zu sein. Der nächste Schritt ist, dass sich eine andere Person vor den Hund hinstellt. Sie stehen direkt neben dieser Person, die den Hund mit PFOTE auffordert. Wenn der Hund nicht gleich begreift, können Sie ein wenig nachhelfen und dem Bekannten die Pfote des Hundes sozusagen in die Hand spielen.

Bei Fremden, die dem Vierbeiner gegenüber stehen, kann man bald das Kommando SAG GUTEN TAG einführen. Ein paar Mal in Zusammenhang mit PFOTE geübt und natürlich belohnt, haben Sie schon bald ein Musterbeispiel an einem höflichen Hund. Ein Hund, der den Trick freudig ausführt, wird auch viel weniger in Versuchung kommen, an einer Person zur Begrüßung hochzuspringen.

Eine weitere Ausbaufähigkeit: Ihr Hund gibt Ihnen die Pfote. Sie wollen aber die andere und sagen GIB DIE ANDERE PFOTE. Tippen Sie vielleicht mit der Hand gegen die gewünschte Pfote. Bingo! Eine andere Variante: Sie stehen vor Ihrem Hund und halten ihm die rechte Hand hin:

Die Amerikanisch-Kanadisch Weiße Schäferhündin Bianca sagt einem Besuch guten Tag.

*Nouni kann auch
aus der Entfernung
winken.*

nung. Bestätigen Sie den Hund, wenn er eine Pfote ruhig in der Luft hebt – und schon haben Sie ein perfektes SALUT. Wichtig: Vor allem wenn der Hund aus der Entfernung (1–3 m) gut gearbeitet hat, ist eine dicke Belohnung fällig!

Bist Du ein lustiger Hund?

Benötigte Utensilien: Belohnung

PFOTE. Gibt der Hund Ihnen seine linke Pfote: o.k. Nun aber halten Sie Ihrem Schüler die linke Hand hin. Mit einem unterstützenden GIB DIE ANDERE PFOTE, dürfte der Trick nicht allzu schwer zu lernen sein. Schon bald wird Ihr Vierbeiner Ihnen je nachdem, welche Hand Sie ihm hinhalten, die richtige Pfote reichen.

Sie können die Übung aber noch erweitern! Wenn Sie nicht zu den Menschen gehören, die ständig rechts sagen, aber todsicher links meinen und so den Hund unnötig verwirren, dann ist es eine nette Spielerei dem Hund RECHTE PFOTE und LINKE PFOTE beizubringen.

Als letzten Schritt können Sie nun vom Hund wegrücken und sich die Pfote praktisch in die Luft geben lassen: WINKEN in allen möglichen Variationen. Hand ohne Worte hinhalten; erst die eine, dann die andere Hand mit oder ohne Worte hinhalten. Der Hund winkt aus der Entfer-

Alle Hunde wedeln mit dem Schwanz, wenn sie sich freuen. Nutzen Sie das schamlos für Ihre Zwecke aus. Rufen Sie Ihren Vierbeiner zu sich und lassen Sie ihn vor sich stehen (im Stehen fällt das Schwanzeln leichter als im Sitzen). Jetzt fragen Sie Benno, ob er nicht ein schönes Stückchen Fleisch haben möchte, und wedeln Sie ihm damit vor der Nase hin und her. Wenn Ihr Hund schon so wählerisch ist, dass er nach der Herkunft des Fleisches fragt und doch lieber Pute bevorzugt, dann sind Sie beide auf jeden Fall schon zirkusreif. Wenn Benno nur wedelt, weil ihm BSE wurscht ist, dann sagen Sie schnell zur Bestätigung LUSTIG und geben ihm die Belohnung. Anfangs werden Sie den Hund immer in Stimmung bringen müssen, damit er mit dem Schwanz wedelt. Aber nach und nach verlangen Sie LUSTIG. Zuerst mag es nur ein Zucken mit der Schwanzspitze sein, das Sie sofort bestätigen. Nach und nach wird der Hund aber kräftig wedeln. Sie müssen nur möglichst vermeiden, dass der Hund bei freudiger Erregung zu bellen anfängt. Eventuell müssen Sie von der Belohnungsstärke etwas zurücknehmen, also z. B. vom Leckerbissen auf freundliche Worte. Sagen Sie leise NEIN, RUHIG, wenn der Hund zu bellen anfängt, und bestätigen Sie sofort das Schwanzwedeln.

Gib Küsschen! Bussi! Küss die Hand, Madam!

Benötigte Utensilien: Belohnung

Es gibt Hunde, die sind ausgesprochene Kussexperten. Wo sie einen erwischen, wird geküsst. Andere lieben es, wenn sie die Gelegenheit beim Schopfe packen können und ihrem geliebten Frauchen oder Herrchen einen Kuss auf die Wangen drücken können. So eine Gewohnheit kann man schnell zum Trick ausweiten, indem man den Hund beim Küssen immer BUSSI hören lässt und ihn lobt. Ziert sich der Hund oder hat er hygienische Bedenken, schmieren Sie Ihre Wange doch einfach mit Butter oder Leber-

wurst ein, neigen Ihr Gesicht zum Hund und sagen BUSSI. Wenn er das ein paar Mal geübt hat, wird er bald auch ohne Belohnung auf das Kommando hören.

Das Lecken im Gesicht gehört zu einer ganz normalen Hundeverhaltensweise. Welpen, Junghunde und alle unterwürfigen Tiere versuchen die Maulspalte des Überlegenen zu lecken. Ursprünglich wollten Welpen damit das Hervorwürgen von Futter bei Alttieren, vor allem der Mutter, veranlassen. Keine Angst, Sie müssen jetzt nicht Futter spucken. Ihr Hund wird Sie auch so lieben. Wenn Ihr Hund als perfekter Charmeur auftreten soll, bringen sie ihm mit derselben Taktik dazu, einer Dame die Hand zu küssen. Üben Sie so lange, bis der Hund sicher zwischen BUSSI und HANDKUSS unterscheiden kann.

So ein schöner Bauch! Mach´ Gymnastik!

Benötigte Utensilien: Belohnung

Ihr Hund ist rundherum mit sich und Ihnen zufrieden und schon liegt er vor Ihnen auf dem Rücken. Ein wahrhaft schöner Bauch! Sagen Sie das Ihrem Hund auch. SO EIN SCHÖNER BAUCH! (oder Ähnliches). Kaum ein Hund wird widerstehen können und sich genüsslich auf den Rücken werfen, um sich sanft kraulen zu lassen. Je mehr Ihr Hund das Streicheln liebt, desto eher wird er sich alleine auf das Kommando hinwerfen und seinen schönen Bauch zeigen.

Und geht's dem Hund ganz gut oder zu gut, dann wälzt er sich gern auf dem Rücken. Im ersten Fall ist das Auf-dem-Rücken-Wälzen nur

Die Maremmano-Hündin Freccia lernt ein Bussi zu geben.

ein Ausdruck von Lebensfreude, besonders gern ausgeführt auf Schnee. Im zweiten Fall beginnt die »Vorführung« mit dem berühmt-berüchtigten Schulterwurf und endet meist in der Badewanne, da sich der Hund in etwas Unappetitlichem, für ihn aber gut Duftendem, gewälzt hat. Die letztere Aktion wollen wir natürlich nicht fordern, sondern streng verbieten.

Schäferhündin Mücke genießt ihre Gymnastik.

Das Wonnewälzen ohne stinkenden Anlass begleiten Sie jedes Mal mit einem MACH' GYMNASTIK, gefolgt von Bauchstreicheln. Um das Gymnastik machen auch auszulösen, wenn sich der Hund gerade nicht wälzen will, können Sie ein wenig am Boden mit Ihrem Schüler herumalbern und jede richtige Bewegung mit dem Kommando begleiten und belohnen. Um die Verbindung zwischen dem Hörzeichen und der Bewegung wirklich sicher zu machen, müssen Sie den Hund so sanft zu der Bewegung hinführen, dass er praktisch meint, das Ganze sei seine Idee gewesen – und dann die sofortige Verbindung mit dem Hörzeichen nicht vergessen und natürlich das Lob.

Der Boxermischling liegt beim TOT brav vollkommen ruhig.

Toter Hund! Peng!

Benötigten Utensilien: Belohnung

Dieser Trick ist ein Publikumsmagnet und ein großer Vertrauensbeweis Ihres Hundes. Lassen Sie Ihren Lehrling zunächst PLATZ gehen. Wenn er nicht gleichmäßig liegt, sondern nach einer Seite kippt, so ist das wahrscheinlich seine Lieblingsseite und Sie sollten auf dieser Seite auch weiterarbeiten. Eine Entscheidung müssen Sie noch treffen: Soll der Hund komplett auf dem Rücken liegen oder seitlich? In der seitlichen Lage ist die Chance, dass der Hund in allen Lebenslagen absolut ruhig liegen bleibt, wesentlich größer.

Liegt Ihr Hund seitlich PLATZ, knien Sie sich so neben ihn, dass seine Hinterbeine zu Ihnen zeigen. Jetzt dücken Sie ihn leicht an der Schulter ins Liegen und geben das Kommando TOT oder PENG. Wenn Harras liegt, dann streicheln Sie ihm ganz sanft über die Seite und sprechen ruhig mit ihm. Sie müssen alles tun, damit Harras bewegungslos liegen bleibt. Bleiben Sie zunächst bei ihm knien. Üben Sie am Anfang ohne Ablenkung und verlangen Sie nicht zu viel. 10 Sekunden reichen.

Gerade bei dieser Übung ist sehr wichtig, ein Auflösungskommando zu etablieren: z.B. FERTIG oder AUF. Der Erfolg des Tricks steht und fällt mit Ihrer Geduld und der Anhebung der Anforderungen Schritt für Schritt. Sollte sich Ihr Lehrling während des Übens wirklich einmal bewegen, legen Sie die Hand auf den bewegten Körperteil sagen NEIN, TOT und drücken sacht nach unten. Wenn der Hund wieder still hält, lassen Sie im Druck nach, bis Sie die Hand wieder ganz wegnehmen können.

Liegt der Hund fest, stehen Sie auf, bleiben vorerst allerdings so stehen, dass Sie der Hund mit den Augen verfolgen kann, sonst verleiten Sie ihn, den Kopf zu heben. Klappt alles, dann fangen Sie an, sich hinter den Hund zu stellen, sich langsam um ihn herum zu bewegen und auch einmal über ihn hinweg zu steigen. Sie können jetzt auch anfangen erst leise, dann lautere Geräusche zu machen (Klatschen etc.). Reden Sie aber nicht mit Ihrem Hund. Ab und zu SO IST'S BRAV – TOT genügt. Vermeiden Sie ruckartige Bewegungen. Jetzt bauen Sie Ablenkungen ein. Lassen Sie andere, angeleinte Hunde dicht an Harras vorbeigehen. Vergessen Sie nie das Auflösungskommando, z.B. FERTIG. Haben Sie Ihrem Schüler das Kommando PENG gelernt, lässt sich natürlich dramatisch mit einem Finger oder einer Spielzeugpistole auf den Hund zielen. PENG – und er fällt tot um.

Die Rolle

Benötigte Utensilien: Belohnung

Zunächst beobachten Sie Ihren Hund, nach welcher Seite er sich normalerweise rollt. Mit

Frauchen leitet die Amerikanisch-Kanadisch Weiße Schäferhündin Bianca mit einem Guti in die richtige Bewegung für die Rolle.

dieser Lieblingsseite fangen Sie an. Legen Sie Ihren Hund PLATZ. Jetzt halten Sie einen Leckerbissen dicht neben seine linke Halsseite, wenn der Hund sich im Uhrzeigersinn nach rechts rollen soll. Halten Sie Ihren Schüler dazu an den Kopf nach Ihrer Hand zu drehen, um den Bissen zu erhalten. Halten Sie aber die Hand geschlossen. Nora muss die Leckerei aber auch wirklich haben wollen.

Jetzt leiten Sie Noras Kopf mit der Hand über ihren Rücken hinweg bis zur anderen Seite und sagen ROLL DICH. Wenn Nora mit der Schnauze Ihrer Hand folgt, muss sie sich automatisch rollen. Wenn Sie das Gefühl haben, dass sich Ihr Hund mit dem über den Rücken rollen schwer tut, belohnen Sie anfangs schon für eine Vierteldrehung, dann für eine halbe Drehung. Schließlich muss Nora eine ganze Rolle zeigen,

bevor sie die Belohnung erhält. Ziehen Sie dann allmählich Ihre Hand von Noras Schnauze zurück. Durch die Führung der Hand haben Sie auch gleich ein wunderbares Handzeichen. Sie vollführen eine Kreisbewegung.

Wenn die Rolle in der Lieblingsrichtung einwandfrei funktioniert, sollten Sie auch die andere Seite üben. Analog halten Sie die Hand dann an Noras rechte Halsseite usw. Das Handzeichen für die Rolle links ist dann eine Kreisbewegung nach links. Üben Sie nun beide Richtungen während der gleichen Sitzung aus dem PLATZ. Handbewegung nach rechts, ROLL DICH – eine komplette Rolle rechts, bis Nora wieder PLATZ liegt. Handbewegung nach links usw. Lassen Sie Ihren Schüler auch mehrere Rollen in die gleiche Richtung machen. BRAV und ein ausgelassenes Belohnungsspiel sind Nora sicher willkommen.

Männchen!

Benötigte Utensilien: Belohnung; bequemes Halsband und eine kurze Leine

Diesen Trick bringen sich viele, besonders kleinere Hunde, selbst bei, da sie herausbekommen haben, dass ihre Menschen das Männchen-Machen unwiderstehlich finden.

Für einen größeren Hund ist die Übung gar nicht so einfach. Es geht in erster Linie darum, dass der Hund auf seinem Hinterteil sitzt und mit geradem Rücken die Balance hält. Manche Hunde versuchen es zunächst mit gekrümmtem Rücken, und manchen gelingt es sogar, so zu sitzen. Aber das ist nicht die richtige Haltung und wird den Hund auch schnell zum Aufgeben bringen.

Bianca kann beim »Männchen-Machen« schon gut die Balance halten.

Uns stehen drei Möglichkeiten der Hilfestellungen bereit, wenn der Hund nicht von alleine die richtige Balance finden will. Hunden, die unserer Vorstellung von MÄNNCHEN schon nahe kommen, kann man mit viel Feingefühl mit der Leine nachhelfen. Der Zug nach oben darf auf keinen Fall so stark sein, dass der Hund gewürgt wird, aber auch nicht zu locker, damit er nicht mit den Vorderpfoten aufsetzt. Auf der Suche nach einer Stütze versucht ihr Vierbeiner am Anfang wahrscheinlich öfters die Vorderbeine auszustrecken. Er muss aber im eigenen Gleichgewicht auf seinen Hinterschenkeln sitzen, sodass das Gewicht des Brustkastens senkrecht auf dem Hinterteil lastet.

Die Leinenhilfe ist nicht immer die beste, aber es gibt noch zwei andere Varianten zum Lernen des Tricks. Lassen Sie Ihren Schüler so eng wie möglich in einer Zimmerecke sitzen und helfen Sie ihm dann am Halsband mit Leine – MÄNNCHEN – auf die Keulen. In der Ecke wird es Ihrem Hund wahrscheinlicher leichter fallen die Balance zu finden und außerdem wird er sich sicherer fühlen, da er nicht nach hinten wegkippen kann.

Für die Möglichkeit drei brauchen Sie keine Zimmerecke, sondern nur Ihre Füße. Lassen Sie den Hund sitzen und stellen Sie sich direkt hinter

Collie-Rüde Sabut übt das »Männchen« zunächst mit einer Rückenlehne.

ihn. Ihre Füße, die Hacken zusammen, die Zehen gespreizt, liegen an seinem Hinterteil. Ihre Beine stützen seinen Rücken.

Sie stehen direkt über ihm und können ihn leicht an der Leine hochziehen. Ihr Hund fühlt sich an Ihrem Körper wohl. Bei allen drei Methoden dürfen sie vorerst der Stellung der Vorderbeine wenig Beachtung beimessen, solange der Hund sich nicht aufstützt.

Ihr Lehrling wird seine Vorderbeine eine Weile brauchen, um sein Gewicht auszubalancieren. Hat er sein Gleichgewicht gefunden, wird er auch die Vorderbeine in der gewünschten Art anwinkeln.

Nützliche Tricks

Beim Fuß-Gehen die Seiten wechseln

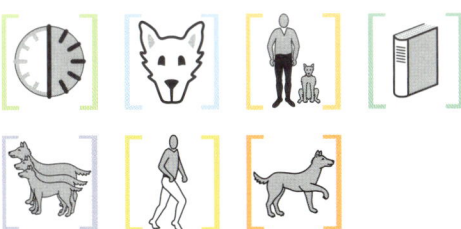

Benötigte Utensilien: Belohnung; bequemes Halsband und eine kurze Führleine

Ziel dieses Tricks ist es, dass der Hund, während der Hundeführer geht, hinter diesem die Seite wechselt. Der Trick ist überaus praktisch, wenn Sie z. B. die Hände gerade nicht frei haben und der Hund sinnvollerweise an Ihrer anderen Seite Fuß gehen sollte. Fangen Sie mit den Übungen am besten auf einer freien Wiese ohne Ablenkung an. Voraussetzung für das saubere Gelingen des Tricks ist, dass der Hund das Kommando FUSS schon kennt und sicher befolgt. Nehmen Sie mit Ihrem angeleinten Hund die Grundstellung ein, d. h. der Hund sitzt links neben Ihnen. Dann gehen Sie etwas langsamer als gewohnt mit dem Hörzeichen FUSS los. Führen Sie die Leine ziemlich kurz durch die linke Hand und dann hinter Ihrem Körper zur rechten Hand. Jetzt geben Sie das Kommando zum Wechseln an Ihre rechte Seite, z.B. SEITE, und leiten den Hund hinter Ihrem Körper mit der Leine nach rechts. Dort angekommen wird der Hund natürlich sehr gelobt. Führen Sie solche Wechsel an der Leine ein paar Mal hintereinander – aber nicht zu schnell – durch.

Klappt das Fuß-Gehen auf beiden Seiten auf Hörzeichen und auch der Wechsel an der Leine, können Sie langsam dazu übergehen ohne Leine zu üben. Als Hilfe für den Hund schnippen Sie beim Wechsel von FUSS zu SEITE mit den Fingern

Mischlingshündin Tara wechselt perfekt von rechts bei Fuß nach links.

der rechten Hand hinter Ihrem Rücken. Kommt der Hund hinten herum, klopfen Sie mit der rechten Hand an Ihren rechten Oberschenkel. Lassen Sie Ihren Schüler erst einige Zeit hier korrekt Fuß gehen, bevor Sie die Seiten abermals wechseln. Wenn der Hund Spaß an dem Trick und mehr Übung hat, können die Wechsel rascher hintereinander folgen. Sehr eindrucksvoll ist diese Übung, wenn sie von einer ganze Reihe von Hundeführern mit ihren Vierbeinern gleichzeitig vorgeführt wird.

Rückwärtsgehen

Benötigte Utensilien: Belohnung; Halsband und Leine; zwei Begrenzungsbretter o. Ä.

Dieser Trick kann für den praktischen Umgang mit dem Hund sehr nützlich sein. Immer wenn es eng wird und der Hund im Weg ist, aber nicht nach vorne weg soll, heißt es ZURÜCK. ZURÜCK bedeutet immer, dass sich der Hund in gerader Linie zurückbewegt. Entweder Sie sind sehr konsequent und trainieren so, dass Ihr vierbeiniger Schüler erst anhält, wenn Sie es ihm sagen, oder Sie lassen ihn – praktischer – immer ca. 5 Schritte zurücktreten und fordern ihn im Falle eines Falles erneut zum Zurückgehen auf.

Wenn Ihr Vierbeiner das Kommando STEH bereits kennt, nehmen Sie Gero bei FUSS und gehen einige Schritte vorwärts. Verharren Sie dann, sodass der Hund an einer seitlichen Begrenzung steht, und sagen Sie STEH. Legen Sie Ihrem Schüler nun eine Leine in einer langen Schleife locker um die Brust und fordern Sie ihn – selbst zurückgehend – mit leichtem Rückwärts-

zug und ZURÜCK zum Zurücktreten auf. Ein Ausbrechen nach links verhindern Sie durch Ihren
Körper. Ein, zwei Schritte zurück langen fürs
erste. Loben Sie Gero und geben Sie ihn frei.

Sobald Gero die Grundbegriffe des ZURÜCK
begriffen hat, suchen Sie sich zwei möglichst
geschlossene seitliche Begrenzungen mit einem
so schmalen Durchgang, dass der Hund gerade
bequem durchlaufen kann. Lassen Sie den Hund
vorwärts durch den Durchgang gehen und vor
dem Ende anhalten. Sie selbst befinden sich
zunächst außerhalb des Gangs neben dem Hund
und geben das Kommando ZURÜCK. Der sachte
Rückwärtszug der Leine kann noch eine kleine
Hilfe sein, die aber bald wegfallen sollte. Durch
die seitlichen Begrenzungen kann der Hund
nicht ausbrechen. So lernt Gero mit Ihnen an
seiner Seite das ZURÜCK.

Bald können Sie die seitlichen Begrenzungen
weglassen. Achten Sie aber immer darauf, dass
der Hund gerade zurücktritt. Um den Trick praktisch nutzen zu können, muss Gero die Übung
auch beherrschen wenn ihre Position eine andere
ist. Der Gang und die Leine sind abermals nützlich, wenn Sie so üben, dass Sie hinter dem
Hund stehen und ihn auf sich zu zurücktreten
lassen. Diese Position ist sehr praktisch, wenn
sich der Hund im täglichen Umgang vordrängeln
will. Ein energisches ZURÜCK ruft ihn zur Räson.

Gero hat auch das begriffen. Treten Sie nun
vor ihn. Auf ZURÜCK muss er von Ihnen zurück-
kweichen. Um das zu üben ist die Leine schlecht
zu handhaben. Setzen Sie lieber Ihre Körperspra-
che und Sichtzeichen ein. Je nach Hund nehmen
Sie eine mehr oder minder drohende Haltung
ein, gehen ein paar Schritte auf den Hund zu
und sagen ZURÜCK. Mit einen oder beiden Händen können Sie den Hund symbolisch von sich
wegschieben. Kaum ein Hund wird nicht sehr
schnell begreifen, was man von ihm will. Ganz
Dickfellige können Sie mit der flachen Hand
leicht an der Nase zurückschieben. Wenn Sie die
drei Positionen – neben, vor und hinter dem
Hund – geübt haben, empfiehlt es sich den Trick
in allen möglichen Alltagssituationen anzuwen-
den, um den Hund sicher zu machen.

Der Wirbelhund
– sich drehen

Benötigte Utensilien: Belohnung; Podest

Wie nützlich dieser Trick ist, werden Sie
schnell merken, wenn sich der Hund mal wieder
um einen Pfosten herum mit der Leine verhed-
dert hat. Am einfachsten lässt sich das Drehen
auf einer kleinen Plattform oder einem Tisch
üben, auf dem der Hund gerade noch wenden
kann. Lassen Sie Waldi stehen. Halten Sie ihm

*Schäferhund-Rüde Taran
lernt das Drehen mit Hilfe
eines Gutis.*

dann einen Leckerbissen vor die Schnauze und leiten Sie ihn im Halbkreis bis zu seinem Schwanz, sodass Waldi unwillkürlich eine 180-Grad-Wendung vollführt – Hörzeichen KEHRT. Zur Belohnung darf er das Leckerli fressen. Üben Sie das KEHRT zur linken und zur rechten Seite mit der Guti-Hilfe. Sehr eindrucksvoll und dabei ungemein nützlich ist es, wenn Waldi nach einigen Wochen üben sich auf Hörzeichen KEHRT-LINKS oder KEHRT-RECHTS in die richtige Richtung dreht.

Neben der 180-Grad-Wendung sollten Sie Waldi natürlich auch den Vollkreis lernen. Vom Prinzip her kommen wieder der Tisch und die führende Hand mit dem Leckerli zum Einsatz. Nur verlangen Sie diesmal einen 360-Grad-Kreis – DREHEN. Dreht sich der Hund zuverlässig in eine Richtung üben Sie auch die andere. Die Hand mit dem Leckerli zieht sich immer mehr von der Hundeschnauze zurück, bis der Hund allein auf Hörzeichen KEHRT macht oder sich DREHT.

Es gibt Hunde, die sich bei Erregung sehr leicht um die eigene Achse drehen. Solange dieses Verhalten beherrschbar bleibt und nicht zum nervtötenden Spleen ausartet, kann es auch als eigener Trick (ohne Tisch oder Pfosten) gezeigt werden. Auch Vierbeinern ohne eine solche Veranlagung kann der oben erklärte Trick DREHEN viel Spaß machen. Es gibt alternative Lernmethoden, bei denen Sie keinen Tisch, sondern ein Halsband und eine Leine benötigen. Manche, vor allem kleinere Hunde, lassen sich mit einer sehr kurzen Leine, die über den Kopf des Hundes gehalten wird, leicht in einen Kreis führen – DREHEN. Andere benötigen eine kleine Hilfe: Die linke Hand hält die Leine und die rechte Hand drückt das Hinterteil des Vierbeiners in einen Kreis. Hängen Sie den Karabiner der Leine unten am Halsband Ihres Lehrlings ein und führen Sie die Leine dann an seinem Körper entlang und unter seinem Schwanz hindurch. Dann ziehen Sie ihn sachte in einen Kreis. Üben Sie das KEHRT oder DREHEN auf jeden Fall auch an einem Pfosten oder ähnlichem, sodass Sie wirklich im Alltag von dem Kommando Nutzen ziehen können.

Geh' hinauf, hinunter, hinein, hinaus – das Detachieren

Benötigte Utensilien: Belohnung; mehrere Kisten oder Paletten

Auf den ersten Blick scheint an diesen Tricks nichts Besonderes zu sein. Aber Sie können mir glauben, dass sich die vier Hörzeichen im alltäglichen Umgang mit dem Hund sehr bewähren werden, und darüber hinaus können Sie Ihrem Hund durch solch kleine Tricks den täglichen Spaziergang interessant machen. Suchen Sie sich zunächst zu Hause oder draußen ein Objekt, auf das der Hund leicht springen kann. Leinen Sie den Hund zunächst an und fordern Sie ihn dazu auf, z. B. auf den Baumstumpf zu springen: RAUF – BLEIB. (Zur Unterscheidung: Das Hörzeichen HOPP bedeutet, dass der Hund ohne aufzusetzen über ein Hindernis hinweg springen soll.) Loben Sie den Hund, wenn er brav verharrt. Lassen Sie ihn mit dem Hörzeichen RUNTER hinabspringen. Liegt der Baumstumpf auf Ihrem täglichen Spazierweg, dann wird der Hund bald voller Tatendrang Ihr RAUF erwarten oder er wird Ihrem Hörzeichen sogar vorgreifen. In diesem Fall geben Sie zu seiner Handlung trotzdem das Kommando RAUF. Auf jeden Fall muss der Hund oben warten, bis Sie ihn entlassen.

Von dem Baumstamm können die beiden Hörzeichen leicht auf alle möglichen anderen Spring- oder Klettergelegenheiten übertragen werden. Achten Sie aber darauf, dass sich Ihr Hund nicht verletzen kann. Nasse Baumstämme sind sehr rutschig. Hunde im Wachstum und alte, nicht mehr ganz bewegliche Hunde dürfen auf keinen Fall überfordert werden. In letzterer Situ-

Großpudel Falko wird eine kleine Treppe hochgeschickt.

ation werden es vor allem die Terrier sein, die Sie wahrscheinlich bremsen müssen, da diese lebhaften Hunde selten ihre Grenzen kennen. Junge Hunde sollte man nicht vor einem Dreivierteljahr richtig klettern lassen. Ganz leichte Aufgaben, zumal vielleicht mit der entsprechenden Hilfestellung, können freilich auch schon junge Hunde meistern.

Im Haus ist das RAUF und RUNTER vor allem im Zusammenhang mit der Treppe hilfreich. (Dazu kann man dem Hund noch das Kommando TREPPE beibringen. Dies ist aber nicht unbedingt erforderlich.) Der Hund stürmt vom Eingang ins Haus, soll aber zwecks Fütterung und nasser Pfoten zunächst in den Keller.

Sie sagen RUNTER und der Hund weiß, dass ihn sein Weg zunächst hinab – in den Keller – führen soll.

Immer wenn Ihr Vierbeiner in einen Raum hineingehen oder z. B. ins Auto springen soll, ist das Hörzeichen REIN wertvoll. (In Bezug auf das Auto am besten im Zusammenhang mit AUTO REIN.) Soll der Hund einen Raum verlassen, heißt es einfach RAUS. Als Trick zur sinnvollen Beschäftigung des Hundes und auch zum Vorführen kann man sich einen kleinen Parcours aus Podesten und der Größe des Hundes angemessenen Boxen zusammenstellen. Leiten Sie den Hund dann mit den vier Kommandos durch den Parcours. Wenn Sie Ihrem Hund jetzt noch das VORAN, DA HINÜBER RECHTS und LINKS sowie HALT beibringen, haben Sie alle Grundlagen des Detachierens.

Das VORAN bringen Sie Ihrem Hund bei, indem Sie, zunächst nur ein paar Meter von ihm entfernt und so, dass er es sehen kann, einen Gegenstand ablegen (z. B. eine Jacke), der groß genug sein muss, dass der Hund ihn nicht erst suchen muss. Auf den Gegenstand können Sie noch ein Spielzeug oder Leckerbissen legen.

Rottweiler-Rüde Crieou lässt sich aus der Entfernung auf Podeste schicken.

Machen Sie nun den Hund aufmerksam. Wenn Sie das Gefühl haben, dass der Hund unbedingt zu dem Gegenstand will, schicken Sie ihn mit VOR-AN hin. Anfangs muss der Hund noch nicht PLATZ am Gegenstand machen. Erweitern Sie nun Schritt für Schritt die Distanz bis auf etwa 20 m. Dann verringern Sie die Distanz wieder und legen den Gegenstand so aus, dass es der Vierbeiner nicht mitbekommt. Wenn der Hund auch unter diesen Umständen wie gewünscht reagiert, lassen Sie hin und wieder den Gegenstand weg. Lassen Sie den Hund nicht lange herumsuchen, sondern nach kurzem Vorauslaufen PLATZ gehen und loben Sie ihn sehr. Dann begeben Sie sich zu ihm, lassen ihn aufstehen und spielen mit ihm.

Seitliches Versetzen lehren Sie Ihrem Vierbeiner am besten mit Hilfe von zunächst zwei, dann mehreren Podesten. Schicken Sie Ihren Hund zuerst aus kurzer Entfernung auf ein Podest RAUF. Machen Sie ihn auch mit dem zweiten Podest bekannt. Dann schicken Sie ihn von einem Podest mit seitlich zeigender Hand zum nächsten. Der Hund wird zunächst versuchen zu Ihnen zu kommen. Leiten Sie ihn dazu an, dass er seitlich zu Ihnen versetzt läuft. Am Anfang gehen Sie in Höhe des Hundes seitlich mit, am Ende stehen Sie an einem Fleck und dirigieren Ihren Lehrling auf die verschiedenen Podeste. So können Sie auch RECHTS und LINKS etablieren (siehe auch Seite 124 f.).

Tricks, bei denen Ihr Hund »denken« muss

Wenn Sie einen der folgenden Tricks vorführen, werden viele Leute erstaunt sein, wie gut Ihr Hund denken kann. Sie werden viel Eindruck machen, auch wenn Ihr Hund »nur« gelernt hat, auf sehr feine Zeichen zu reagieren. Bei einigen Tricks muss Ihr Hund **auf Kommando bellen** können. Beobachten Sie zunächst, bei welcher Gelegenheit Ihr Hund von sich aus bellt, z.B. wenn der Postbote kommt. Sagen Sie, kurz bevor er von sich aus bellt, GIB LAUT. Suchen Sie sich genügend Gelegenheiten und üben Sie mehrfach täglich, einige Wochen lang. Um Ihren Hund nicht zum nervenden Kläffer zu erziehen, müssen Sie aber darauf achten, dass er auf das Kommando STILL oder AUS auch wieder mit dem Bellen aufhört.

Je lieber Ihr Vierbeiner frisst oder spielt, desto leichter fällt der nächste Schritt. Manche Hunde haben geradezu einen lockeren Hals, ihnen fällt das Bellen leicht, andere scheinen fast stumm zu sein und es kostet eine ganze Portion Mühe, sie zum Lautgeben zu bewegen. Ob Sie Ihrem Schüler das Bellen mit Futter oder einem Spielzeug beibringen wollen, bleibt sich von der Methode her gleich. Spielen Sie mit dem Hund und enthalten Sie ihm aus dem Spiel heraus das Spielzeug oder Futter. Halten Sie es in der geschlossenen Hand. Die Hand lockt verführerisch vor der Schnauze und verschwindet dann geheimnisvoll hinter dem Rücken. Immer muss der Hund das Begehrte unbedingt haben wollen. Spielen Sie das Du-kriegst-es – Du-kriegst-es-nicht so lange, bis der Vierbeiner den ersten verzweifelten Piepser von sich gibt – GIB LAUT. Sofort wird der Hund mit dem Spielzeug oder dem Futter bestätigt. (Natürlich muss ein »Futterhund« auch wirklich Hunger haben.) Wichtig ist, dass Sie anfangs die allerkleinste Lautäußerung bestätigen, auch wenn sie noch weit von einem Bellton entfernt ist.

Sollte sich Ihr Hund trotz aller Bemühungen beharrlich weigern auf Hörzeichen einen Ton von sich zu geben, dann müssen Sie härtere Mittel anwenden. Binden Sie den Hund zur Fütterungszeit kurz an, sodass er seine Schüssel nicht erreichen kann. Jetzt müssen Sie sich selber engagieren und die Motivation des Hundes so lange hochschrauben, bis er auf GIB LAUT bellt

*Collie-Rüde Sabut
achtet aufmerksam
auf Herrchens Zeichen.*

Gesichts. Bis Ihr Hund freilich auf solch feine Zeichen hin reagiert, müssen Sie sehr fleißig üben. Gut ist es auch, wenn der Hund Blickkontakt zu Ihnen hält und so lange bellt, bis Sie den Blickkontakt abbrechen. Verstummt der Hund darauf, loben Sie ihn. Lassen Sie den Hund zur Übung auch immer wieder unterschiedlich lange bellen, sodass er sich nicht an eine bestimmte Anzahl gewöhnen kann, z. B. immer vier oder nie mehr als zehn.

Sprechen, Zählen, Rechnen

Benötigte Utensilien: Belohnung

– und natürlich sofort belohnt wird. Ganz hartnäckige ausgewachsene und gesunde Hunde lassen Sie ruhig ein, zwei Tage hungern, das schadet auch der Figur nicht, bis Sie erneut üben. Einmal mit der Futterschüssel angefangen, müssen Sie natürlich absolut konsequent sein: Kein Bellen auf GIB LAUT – kein Futter! Sie können es nach ein paar Stunden wieder versuchen oder halt bis zu nächsten Tag warten.

Bellt der Hund auf GIB LAUT kräftig, müssen Sie sich entscheiden, ob er bellen soll, bis Sie ihm sagen, dass er aufhören soll, oder ob jedes GIB LAUT ein Bellton sein soll. Für die Art der Tricks, die Sie mit dem Hund einüben können, ist das wichtig. Die meisten Tricks funktionieren mit dem einzelnen Bellen. Natürlich müssen Sie für den Trick noch weiter üben, sodass Ihr Schüler auf einen für die Zuschauer nicht sichtbaren Wink hin bellt. Das kann z. B. eine bestimmte Art des Einatmens sein, eine leichte Bewegung der Hand oder des Fingers beziehungsweise des

Sobald Ihr Hund gelernt hat, auf Kommando zu bellen, können Sie ein paar sehr wirkungsvolle Tricks mit ihm einüben. Wahrscheinlich haben auch Sie schon festgestellt, dass Vierbeiner aus eigenem Antrieb lernen, sich mit Menschen zu verständigen. Ihr Hund bellt, wenn er hinaus muss, er bellt, wenn er Hunger hat. Er macht Sie auf alle möglichen Wünsche und Bedürfnisse aufmerksam. Für eine gepflegte Unterhaltung vor Publikum müssen Sie in erster Linie dafür sorgen, dass Sie die ungeteilte Aufmerksamkeit Ihres Gesprächspartners genießen. In der Regel müssen Sie Augenkontakt herstellen. Fragen Sie Ihren Hund einmal im speziellen Singsang des Fragesatzes HAST DU HUNGER? und geben Sie ihm anfangs noch das – geheime – Zeichen fürs Bellen. Wau! Sofort gibt es ein Leckerchen.

Sehr wenige Tiere verstehen den Zusammenhang zwischen der Sprachmelodie (plus anfangs dem Geheimzeichen) und seiner Antwort nicht. Spielen Sie mit Ihrem Hund Rede und Antwort und Sie werden schnell herausfinden, wie Sie Ihrem Tier auch verschiedene Töne entlocken können. Vergessen Sie aber nicht, die Belohnung variabel zu gestalten. Der Hund soll ja vor Publikum nicht nur für Futter bellen. Hin und wieder hat er sich aber eine möglichst unauffällig gegebene Belohnung verdient.

Exakter müssen Sie arbeiten, wenn Ihr Hund seine mathematischen Fähigkeiten unter Beweis stellen soll. Egal, ob Sie ihn Tennisbälle zählen lassen oder fragen, was drei plus zwei ist, die Wirkung des Tricks hängt von der exakten »Antwort« Ihres Schülers ab. Bei Rechenaufgaben überschätzen Sie Ihre eigenen Kopfrechenfähigkeiten nicht! Es gibt tierische Rechenschüler, die sogar in die Geschichte eingegangen sind, wie der Kluge Hans, das rechnende Pferd. Leider hat die Welt mit Spott das Interesse an diesen außergewöhnlichen Tieren verloren, als sich herausstellte, dass sie »nur« auf vom Fragesteller unbewusst gegebene Zeichen reagierten. Niemand machte sich die Mühe, diese Leistung zu hinterfragen.

Eine Warnung sei Ihnen noch mit auf den Weg gegeben. Im Eifer des Gefechtes neigen manche Hunde dazu, mindestens einmal mehr zu bellen als erwünscht. Wenn Ihr Hund so reagiert, müssen Sie ihn vorzeitig bremsen.

Verschiedene Gerüche erkennen (Geruchsidentifizierung)

Benötigte Utensilien: Belohnung; mehrere gleiche Gegenstände

Die **Nase** eines Hundes ist ein wahres Wunderwerk. Nur wenige Menschen haben eine Vorstellung davon, was ein Hund mit seinem Riechorgan alles leisten kann. Der Riechvorgang und die Riechleistung sind wenig erforscht. Als Grundlage jedes Nasen-Tricks müssen Sie Ihrem Hund das Suchen auf Kommando SUCH beibringen. Welche Art der Suche der Hund ausführt, ist dabei nebensächlich – Hauptsache er findet. (Die drei Arten der Suche sind: Der Hund verfolgt eine Fährte. Dabei geht er mit tiefer Nase einer Bodenwitterung nach. Zweitens: Der Hund folgt nur Duftstoffen, die in der Luft schweben. Typisch ist hier die hohe Nase. Und drittens: Der Hund kombiniert die beiden Sucharten.)

Das Training gelingt am besten mit einem Futterbrocken oder einem Lieblingsspielzeug. Halten Sie Ihrem Lehrling das Fleisch vor die Nase. Danach schnappen darf er nicht – NEIN. Machen Sie das Futter (oder Spielzeug) so richtig interessant. Natürlich darf Ihr Hund nicht satt sein. Wenn Sie hören, wie der Hund die Luft einzieht, sehen wie sich die Nasenflügel bewegen und er sich an dem Geruch weidet, lassen Sie den Hund sitzen und legen den Köder noch in Sichtweite aus. Der Hund darf sich nicht rühren. Erst auf SUCH darf er zum Begehrten laufen, fressen oder spielen.

Bei der nächsten Übung legen Sie den Köder so, dass der Hund zwar noch beobachten kann, wie Sie etwas verstecken, den Ort selbst aber nicht sehen kann. Diese Übungen dehnen Sie aus, bis der Hund auf das Hörzeichen SUCH hin auch schwierigere Verstecke findet. Nun haben Sie das Prinzip SUCH ist gleich Nase einsetzen bei Ihrem Hund etabliert und können die folgenden sehr effektvollen Tricks einüben.

Bei diesem Trick muss der Hund aus verschiedenen Gegenständen den heraussuchen, der Ihren Geruch trägt. Für die Nase des Hundes ist dies bei guten Bedingungen eine vergleichsweise leichte Aufgabe. Die Schwierigkeit: Wie sage ich es meinem Hund?

Üben Sie zum Beispiel mit (Tennis-)Bällen. Der Hund hat seinen eigenen Ball, den er gut kennt. Diesen Ball nehmen Sie öfters in die Hand, sodass er auch Ihren Geruch trägt. Nun benötigen Sie weitere Bälle, die garantiert nicht

Irish-Wolfhound-Mischlings-
hündin Jacky nimmt den Geruch eines Gegenstands auf.

Ihren Geruch tragen, also für den Anfang am besten nagelneu sind. Achtung: Schon wenn Sie die neuen Bälle bei sich am Körper tragen, nehmen sie Ihren Geruch an. Auch genügt es, dass Sie einen neuen Ball kurz in der Hand tragen, um ihn zu »kontaminieren«. Am leichtesten tun Sie sich beim Einstudieren, wenn anfangs eine zweite Person mit »geruchlosen« Bällen hantiert. Befinden sich die neuen Bälle in einer Tüte, dann ist es am besten, wenn man eine Grillzange benutzt und sie nicht in die Hand nimmt.

Beginnen Sie den Trick mit nur 2 Bällen: einem, der Ihren Geruch trägt und einem neutralen (ein neuer Ball, der mit der Grillzange ausgelegt wird). Lassen Sie Ihren Hund absitzen und legen Sie seinen Ball aus. Zwischen dem neuen und dem Geruchsball sollten ca. 50 cm Entfernung sein. Schicken Sie Ihren Hund mit SUCH DEINS zu den beiden Bällen. Wahrscheinlich wird Ihr Hund den richtigen Ball aufnehmen. Wenn nicht, korrigieren Sie ihn mit einem sanften NEIN, nehmen Sie ihm den »falschen« Ball gege-

benenfalls kommentarlos aus dem Maul und zeigen Sie ihm den richtigen Ball. Wenn der Hund Ihnen den Ball apportieren soll, dann beachten Sie bitte die Anweisungen auf Seite 110 ff.

Üben Sie mit 2 Bällen so lange, bis Ihr Schüler sicher begriffen hat, dass er auf SUCH DEINS nur den »eigenen« Ball bringen darf. Legen Sie den Ball und seinen Doppelgänger nun auch so aus, dass der Hund den Vorgang nicht sehen kann. Achten Sie darauf, dass die Bälle nicht immer in der gleichen Position zu liegen kommen. Bringt Ihnen der Vierbeiner immer den richtigen Ball, dann erhöhen Sie langsam die Anzahl der »Blindgänger«, bis Ihr Hund auch aus 10 verschiedenen Bällen zuverlässig den richtigen heraussucht.

Reduzieren Sie nun die Anzahl der Verleitungsbälle. Die Aufgabe wird jetzt nämlich etwas schwieriger (zum Lernen, nicht in Bezug auf die Fähigkeiten der Hundenase), weil die Verleitungsbälle nicht neutral sind, sondern fremde Gerüche tragen. Von nun an müssen Sie nicht mehr darauf achten, dass die anderen Bälle keinen Geruch tragen. Nur Ihren Geruch dürfen sie nicht haben. Sie können also die anderen Personen bitten, Bälle auch ohne Grillzange auszulegen. Ihr Hund wird sehr bald die neue Situation

Jacky sucht aus vielen
gleichen Gegenständen
ihren heraus.

begriffen haben und trotzdem nur seinen Ball bringen.

Jetzt ist es an der Zeit, andere Gegenstände als den Ball auszulegen. Sie sollten nicht zu groß und sperrig sein, sodass der Hund den Richtigen gut aufnehmen kann. Versuchen Sie es nach dem Muster von oben z. B. mit Taschentüchern, Holzstückchen usw. Ihr Schüler arbeitet ohne Fehler? Na, dann kommt die höchste Stufe. Wenn Sie bis jetzt mit viel Lob gearbeitet haben und kleine Fehler sanft korrigiert haben, wird der Hund nun große Freude daran haben, aus einer beliebig großen Anzahl von Gegenständen verschiedener Art »seinen« herauszufinden. Vergessen Sie nicht, auch in geschlossenen Räumen zu üben. Dann ist der Trick vorführreif.

Der lesende Hund

Benötigte Utensilien: Belohnung; 4 DIN-A5-Karten; 4 verschiedene Geruchsträger (z.B. Käse)

Dieser Trick ist eine Variante der Geruchsidentifizierung. Stellen Sie zunächst 4 DIN-A-5-große Karten her, auf denen 4 verschiedene Worte geschrieben sind, deren Laut für den Hund eine Bedeutung hat. Also z.B. »Gassi«, »Fressen«, »Käse«, »Knochen«. Nun müssen Sie Ihrem Hund lehren, die Karten zu erkennen. Üben Sie pro Sitzung nur mit 1 Karte. Dazu reiben Sie jede Karte mit einem speziellen Duft ein, mit dessen Hilfe der Hund sie mit der Belohnung, die er dafür bekommt, verbinden und somit »lesen« kann. Meine Vorschläge:

Die Karte »Gassi« mit frischem Gras, die Karte »Fressen« mit Wurst, die Karte »Käse« mit gut

riechendem Käse und die Karte »Knochen« mit einem fettigen Suppenknochen.

Halten Sie die Karten immer getrennt und gehen Sie sorgfältig damit um. Fester Karton oder Tonpapier lässt Fettflecken nicht so auffallen. Vergessen Sie nicht, dass der Hund eine viel feinere Nase hat als der Mensch. Die Karten dürfen nicht zu sehr riechen, sonst kommt Ihnen das Publikum schnell auf die Schliche. Jede Karte braucht ihre eigene Ablage, denn wenn sie Kontakt haben, durchmischen sich die Düfte und der Hund kann sie nicht mehr klar unterscheiden.

Nun bringen Sie, eins nach dem anderen, dem Hund das Wort bei, das zu jedem Geruch gehört. Wenn er Ihnen die Karte bringen soll und nicht einfach nur zu ihr hingehen, muss er natürlich apportieren können (siehe dazu Seite 110 ff.). Es gibt verschiedene Möglichkeiten den Trick vorzuführen. Am einfachsten ist, Sie gestalten den Trick als eine Variante von SUCH (siehe Seite 80 f.). Sagen Sie Ihrem Hund SUCH DAS FRESSEN oder/und WILLST DU FRESSEN? Feuern Sie ihn an. Wenn er die richtige Karte herausgeschnüffelt hat, loben Sie ihn und fordern ihn auf – NIMM. (Am besten stecken die Karten in kleinen Ständern, sodass der Hund sie leicht aufnehmen kann.) Rufen Sie den Vierbeiner nun zu sich zurück. Lassen Sie sich die Karte geben, loben Sie den Hund und sagen Sie noch ein paar Mal geheimnis- und bedeutungsvoll FRESSEN. Bei so viel Motivation sollte es nicht mehr lange dauern, bis der Hund perfekt »lesen« kann.

Schon bald werden Sie alle 4 Karten nebeneinander legen können. Formulieren Sie für das Publikum die Aufgabe als gut gestellte Frage und der Hund wird Ihnen die richtige Karte bringen. Inzwischen ist die Gedankenverbindung zwischen den Gerüchen und den neu gelernten Wörtern hergestellt. Sie können das Spiel natürlich auch abwandeln und z.B. fragen: WAS HAT DER ARZT HERRCHEN VERSCHRIEBEN? Der Hund holt die Karte »Gassi gehen«. Sie müssen den Hund nur auf ein bestimmtes Schlüsselwort hin trainieren. In unserem Beispiel könnten sie etwa »Arzt« mit der Karte »Gassi gehen« verknüpfen.

Tricks, die einfach nur Spaß machen

Der betende Hund

Benötigte Utensilien: Belohnung; eine höher liegende Auflagemöglichkeit für die Hundepfoten (z.B. einen Tisch)

Auch wenn Ihr Hund nicht religiös veranlagt sein sollte, macht dieser Trick großen Eindruck.

Er verlangt allerdings ein paar Vorkenntnisse. Zunächst muss Ihr Hund lernen, das Kommando PFOTEN AUF auszuführen. Der Hund soll dabei seine Vorderpfoten nebeneinander auf eine feste Erhöhung (z.B. Tisch oder Mauer) legen. Die Stelle darf nur so hoch sein, dass der Hund bequem hinauflangen kann. Sie können dem Hund auch helfen, indem Sie ihn die Pfoten auf Ihren Schoß legen lassen. Ihr Schüler kann im Sitzen beten, wenn es eine niedrige Kante ist, oder im Stehen, wenn die Kante höher liegt. Es kann natürlich leicht sein, dass Ihr Hund zögert, seine Pfoten auf Ihren Schoß zu legen. Er hat schließlich gelernt, keine Menschen anzuspringen. Nehmen Sie ihm für diesen einen Fall die Bedenken, indem Sie ihn mit einem Leckerbissen locken. Er muss freilich lernen, dass das nur auf Kommando gestattet ist.

Gestalten Sie das Locken mit dem Leckerbissen so, dass der Hund die Pfoten auf Ihren Schoß legen muss, um an den Bissen heranzukommen. Sagen Sie dazu PFOTEN AUF und klatschen Sie mit der freien Hand auf den Schoß.

Der Hund wird schnell begriffen haben, was er tun muss, um das Leckerli zu bekommen. Zunächst ist es ausreichend, dass Ihr Hund nur eine Zeit lang bleibt – BLEIB.

Verbunden mit dem Hörzeichen BETEN halten Sie dabei den Leckerbissen so tief zwischen die Vorderpfoten, dass der Hund den Kopf senken muss, um an den Bissen zu gelangen. Wiederholen Sie das Kommando BETEN. Achten Sie darauf, dass der Hund seinen Kopf immer noch tief senkt. Mit dem Kommando AMEN lösen Sie die Übung auf. Der Hund erhält den Leckerbissen und darf dann abspringen. Loben Sie ihn für sei-

Nouni betet vor jeder Vorstellung.

ne tolle Leistung. Wiederholen Sie das ein paar Mal in jeder Übungsstunde.

Wenn Sie nicht mit Ihrem Schoß arbeiten wollen, sondern eine andere Erhöhung nutzen, müssen Sie darauf achten, dass der Hund nicht einen Rechts- oder Linksdrall lernt, wenn Ihre Hand mit dem Leckerbissen immer von einer bestimmten Seite kommt. Besser ist es, wenn Sie sich vor dem Hund postieren und ihm das Leckerchen von vorne reichen.

Das Nasereiben oder sich schämen

Benötigte Utensilien: Belohnung; Klebeband

Dieser Trick kann auf verschiedene Arten gelehrt werden. Ich möchte hier die am schnellsten Erfolg versprechende Methode beschreiben. Die meisten Hunde mögen es nicht, etwas an Ihrer Schnauze kleben zu haben. Und damit sind wir schon mitten im Geheimnis dieses Tricks. Nehmen Sie ein ca. 5 cm langes Klebeband und kleben Sie es dem Hund seitlich an die Schnauze, am besten knapp unter dem Auge. Der Hund möchte das lästige Ding los werden und versucht es mit der Pfote wegzuwischen. In dem Moment, in dem seine Pfote die Schnauze berührt, geben Sie das Kommando, z. B. NASE REIBEN.

Für diesen Trick müssen Sie viel Geduld haben. Es gibt Hunde, die empfindlicher auf Körperberührung reagieren. Diese werden auch schneller das Klebeband loshaben wollen. Bei besonders fügsamen Hunden kann es aber auch geschehen, dass diese das Klebeband dulden, weil sie sich nicht trauen es wegzuwischen. In diesem Fall müssen Sie das Band lästiger

machen, indem Sie es noch knapper unter das Auge kleben. Bei solchen Vierbeinern ist es besonders wichtig, dass das Klebeband mit dem ersten Pfotenstreich vom Hund entfernt werden kann. Haben Sie Geduld! Geben Sie zu jedem Pfotenstreich das Kommando NASE REIBEN.

Es ist für den Anfang nebensächlich, ob der Hund sofort nach dem Ankleben des Bandes das lästige Ding wegwischt. Nach und nach müssen Sie aber dazu übergehen, dass der Hund erst auf Ihr Kommando wartet. Hindern Sie den Hund vorher mit einem notfalls energischem NEIN daran. Erst auf das Hörzeichen NASE REIBEN darf er das Band abwischen. Klappt dies, sind Sie schon einen großen Schritt weiter.

Als nächstes befestigen Sie das Band so fest, dass der Hund es nicht mehr mit einem Wisch entfernen kann. Geben Sie zu jedem Versuch das Kommando NASE REIBEN. Es kann ein paar Wochen dauern, bis Ihr Schüler das Klebeband nicht mehr benötigt, sondern alleine auf Ihr Hörzeichen seine Nase reibt. Sehr publikumswirksam ist es, wenn Sie dem Kommando einen anderen Namen geben und den Hund das Hörzeichen SCHÄM DICH anstatt NASE REIBEN lernen lassen.

Ich schäm´ mich ja so !

Niesen

Benötigte Utensilien: Belohnung; eine »Nies-Substanz«

Es gibt zwei Methoden, dem Hund das Niesen beizubringen. Methode 1: Sie finden eine Substanz, die den Hund zum Niesen bringt. Manche Hunde von Nichtrauchern niesen, wenn sie Zigarettenrauch in die Nase bekommen. Viele Hunde niesen auf den Qualm von angebranntem Fett. Diese Möglichkeit ist aber eher weniger praktikabel. Pfeffer ist bei vielen Hunden das Mittel der Wahl. Streuen Sie sich etwas Pfeffer auf die Hand. Halten Sie diese gepfefferte Hand dem Hund vor die Nase und tun Sie ganz geheimnisvoll. Der Hund wird daran schnüffeln und niesen. Genau in diesem Moment geben Sie das Kommando HAAA-TSCHI. Wenn der Hund niest, nehmen Sie die Hand sofort weg.

Scheint Ihr Hund resistent gegen den verwendeten Pfeffer zu sein, dann versuchen Sie es mit einer anderen Pfeffersorte. Streuen Sie aber niemals dem Hund direkt Pfeffer oder anderes in die Nase. Das wäre Tierquälerei und kann dem überaus feinen Geruchssinn des Hundes schaden. Ein Riechen an der Substanz muss genügen. Niest Ihr Hund, müssen Sie ihn ausgiebig loben. Machen Sie diese Übung nie häufiger als zweimal hintereinander. Klappt diese Methode bei Ihrem Hund, so ist es sehr wahrscheinlich, dass ihn nach kurzer Zeit eine vor die Nase gehaltene Hand auch ohne Pfeffer zum Niesen bringt. Vergessen Sie aber nie, gleichzeitig das Kommando HAAA-TSCHI zu geben. Dehnen Sie das HAAA ruhig ein bisschen aus. Um so publikumswirksamer wird das Niesen Ihres Hundes werden.

Finden Sie partout keine Substanz, die Ihren Hund gefahrlos zum Niesen bringt, versuchen Sie es doch einmal mit Methode 2: Pusten Sie den Hund einfach einmal kräftig an. Sehr viele Hunde niesen daraufhin. Sie müssen allerdings erst herausfinden, an welche Stelle Sie blasen müssen. Dies ist nämlich von Hund zu Hund verschieden. Bei manchen ist es mehr die Augenpartie, andere reagieren erst, wenn Sie ihn in der Nähe der Nase anblasen. Ganz resistente müssen Sie sanft an der Schnauze umfassen und dann in die Nase blasen.

Sag danke!

Benötigte Utensilien: Belohnung; eine kleine »Hürde«

Die Haltung des Hundes für diesen Trick ist durchaus natürlich: Jeder Hund führt sie als Spielaufforderung aus: Der Hund »steht« hinten und »liegt« vorn. Es ist jedoch müßig immer abzuwarten, bis der Hund die Stellung von sich aus zeigt, um das Kommando dazu zu geben. Einfacher ist es, eine kleine Hürde zu bauen, die gerade unter den Bauch des Hundes passen soll. Die Hürde muss auf einer Seite durch eine Wand oder ähnliches begrenzt sein, damit der Hund nicht seitlich ausweichen kann. Lassen Sie den Hund nun über der Hürde stehen, sodass er sein Hinterteil nicht senken kann. Nehmen Sie ein Leckerchen, halten Sie es dem Hund vor die Nase und führen die Hand dann zum Boden – SAG DANKE. Will der Hund sein Leckerchen erreichen, muss er mit den Vorderläufen (genauer: Unterarmen) ganz den Boden berühren. Tut er das nicht von sich aus, helfen Sie mit sanftem Druck der

Das Holzbrett hält beim Lernen das Hinterteil des Hundes oben.

anderen Hand auf seinen Widerrist nach. Am Anfang müssen Sie jeden kleinen Schritt Richtung Ziel belohnen! Nach 3 Übungstagen sollte der Hund, ohne sich unwohl zu fühlen, die Vorderläufe am Boden haben.

Manche Hunde lernen leichter, wenn Sie anstelle der Hürde mit Ihrer freien Hand gegenhalten. Andere lernen schneller mit der Knie-Methode: Knien Sie sich neben Ihrem Hund auf den Boden. Strecken Sie ein Bein nach vorn, sodass das Knie gebeugt ist. Der Hund muss seinen Kopf unter Ihr Bein stecken, um an den Bissen heranzukommen. Sie haben recht: So kann man schon Welpen das PLATZ lehren. Besonders, wenn Ihr Hund das PLATZ auf diese Art gelernt hat, müssen Sie jetzt unbedingt darauf achten, dass er sein Hinterteil nicht senkt. Diese Gefahr besteht auch, wenn Sie aufhören, mit der Hürde zu arbeiten. Eine Hand müssen Sie dann immer frei haben, um den Hund am Platzgehen hindern zu können.

Natürlich kann man diese Methode auch umdrehen, das heißt der Hund liegt PLATZ und Sie heben ihn mit einer Hand hinten hoch – SAG DANKE. Die andere Hand bleibt am Halsband und hindert den Hund daran, sich ganz zu erheben. Bei einem sehr großen und vor allem schweren Hund werden Sie, falls Sie kein Gewichtheber sind, Schwierigkeiten haben. Für große Hunde eignet sich daher die Hürden-Methode besser.

Sobald der Hund auf Ihr Kommando hin die gewünschte Stellung einnimmt, können Sie den Trick ausbauen: Der Hund soll den Kopf zwischen die Vorderbeine auf den Boden legen. Diese Übung trennen Sie zunächst vom ersten Teil ab. Die meisten Hunde lernen schneller, wenn Sie bequem auf einem weichen Untergrund liegen können. Darf Ihr Hund nicht auf Sessel oder Couch, üben Sie auf seinem Hundebett oder einer dicken Wolldecke. So ist es für den Hund angenehmer, den Kopf abzulegen. Knien Sie sich am besten direkt vor den Hund, sodass Sie seinen Kopf leicht manipulieren können. Lassen Sie den Hund zunächst PLATZ gehen. Mit dem Hörzeichen SCHLAFEN drücken Sie nun seinen Kopf so lange sachte nieder, bis er auf der Unterlage

Nouni bedankt sich herzlich bei ihrem Publikum.

liegt. Geben Sie noch ein-bis zweimal das Kommando SCHLAFEN. Versuchen Sie dabei den Druck auf den Kopf des Hundes zu reduzieren. Unterbinden Sie aber jeden Versuch des Hundes, den Kopf zu heben, sofort mit leichtem Gegendruck und dem Kommando SCHLAFEN. Dann geben Sie ihn mit einem Kommando frei – z.B. FERTIG – und loben ihn.

Sobald der Hund das Kommando SCHLAFEN gut beherrscht, wenn Sie auf einer Ebene vor ihm knien, müssen Sie Schritt für Schritt dazu übergehen, sich zu erheben. Am Ende können Sie Ihrem Schüler aus dem Stand das Hörzeichen geben. Achten Sie von Anfang an darauf, dass der Hund seinen Kopf wirklich zwischen die Vorderbeine legt.

Nun können Sie die beiden Teile des Tricks zusammensetzen. Lassen Sie den Hund den »Bogen« machen: SAG DANKE. Wahrscheinlich müssen Sie, obwohl der Hund das SCHLAFEN sonst gut ausführt, wieder ein paar Schritte zurückgehen. Geben Sie die nötigen Hilfen (siehe oben). Am Ende geht Ihr Hund auf das Kommando SAG DANKE mit den Vorderpfoten auf den Boden und legt seinen Kopf zwischen die Vorderpfoten. – Sie können den Showeffekt noch toppen, indem Sie Ihren Hund in der SAG-DANKE-Position zuerst den Kopf zwischen die Vorderbeine legen lassen und ihn dann in dieser Haltung zum Bellen veranlassen (siehe Seite 78 f).

Hundefußball

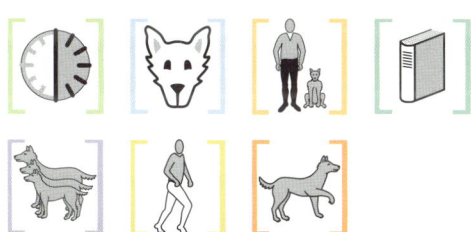

Benötigte Utensilien: Belohnung; ein Ball, der so groß ist, dass ihn der Hund mit dem Maul nicht fassen kann; eventuell ein kleines Fußballtor

Maremmano-Hündin Freccia lernt, den Ball mit der Schnauze zu bewegen.

Bei diesem Trick wird Ihr Hund lernen, mit einem Ball umzugehen, der zu groß zum apportieren ist, also z.B. ein leichter Fußball oder ein Volleyball. Er soll nur seine Schnauze und seine Pfoten gebrauchen. Es gibt verschiedene Typen von Hunden: Die einen lösen Probleme vorzugsweise unter Zuhilfenahme ihrer Schnauze, andere benutzen lieber ihre Pfoten. Warten Sie einfach ab, wie Ihr Hund auf den zu großen Ball reagiert, und lassen Sie ihn auf seine Weise arbeiten. Der Ball muss stramm aufgepumpt sein, damit der Hund ihn nicht fassen oder mit den Zähnen beschädigen kann.

Die ersten Schritte für die neue Fertigkeit machen Sie am besten zu Hause. Frisst Ihr Hund gerne, so ist es ideal, den Trick jeden Tag vor der Fütterung zu üben. Der Hund muss zwei Verhaltenskomponenten lernen: Zum einen, den Ball zu schubsen und zum anderen, den Ball zu Ihnen zu rollen. Trennen Sie sie zunächst. Damit Ihr Hund den Ball überhaupt bewegt, müssen Sie ihn ermuntern. Der Ball muss zum Zentrum seines Interesses werden. Wenn der Hund von sich aus nicht auf den Ball reagiert, reiben Sie ihn mit einem verführerischen Duft ein, z.B. mit Wurst oder einem Stückchen Fleisch. Knien Sie sich neben den Ball und locken Sie den Hund mit seinem Namen und dem Hörzeichen BALL. Gehen Sie mit Ihrer Hand nahe an den Ball und erlauben Sie dem Hund, den Bissen zu nehmen. Diese Übung sollten Sie so lange wiederholen, bis Ihr Hund schnell zum Ball läuft, um seine Belohnung zu erhalten.

Als nächsten Schritt halten Sie Ihre Finger ohne eine Belohnung ganz nahe an den Ball. Wenn der Hund Ihre Finger berührt, belohnen Sie ihn mit einem Leckerli aus der anderen Hand. Sobald Ihr Vierbeiner dies perfekt und konstant durchführt, ziehen Sie Ihre Hand immer weiter weg vom Ball. Notfalls tippen Sie den Ball noch an, damit der Hund ihn mit der Nase berührt. Im Laufe des Trainings wird Ihr Schüler eine Belohnung erwarten, sobald er zu dem Ball läuft und ihn mit der Nase berührt. Wenn sich Schwierigkeiten ergeben, gehen Sie sofort einen oder mehrere Schritte zurück und bauen dann das Training langsam wieder auf.

Schließlich wird der Tag kommen, an dem Sie anfangen, den Ball immer weiter weg vom Hund zu platzieren. Lassen Sie den Hund zunächst sitzen, entfernen Sie sich immer weiter vom Hund

und rufen Sie ihn mit dem Kommando HIER – BALL zu sich. Wahrscheinlich wird sich der Ball ein wenig bewegen, wenn der Hund ihn mit der Nase berührt. Geben Sie dem Hund sofort seinen Leckerbissen und loben Sie ihn kräftig. Von nun an kommen die Belohnung und das Lob erst, wenn der Ball ein Stückchen rollt.

Bis jetzt haben Sie noch neben dem Ball gesessen. Nun ist es an der Zeit, dass Sie sich Stück für Stück entfernen und den Hund zum Ball senden. Gehen Sie dabei aber langsam voran und verkürzen Sie die Distanz, sobald der Hund Schwierigkeiten haben sollte.

Nun ist Ihr Hund bereit für die zweite Aktion: das Zurückbringen des Balls. Wenn Ihr Hund gelernt hat, den Ball zu bewegen, müssen Sie ihn nun dazu bringen, Ihnen den Ball zuzuspielen. Dies können Sie dem Hund am besten in einem nicht zu breiten langen Flur ohne störende Möbel lehren. Die Wände erleichtern dem Hund die Aufgabe. Setzen Sie sich in 1m Abstand Ihrem Hund gegenüber und legen Sie den Ball zwischen sich und den Hund. Nun geben Sie dem Hund das Hörzeichen HIER – BALL. Wenn der Hund den Befehl richtig ausführt, geben Sie ihm sofort eine Belohnung und loben ihn. Spielen Sie auch ein wenig mit dem Ball. Das macht ihn für den Hund noch interessanter.

Sobald der Hund den Ball den Gang entlang zuverlässig zu Ihnen schiebt, ist es Zeit, den Hund zum Ball zu schicken. Sie setzen den Hund an ein Ende des Flurs und rollen (mehr Motivation für den Hund!) oder legen den Ball in Richtung des andere Endes. Etwa 1m sind für den Anfang genug. Erweitern Sie die Distanz nach und nach zum Ende des Flurs. Ihr Hund läuft sofort zum Ball und rollt ihn zu Ihnen? Nun haben Sie und Ihr Hund den größten Teil des Tricks geschafft.

Dieser Collie spielt Fußball mit den Pfoten.

Richtig interessant wird es erst, wenn Gegenstände auf der »Rollbahn« zu umschiffen sind. Fangen Sie mit einem weichen Hindernis (z.B. einem Sofakissen) an, an dem sich der Hund nicht stoßen kann. Um die Motivation des Hundes zu erhöhen, können Sie die tägliche Übung mit der Fütterung des Hundes zusammenlegen. Platzieren Sie die Futterschüssel neben sich am offenen Teil des Gangs. Der Ball befindet sich am anderen Ende. Vielleicht kann sich Ihr Hund schwer von seiner gefüllten Futterschüssel trennen, aber mit ein paar Hilfen wird er schnell begreifen, worum es geht. Gestalten Sie nun die Hindernisbahn abwechslungsreich und üben Sie auch in anderen Räumen und im Freien. Bei diesem Trick wird der Hund sehr gefordert. Er muss selbst eine Technik herausfinden, mit der er den Ball um die Hindernisse schieben kann. Der Trick erreicht seine Vollendung, wenn der Hund den Ball tatsächlich in ein kleines, selbst gefertigtes Fußballtor schubst. Platzieren Sie sich genau hinter dem Tor und geben Sie dem Hund das Hörzeichen BALL – TOR. Wenn der Hund den Ball zuverlässig in das Tor schiebt, können Sie sich langsam davon entfernen. Dies ist ein sehr wirkungsvoller Trick.

Alle Mann ducken! Nouni spielt perfekt den Soldaten.

Geduckter Gang, Soldat

Benötigte Utensilien: Belohnung; ein bequemes Halsband und eine kurze Leine

Dieser Trick soll Spaß machen! Es muss alles vermieden werden, das unseren Vierbeiner wirklich knickt! Beginnen Sie mit Ihrem Hund in der Position PLATZ und legen Sie sich neben ihn. Eine kurze Leine ist im Halsband eingehakt. (Bei einem Zughalsband aus dem Zug.) Fassen Sie mit der linken Hand die Leine kurz oberhalb der Stelle, an der Sie am Halsband befestigt ist. Achtung: Üben Sie diesen Trick erst, wenn der Hund das PLATZ absolut zuverlässig befolgt! Er könnte sonst verleitet werden, beim PLATZ nicht mehr fest liegen zu bleiben.

Dem Hund ist das Kriechen zunächst vielleicht etwas unangenehm. Wahrscheinlich wird er bei der Vorwärtsbewegung versuchen aufzustehen. Greifen Sie die Leine also fest zwischen der Handfläche und dem Daumen. Geben Sie das Hörzeichen SOLDAT und schieben Sie Ihre Hand dicht über dem Boden voran. Versucht der Hund sich zu erheben, ziehen Sie ihn mit Hilfe der Leine wieder nach unten und geben noch einmal das Kommando SOLDAT. Wiederholen Sie die Vorwärtsbewegung mit der linken Hand (VORAN – SOLDAT).

Auch wenn der Hund bei den ersten Lektionen nur ein kleines Stückchen kriecht, loben Sie ihn kräftig. Erweitern Sie Schritt für Schritt die Kriechdistanz. Wahrscheinlich wird Ihr Hund anfangs immer wieder versuchen aufzustehen. Sie müssen ihn hier absolut konsequent immer wieder nach unten ziehen und das Kommando VORAN – SOLDAT geben.

Bisher sind Sie neben Ihrem Hund her gekrochen. Sobald das einige Meter weit klappt, können Sie dazu übergehen, den Hund zu sich kriechen zu lassen. Entfernen Sie sich anfangs nur so weit, dass Sie die Leine noch kurz halten und ihn nach unten ziehen zu können. Fordern Sie Ihren Schüler wiederum mit HIER – SOLDAT dazu auf, auf Sie zu zu kriechen. Sparen Sie nicht mit Lob, wenn es der Hund geschafft hat. Während des Kriechens sind Sie etwas sparsamer mit dem Loben. Der Hund könnte dazu verleitet werden aufzustehen. Machen Sie sich aber keine Gedanken, wenn der Hund auch jetzt noch versucht sich zu drücken. Das ist normal.

Verlängern Sie nach und nach die Strecke, die der Hund zu Ihnen kriecht. Achten Sie immer darauf, dass der Hund erst auf Ihr Freikommando die Übung abbricht. Seien Sie zufrieden, wenn der Hund ca. 5 m auf Sie zu kriecht, ohne den Versuch zu machen aufzustehen. Wenn er ohne Leine nicht am Boden bleibt, müssen Sie noch weiter mit der Leine üben. Bedenken Sie aber immer, dass das Kriechen für den Hund sehr anstrengend ist. Überfordern Sie ihn also nicht. Sonst wird er schnell den Spaß an dem Trick verlieren; schließlich zeigt er das Kriechen als natürliches Unterwürfigkeitsverhalten. Ihr Hund darf auch keine Knochenprobleme wie die Hüftgelenks- oder Ellenbogendysplasie (HD oder ED) haben.

Dieser Trick lässt sich sehr wirkungsvoll mit dem »toten Hund« verbinden: Sie »schießen« PENG und der Hund fängt an zu hinken (siehe Seite 100 ff.). Auf den zweiten »Schuss« fällt er in sich zusammen und kriecht. Auf den dritten »Schuss« legt er sich zur Seite und ist »tot«.

Party-Tricks

Der Hit auf Kinderpartys – das Buchstabieren

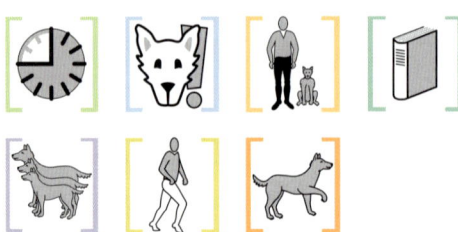

Benötigte Utensilien: Belohnung

Der folgende Trick ist gar nicht so schwer wie es scheint und hat ganz nebenbei auch noch einen pädagogischen Anreiz für die Kinder. Aber zunächst müssen Sie Ihren Hund das Buchstabieren beibringen. Fangen Sie auf jeden Fall mit einfachen Hörzeichen an, die der Hund am besten schon sicher befolgt. Am einfachsten machen Sie es sich und dem Hund, wenn der Vierbeiner ein Handzeichen für das jeweilige Kommando kennt. Ein einfacher Buchstabiertrick ist das SITZ. Statten Sie Ihren Schüler mit Halsband und Leine aus. Dann buchstabieren Sie S-I-T-Z und geben die normalen Hilfen für das sich Setzen (ein leichter Druck auf das Hinterteil). Lassen Sie ihn ein paar Sekunden sitzen und wiederholen Sie das Hörzeichen S-I-T-Z öfters. Ihr Hund wird schnell begreifen, was er zu tun hat. Üben Sie bis der Hund sich auch ohne Hilfe hinsetzt.

Viel leichter tun Sie sich, wenn der Vierbeiner ein Handzeichen für SITZ kennt und zuverlässig befolgt (z. B. ein erhobener Zeigefinger). Aber Achtung: Damit der Trick wirklich gut ankommt, müssen Sie darauf achten, dass sich der Hund wirklich erst nach dem letzten Buchstaben hinsetzt. Beherrscht der Hund das Handzeichen, können Sie die sonstigen Hilfen weglassen und mit dem letzten Buchstaben den Hund durch Handzeichen zum Sitzen veranlassen. Nach einiger Zeit (je nach Vorbildung ca. 2 Wochen) können Sie dann das Handzeichen weglassen. Achten Sie aber immer darauf, dass sich der

Nouni wartet gespannt ab, was das Mädchen buchstabiert.

Hund nicht vorzeitig setzt. Versucht der Hund dies, korrigieren Sie ihn, indem Sie sein Hinterteil hochheben.

Seien Sie geduldig. Je besser Ihr Hund gehorcht, desto schneller wird er Ihrem Begehren nachkommen wollen. Es kann einige Zeit dauern, bis er wirklich den letzten Buchstaben abwartet und sich auch durch einen falschen Buchstaben nicht verwirren lässt. Er darf sich wirklich nur auf S-I-T-Z setzen, nicht auf S-U-T-Z oder Ähnliches. Verwehren Sie das mit dem Kommando NEIN. Üben Sie solche Situationen aber auch regelmäßig. Wiederholen Sie nach dem falsch buchstabierten Hörzeichen wieder S-I-T-Z und loben Sie den Hund ausgiebig, wenn er sich nur auf das richtige Kommando hin setzt. Nur Ihre Geduld setzt dem Wortschatz Ihres Vierbeiners Grenzen. Die Kinder werden begeistert sein und die Erwachsenen über die »Gelehrtheit« Ihres Tieres staunen.

Eine kleine Hundeführerin mit ihrem Gefährten. Kleinpudel-Rüde Sayman hat die richtige Größe für ein Kind.

Gesundheit!

Benötigte Utensilien: Belohnung; eine Papiertaschentuch-Box, aus der der Hund leicht ein Tuch ziehen kann

Dieser einfache Trick kann leicht zum Publikumsrenner werden. Der Hund hört Sie niesen und eilt, um Ihnen ein Taschentuch zu bringen. Das Interessanteste dabei ist, dass Sie kein weiteres Kommando benötigen, sondern der Hund schon auf Ihr Niesen reagiert. Diesen Trick werden Sie vorzugsweise zu Hause einüben. Er lässt sich nicht so leicht irgendwo anders zeigen, da der Hund wissen muss, wo die Taschentuchbox steht. Wählen Sie zu Hause vorzugsweise den Raum, in dem Sie gewöhnlich Ihre Partys feiern. Nehmen wir einmal an, dies ist das Wohnzimmer. Bedenken Sie auch, dass viele Menschen da sein könnten. Alle sollten den Hund sehen können. Daher müssen Sie sich auch gut überlegen, wo Sie die Box mit den Taschentüchern platzieren. Sie muss für den Hund gut erreichbar sein und alle Anwesenden sollten sie ebenfalls sehen können. Am besten stellen Sie die Box wie zufällig im gleichen Raum auf. Der Hund muss die Box aber auch gut erreichen können, wenn viele Menschen im Raum sind. Ist das eher unwahrscheinlich, dann wählen Sie für den Standort der Box lieber einen angrenzenden Raum. Die Überraschung wird immer noch groß sein, dass Ihr Hund allein auf Ihr Niesen Ihnen ein Taschentuch bringt.

Um den Hund wirklich in Szene zu setzen, müssen Sie dafür sorgen, dass alle Anwesenden dem Ganzen Aufmerksamkeit schenken. Kündi-

gen Sie den Trick also lieber an. Am besten Sie führen zunächst einen anderen kurzen Trick vor. Besorgen Sie sich eine Box mit Papiertaschentüchern, bei der das nächste Taschentuch gleich mit hoch gezogen wird. Das erleichtert dem Hund die Arbeit und ist auch publikumswirksamer. Damit die Box dem Hund nicht wegrutschen kann, befestigen Sie sie am besten mit einem Doppelklebeband auf der Unterfläche, so, dass man die Befestigung nicht sehen kann. Entnehmen Sie der Box ungefähr die Hälfte der Taschentücher. Damit erleichtern Sie dem Hund die Arbeit. Es ist wesentlich schwerer ein Taschentuch aus einer vollen Box zu ziehen. Ziehen Sie zusätzlich ein Taschentuch fast ganz heraus und stopfen Sie es dann wieder locker halb zurück in die Box.

Für diesen Trick muss Ihr Hund zwei bis drei Verhaltenskomponenten erlernen:
1. Die Vorderpfoten auf einen Tisch oder Ähnliches legen.
2. Eventuell auf einen Stuhl oder die Couch springen.
3. Das Apportieren und das korrekte Abliefern des Taschentuchs.

Das zweite Element benötigen Sie eigentlich nur, wenn der Hund zu klein ist, um auf den Hinterbeinen stehend die Taschentuchbox zu erreichen. Auf der anderen Seite macht es mehr her, wenn der Trick – nach außen – komplizierter wirkt. Der Hund muss jedes einzelne Element des Tricks lernen. Sie können aber hintereinander und getrennt alle drei Elemente in einer Übungsstunde erarbeiten.

1. Es ist leicht, einem Hund beizubringen die Vorderpfoten auf einen Gegenstand zu legen. Rufen Sie den Hund zu sich, klopfen Sie mit einer Hand an die gewünschte Stelle. Dort liegt dann ein Leckerbissen. Besonders gut erzogene Hunde werden vielleicht zögern. Dann müssen Sie Ihren Vierbeiner mit dem Leckerbissen in der Hand davon überzeugen, dass Sie das Auflegen der Pfoten ausdrücklich wünschen. Manche Hunde wird die neue Stellung vielleicht verwirren und sie verweigern sich. Dann sollten Sie sanft mithelfen, den Körper in die richtige Position zu

bringen. Sagen Sie PFOTEN AUF und belohnen Sie den Hund mit dem Leckerbissen, wenn seine beiden Vorderpfoten auf dem Tisch liegen. Hat der Hund das Grundprinzip verstanden, versuchen Sie, dass er die Pfoten immer weiter nach vorn auf den Tisch legt, bis seine Hinterbeine ganz gestreckt sind. Im nächsten Lehrschritt entfernen Sie sich langsam von der Stelle und schicken den Hund mit VORAN – PFOTEN-AUF los. Die Belohnung liegt auf dem Tisch. Der Hund kann sie nur erreichen, wenn er die gewünschte Stellung einnimmt.

2. Zu 98% kann ich Ihnen versprechen, dass die guten Manieren Ihres Hundes nicht generell leiden, wenn er lernt auf Kommando einen Stuhl oder die Couch zu besteigen. Sie müssen Ihrem Zögling nur absolut konsequent klarmachen, dass Stuhl oder Couch ansonsten tabu sind. (Ein Stuhl muss einen so festen Stand haben, dass er auf keinen Fall umfallen kann, wenn der Hund auf ihn springt!) Vielleicht kennt Ihr Hund aus anderen Spielen schon das HOCH. Das erleichtert Ihnen die Arbeit. Der Hund ist gewohnt auf HOCH auf einen höher gelegenen Platz zu springen. Sollte der Hund das Hörzeichen noch nicht kennen, wird er es sicher schnell lernen.

Beginnen Sie das Training, indem Ihr Hund ca. 50 cm vor dem Stuhl sitzt. Halten Sie eine Belohnung bereit. Stehen sie direkt hinter dem Sessel, sodass der Sessel zwischen Ihnen und dem Hund steht. Sie klopfen mit der Hand auf den Stuhl und sagen den Namen des Hundes und HIER – HOCH. Wenn er hochspringt geben Sie ihm schnell die Belohnung. Für die meisten Hunde wird das kein Problem sein. Wenn Ihre Lockkunst gänzlich versagt und der Hund – gut erzogen wie er ist – das Hochspringen auf den Sessel verweigert, helfen Sie notfalls körperlich nach. Das Ganze muss für den Hund aber positiv gestaltet werden. Sobald Ihr Hund auf das Kommando HIER – HOCH wie gewünscht reagiert, klopfen Sie zwar noch auf den Stuhl, treten aber immer weiter vom Stuhl oder Sessel weg. Dann lassen Sie das Klopfen auf das Möbelstück weg. Der Sessel steht immer noch zwischen Ihnen und dem Hund.

Nounis Mittel gegen Heuschnupfen: Frauchen schnell ein Taschentuch bringen!

Nun wird es Zeit aus dem HIER – HOCH das VORAN – HOCH einzuführen. Dazu lassen Sie Ihren Hund wieder sitzen und knien sich neben ihn. Der Hund weiß, dass auf dem Stuhl eine Belohnung liegt. Weisen Sie mit der Hand auf den Stuhl und schicken Sie den Hund mit VORAN – HOCH los. Auch das klappt – prima! Üben Sie nun das Hochschicken aus allen möglichen Entfernungen und Positionen.

3. Generelles zum Apportieren finden Sie auf Seite 110 ff. Hat der Hund einmal das Prinzip begriffen, müssen Sie nur noch mit allen möglichen Gegenständen üben, so auch mit einem Papiertaschentuch. Geben Sie es dem Hund mit NIMMS ins Maul und lassen Sie es ihn eine Zeit tragen, bis er vertraut mit dem neuen Material ist. Dann legen Sie das Taschentuch wie gewohnt auf den Boden, treten zurück und lassen ihn das Tuch mit BRINGS aus verschiedenen Entfernungen apportieren. Zu dem Kommando niesen Sie theatralisch. Schließlich legen Sie das Tuch auf den Tisch neben der präparierten Box – BRINGS und Nieser. Sobald das Taschentuch in der Box ist, müssen Sie Ihrem Schüler wahrscheinlich etwas helfen. Schicken Sie wie

gewohnt mit dem Hörzeichen BRINGS und dem Nieser den Hund los. Sie gehen aber mit und helfen ihm so wenig wie möglich aber so viel wie nötig, das Taschentuch aus der Box zu ziehen.

Schließlich üben Sie das Apportieren aus verschiedenen Positionen. Setzen Sie sich auch einmal hin und lassen Sie sich vom Hund bedienen. Manche Hunde begreifen schnell allein auf das Niesen hin zu handeln, andere brauchen etwas länger. Lernen kann den Trick aber fast jeder Hund.

Türen öffnen und schließen

Benötigte Utensilien: Belohnung; Türen mit Klinken

Der Türe-öffnen-Türe-schließen-Trick ist interessant zu lehren, durchaus geeignet Ihnen den Alltag zu erleichtern (vor allem wenn Sie Dauerkunde bei einem Schlüsseldienst sind) und nebenbei ein wirkungsvoller Partyknüller. Bevor Sie mit dem Üben für diesen Trick beginnen können, müssen Sie ein paar Vorüberlegungen treffen. Die Übungstüren sollten Klinken haben. Zwar ist es generell möglich, dem Hund auch das Öffnen von Türknäufen zu lehren, aber das ist wesentlich schwieriger und zeitaufwändiger als die Klinkenöffnung. Zum zweiten müssen Sie sich schon vor Beginn des Trainings darüber im Klaren sein, ob Ihr Hund mit den Pfoten oder mit der Schnauze arbeiten soll. Auf jeden Fall empfiehlt es sich eine dünne Plexiglasplatte an der Türe anzubringen, um sie vor Kratzern durch die Hundepfoten zu schützen. Bis der Hund die Pfoten- oder Schnauzen-Technik an jeder beliebigen Türe beherrscht, werden bei täglich zweimal 10–15 Minuten Üben ca. 3 Monate vergehen. Wenn der Hund die Pfoten-Technik benutzen soll, achten Sie von Anfang an darauf, dass Ihr Lehrling seine Pfoten gezielt und ruhig einsetzt. Wildes Scharren ist sanft zu unterbinden.

Dieser Trick ist nicht ganz einfach. Welche Bedingungen muss der Hund erfüllen, damit der Trick klappt? Es ist von großem Nutzen, wenn der Hund schon eine solide Grundausbildung genossen hat (SITZ, PLATZ, KOMM, BLEIB). Der Hund, der den Türen-Trick mit den Pfoten ausführen soll, muss natürlich die entsprechende Körpergröße haben. Die Schnauzen-Version können auch kleinere Hunde lernen, solange sie genug Kraft haben, die Türe zu schieben. Ab welchem Alter kann man mit dem Hund den Trick einarbeiten? Zum einen sind Größe und Kraft die Maßstäbe. Aber auch die Aufnahmefähigkeit und Konzentrationsfähigkeit des Hundes spielen eine Rolle. Selten ist Ihr Hund zu alt. Vor einem Alter von ca. 1 Jahr könnte der Hund vor allem mental überfordert sein. Ob groß oder klein, alt oder jung, der Hund muss sich gut motivieren lassen. Es ist ausnahmsweise einmal ein Vorteil, wenn Ihr Hund verfressen ist. Denn nur ein hungriger Hund wird für Futterbrocken auch etwas tun.

Bauen wir den Trick Schritt für Schritt zunächst für den Pfoten-Hund auf. Vorausgesetzt ist, dass die Tür leichtgängig ist und nicht klemmt. Der Hund kann die Klinke leicht mit seinen Pfoten erreichen. Das PFOTEN AUF auf die Türklinke wird Ihr Hund schnell lernen. Um den Schüler am Beginn nicht durch zusätzliche Bewegungen der Tür zu verwirren, schließen Sie diese zu. Nun lassen Sie den Hund zunächst mit dem Hörzeichen PFOTEN AUF sich gegen die Tür stellen. Dann manipulieren Sie seine Pfoten sanft auf die Türklinke und sagen BLEIB. Im ersten Schritt soll Ihr Lehrling nur mit den Pfoten exakt auf der Klinke verharren. Wahrscheinlich drückt der Hund durch sein Gewicht die Klinke auch schon herunter. Dann ist es nur noch ein kleiner Schritt zum nächsten Punkt.

PFOTEN AUF – TÜRE AUF ergibt sich von selbst, wenn die Türe aufgeschlossen ist und nach außen schwingt. Sorgen Sie nur dafür, dass der Hund die Tür wirklich ganz öffnet. Eine zusätzliche Motivation für den Hund kann es sein, wenn hinter der zu öffnenden Tür noch mal Futterbrocken oder ein Spielzeug liegt. Beides muss der Hund sofort sehen können. PFOTEN AUF – TÜRE ZU ist für den Hund kein Hindernis, wenn er die Sache im Prinzip begriffen hat.

Schwierig wird es, wenn der Lehrling dazu gebracht werden soll, eine Tür durch Ziehen mit den aufgelegten Pfoten (= rückwärts gehen) zu öffnen (Türe schwingt nach innen) oder zu schließen (Türe schwingt nach außen). Zunächst empfehle ich Ihnen, den Hund aus dem Stand auf allen vier Pfoten rückwärts gehen zu lassen (Hörzeichen ZURÜCK). Dann nehmen Sie seine Vorderpfoten sacht in die Hände und schieben ihn mit dem Hörzeichen ZURÜCK behutsam rückwärts. So kann der Hund ein Gefühl für diese Bewegung entwickeln. Erst wenn Ihr Liebling das Rückwärtsgehen auf den Hinterpfoten ohne Problem beherrscht, weisen Sie ihn mit PFOTEN AUF – ZURÜCK – TÜRE AUF (oder ZU) an, die Klinke zu sich ziehend rückwärts die Türe zu öffnen bzw. zu schließen. Das Endziel ist erreicht, wenn der Hund alleine auf die Hörzeichen TÜRE AUF oder TÜRE ZU selbstständig je nach Gegebenheit handelt.

Wie motivieren Sie Ihren Hund dazu, den Trick mit Spaß auszuführen? Generell wird der Hund zunächst für jeden Teilschritt belohnt. Bei steigender Sicherheit des Hundes fällt an immer anderen Stellen die Belohnung auch mal weg. Den größten Ansporn können Sie erreichen, wenn Sie Ihren Schüler nach der letzten Übung des Tages mit seiner vollen Tagesration Futter belohnen. Sie werden sich wundern mit welchem Einsatz Ihr Vierbeiner seine letzte Übung durchführt, wenn er weiß, dass auf der anderen Seite der Türe sein absolutes Lieblingsspielzeug oder seine gefüllte Futterschüssel wartet!

So setzen Sie die einzelnen Übungseinheiten des Tür-Tricks zusammen, wenn der Hund seine Schnauze benutzen soll: Die Voraussetzungen sind hier, dass die Türe einen kleinen Spalt offen ist und nicht klemmt. Der Hund steht ruhig dicht vor der Tür. Um seine Nase in Kontakt mit ihr zu

Eine Türe zu öffnen ist für Nouni kein Problem.

bringen, bieten Sie ihm in seiner Nasenhöhe mit der Hand direkt an der Türe einen Belohnungshappen an. Holt sich der Hund das Guti, stößt er automatisch mit der Nase an die Türe. Sie geben gleichzeitig das Hörzeichen NASE DA. Nun öffnen Sie die nach außen schwingende Tür einen Spalt. Mit dem Kommando NASE DA – TÜRE AUF weichen Sie dem zuschnappenden Fang Ihres Hundes immer in Richtung aufgehender Türe aus. Der Hund will den Brocken haben und stößt dabei wie von selbst die Tür auf. NASE DA – TÜRE ZU funktioniert dann automatisch, wenn die Türe nach innen schwenkt.

Sie haben ein Zwischenziel erreicht, wenn der Hund nach ca. 2 Wochen den Trick heraus hat. Sie müssen ihm dann nur noch TÜRE AUF oder TÜRE ZU zurufen. Der Hund kann aber noch nicht die Seiten der Türe wechseln. Das Wechseln des Raumes mit GEH REIN lernt der Hund, indem Sie zunächst mit Ihrer Hand in die gewünschte Richtung zeigen und den Schüler gleichzeitig sanft durch die Tür leiten. Ist er durch die Tür gegangen, ist ein Guti fällig, das Sie ihm zuwerfen. (Nicht den Fehler begehen, den Hund zu sich zu rufen oder zu sich kommen zu lassen und ihn dann belohnen!) Ihr Hund wechselt nun alleine auf Ihr Kommando hin in den anderen Raum.

Zunächst begleiten Sie Ihren Racker, wenn er, um die nach außen schwingende Türe zuzuschieben, den Raum wechseln muss. Notfalls erinnern Sie ihn mit dem Guti in der Hand, was TÜRE ZU bedeutet. Das Endziel vor Augen, bauen Sie Ihre Hilfen nach und nach ab, bis der Vierbeiner auf GEH REIN – TÜRE ZU selbstständig den Raum wechselt und die Türe mit der Schnauze zuschiebt. Die Endbelohnung erhält der Hund entweder von einer Hilfsperson im zweiten Raum oder Sie öffnen die Tür und geben dem Hund dann die Belohnung. Beim GEH REIN – TÜRE AUF befindet sich der Hund nach Abschluss der Übung wieder im ersten Raum. Wenn der Hund auf TÜRE AUF bzw. TÜRE ZU selbstständig erkennt, ob er den Raum wechseln muss oder nicht, können Sie dem Hund und sich gratulieren. Sie beide haben einen ganz schön schwierigen Trick gelernt!

Vorsicht! Es ist sehr leicht möglich, dass Ihr schlauer Vierbeiner anfängt, das Gelernte nicht nur zu Ihrer Freude oder Unterstützung einzusetzten, sondern auch für sich selbst Nutzen daraus schlägt. Wenn sich der Hund nicht nach Lust und Laune einen Spaziergang im Garten oder gar auf der Straße beziehungsweise ein Mittagsschläfchen in Ihrem Bett gönnen soll, müssen Sie alle entsprechenden Türen abschließen. – Aber stellen Sie sich die Gesichter Ihrer Partygäste vor, wenn Ihnen nicht Sie, sondern Ihr Hund die Türen öffnet.

Ein Gläschen Champagner gefällig?

Benötigte Utensilien: Belohnung; ein Sektkübel (Henkel mit Leder oder Stoff überzogen), Eis, eine leere und eine volle Flasche Sekt oder Champagner

Überraschen Sie Ihre Partygäste mit einem vierbeinigen Kellner, der galant den Champagner serviert. Für den Trick muss der Hund apportieren können (siehe Seite 110 ff.). Als Champagnerkellner kommen nur sehr große und kräftige Hunde in Betracht. Schließlich müssen sie lernen, eine große Flasche Champagner in einem echten Sektkübel zu servieren, ohne dass der Kübel am Boden schleift. Nicht alle Hunde sind zum Apportieren geboren. Damit aber auch dem Hund dieser noble Trick Spaß macht, fangen Sie am besten schon im Welpenalter mit dem Training an.

Gehen Sie mit dem Hund so um, dass es für ihn eine Freude ist, etwas für Sie zu tun. Das heißt die Motivation muss stimmen und die Belohnung für jeden erreichten Teilschritt muss überwältigend sein. Zunächst nehmen Sie den Henkel von dem Kübel ab, umwickeln ihn in der Mitte mit Stoff oder Leder und überlassen ihn unter Aufsicht dem Welpen zur Erkundung. Loben Sie Klein-Herkules kräftig, wenn er den Henkel von sich aus aufnimmt und herumträgt. Die Stoff- oder Lederumwicklung animiert den Welpen zum Aufnehmen. Die Henkel-Übung wird konsequent wiederholt, wenn der Hund heranwächst. Bald wird er sich auf die Übungsstunde mit dem Henkel freuen und Sie können kleine Gewichte am Henkel anbringen, die Sie nur ganz allmählich schwerer machen.

Erst wenn der Hund groß genug ist, um den Eimer zu tragen, ohne dass dieser am Boden schleift, hängen Sie den Kübel wieder an den Henkel (ohne zusätzliche Gewichte). Der Hund hat inzwischen das Apportieren gelernt und er reagiert auf die entsprechenden Kommandos. Wenn er den leeren Kübel tragen gelernt hat, füllen Sie nach und nach immer mehr Gewicht hinein. Schließlich ist Herkules so weit, dass er den Kühler mit einer leeren Flasche tragen kann. Fügen Sie nun nach und nach Eis dazu. Der Hund ist nun gewöhnt, immer schwerere Gewichte zu tragen. Wiegen Sie den Sektkübel mit der geplanten Flasche und dem Eis einmal ab. So haben Sie einen wichtigen Anhaltspunkt, wie weit Ihr Training gehen muss. Eines Tages werden Sie dann die leere Flasche durch eine volle ersetzen können.

Wenn Sie einem schon älteren Hund den Trick beibringen wollen, müssen Sie daran denken, dass solch ein Dienst selbst für geübte

Nicht ganz stilecht serviert Donar statt Champagner ein bekanntes Erfrischungsgetränk.

Apportierer zunächst ungewohnt ist. Die meisten Hunde schrecken erst einmal vor dem schlenkernden Kübel zurück. Der Erfolg ist aber nur eine Frage der Geduld. Bei sehr eifrigen Hunden können Sie schließlich auf das Umwickeln des Henkels verzichten. Aber nicht alle Hunde nehmen gerne Metall in den Fang. Für die Wirkung des Tricks auf Ihre Partygäste wäre das aber vorzuziehen.

Verkneifen Sie es sich aber den Trick aufzuführen, bevor er nicht wirklich hundertprozentig sitzt und Ihr Hund den vollen Kübel wie selbstverständlich trägt. Dann aber setzen Sie Ihren vierbeinigen Kellner so richtig in Szene. Bitten Sie Ihre Gäste Platz zu nehmen. Der Hund wartet (eventuell mit einer Hilfsperson) in einem Nebenzimmer. Kündigen Sie dann einen Aperitif an und rufen Sie den Hund, der mit dem Sektkühler hereinkommt. Wenn Sie noch eins drauf setzen wollen, läuft der Hund sofort wieder in die Küche und holt eine weiße Stoffserviette, in die Sie die Flasche wickeln. Kübel und Serviette liefert Ihr Hund formvollendet bei Ihnen ab. Achten Sie auch schon beim Üben darauf, dass der Hund den Kübel wirklich erst auf Kommando AUS abgibt! Es wäre schade, wenn die Wirkung des Tricks verpuffen würde, weil Ihnen der Hund seine Last einfach vor die Füße fallen lässt.

Der Hund als Kellner

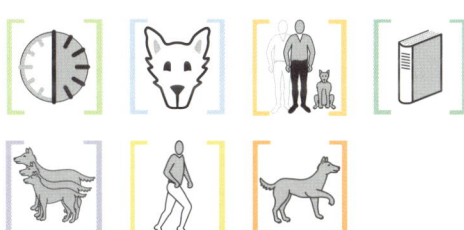

Benötigte Utensilien: Belohnung; ein Henkelkörbchen; Knabbereien; ein Tuch

Mit diesem Trick werden Sie auch hartgesottene Ignoranten von der Klugheit Ihres Hundes überzeugen und umstimmen. Laden Sie sich

Gäste ein. Vielleicht gefällt Ihnen ja der vorhergehende Trick mit dem Champagner und Ihr Hund brilliert schon damit. Wenn Sie ihn ausbauen möchten, dann ist eine verborgene Hilfsperson in der Küche sehr nützlich, die dem Hund nacheinander den Sektkübel, die weiße Serviette und schließlich das Körbchen für Knabbereien in den Fang gibt. Diese Person kann dem Hund auch noch mal seinen Auftrag mit auf den Weg geben. Sie können den Hund aber auch »nur« für letztere Aufgaben ausbilden. Wie schon bei dem Champagnerkellner müssen Sie auch für diesen Trick viel üben. Zunächst spielt der richtige Korb eine große Rolle. Außerdem muss Ihr Hund apportieren können. Deshalb sollten Sie seine Kenntnisse im Apportieren auf Hörzeichen auffrischen (siehe Seite 110 ff.).

Besorgen Sie zunächst ein Henkelkörbchen, das Ihr Hund tragen kann. Es muss gerade hängen und sollte nicht an die Brust stoßen, sonst stört und behindert es den Hund zu sehr. Lassen Sie den Hund zunächst den leeren Korb tragen: NIMM – HALTEN. Wenn der Hund ihn fallen lässt, lassen Sie ihn den Korb selbst wieder aufnehmen. Achten Sie darauf, dass der Hund den Korb mit festem Griff nimmt und nicht nur eben gerade mit den Vorderzähnen hält. Lassen Sie den Hund neben sich, den Korb tragend, kleine Strecken gehen. Üben Sie das immer nur ein paar Minuten am Tag, damit er sich allmählich an das Körbchentragen gewöhnt. Loben Sie ihn ausgiebig dafür.

Aber der Hund soll das Körbchen ja nicht nur hereintragen, sondern die kleinen Köstlichkeiten später auch den einzelnen Gästen servieren. Bitten Sie zu diesem Zweck Ihre Familie zum Essen. Lassen Sie Ihre Gäste im Wohnzimmer Platz nehmen. Am besten es ergibt sich für den Hund eine übersichtliche Kette. Sie können nun den Hund von Gast zu Gast schicken, indem Sie die Personen benennen – GEH ZU KARIN etc. Der Trick funktioniert dann aber auch nur mit diesen Per-

Flat-Coated Retriever Gismo spielt gerne den Kellner.

sonen. Besser Sie lehren dem Hund mit NÄCH-STER einfach den Nebenmann oder die Nebenfrau anzusteuern. (Schieben Sie den Hund notfalls etwas an, bzw. der Gemeinte lockt ihn zu sich.) Jeder tut so, als nehme er etwas aus dem Körbchen und lobt den vierbeinigen Kellner begeistert. Das viele Lob und die Aufmerksamkeit werden Ihren Hund restlos überzeugen, dass sein neuer Job jede Mühe wert ist.

Nun können Sie den Korb zur Hälfte mit Gebäck oder Nüssen füllen. Wenn Ihnen das lieber ist oder wenn Sie pingelige Freunde haben, decken Sie die Sachen mit einer Serviette ab. Oder Sie nehmen von vornherein ein Picknick-

körbchen mit Deckel. Manche Hunde reagieren auf die köstlichen Düfte aus dem Körbchen mit mehr oder weniger langen Schleimfäden, die auf Keksen nicht sonderlich appetitlich sind. Fordern Sie den Hund nun wieder auf jede einzelne Person anzulaufen. Er muss so lange warten, bis sich der/die Betreffende etwas aus dem Korb genommen hat. Bitten Sie vor allem am Anfang, dass der Hund verbal kurz gelobt wird. Erst nach dem letzten Gast rufen Sie den Hund zu sich heran und belohnen ihn mit Extralob und einem Bissen. Es empfiehlt sich eine Belohnung, die nicht aus dem Körbchen stammt, um den Hund nicht dazu zu verführen sich selbst zu bedienen.

Bühnenreife Tricks für ein Publikum

Wie wär's mit einem Tänzchen?

Benötigte Utensilien: Belohnung; bequemes Halsband und eine kurze Leine

Dieser Trick ist nicht für alle Hunde geeignet. Kleine, agile Hunde werden diesen Trick oft schon von sich aus zeigen. Um mit Augen und Nase die Umgebung nur ja zu erfassen, strecken sie sich so weit wie möglich und balancieren dabei auf den Hinterbeinen. Aber auch einem mittelgroßen Hund (bis ca. 50 cm) kann man diesen Trick relativ leicht lehren.

Legen Sie Ihrem Hund ein bequemes aber nicht zu weites Halsband an. Haken Sie an dieses eine maximal 1 m lange Leine. Nehmen Sie die Leine in die linke Hand und eine Belohnung

in die rechte. Halten Sie die Belohnung gerade so hoch, dass der Hund sie, auch wenn er sich auf die Hinterbeine stellt, nicht erreichen kann. Wenn der Hund nicht gleich versteht, was Sie von ihm wollen, geben Sie ihm mit der Leine einen leichten Ruck nach oben. Die ersten Male bekommt der Hund die Belohnung sofort, wenn er ein paar Sekunden auf den Hinterbeinen gestanden hat. Als Hörzeichen für die Übung könnten Sie AUF DIE HINTERBEINE auswählen.

Der Körper Ihres Hundes muss immer aufrecht stehen. Die meisten Hunde versuchen, sich am Anfang mit den Vorderpfoten irgendwo abzustützen, meist an Ihrem Körper. Das ist eine Lernhilfe, die Sie am Anfang zulassen können. Diese Phasen sollten aber immer kürzer werden. Beschränken Sie die Übungszeit auf 2–3-mal täglich 5 Minuten. Sie dürfen nicht vergessen, dass Ihr Hund auch erst die entsprechenden Muskeln aufbauen muss, bevor er ein längeres Stück auf den Hinterbeinen gehen kann.

Sollte Ihr Hund einmal aus der Balance kommen, ziehen Sie die Leine leicht nach oben, aber nicht so, dass der Hund gewürgt wird. Es geht nur darum, dass ihm die Situation etwas unangenehm ist und er sich anstrengt wieder in die

Collie-Rüde Sabut führt für ein Guti ein Tänzchen vor.

Sobald Ihr Liebling sicher auf den Hinterbeinen steht, treten Sie ungefähr 1 m von ihm weg und locken ihn mit einem Guti zu sich. Dabei müssen Sie natürlich darauf achten, dass er auf den Hinterbeinen bleibt. Ihr Hund lernt so die Verknüpfung von zwei Kommandos: AUF DIE HINTERBEINE – KOMM. Mit einem »Leit-Bissen« könnten Sie den Vierbeiner schließlich dazu veranlassen zu TANZEN. Diese Übung ist allerdings nur für kleinere, sehr agile Hunde geeignet.

Der »verletzte« Hund, Humpeln

Benötigte Utensilien: Belohnung; ein bequemes Halsband und eine ca. 2 m lange Leine

Manche Hunde haben schon von sich aus nach einer Verletzung herausgefunden, dass die Ich-armer-Hund-kann-nicht-mehr-laufen-Masche nicht nur ältere Damen zu Tränen rührt. Tatsächlich sind die meisten Leute sehr erstaunt, dass ein Hund das Hinken auch lernen kann. Und dabei ist der Trick gar nicht so schwer, wie es zunächst scheint. Es ist von Vorteil, wenn Sie Ihrem Vierbeiner von Anfang an das Anheben der rechten Pfote beibringen. So kann es auch keine Konfusionen mit anderen Tricks geben. Zum Üben benötigen Sie die richtigen Leckerbissen, ein Halsband und eine ca. 2 m lange Leine. Üben Sie zunächst in einer Gegend mit möglichst wenig Ablenkung. Der Trick setzt sich aus vier Komponenten zusammen:

1. Der Sitz-Position: SITZ
2. Das Hochheben der Pfote im Sitzen:
   SITZ – HINK BLEIB

Balance zu kommen. Lassen Sie die Leine auf jeden Fall locker, sobald der Hund sich fallen lässt. Überanstrengen Sie den Hund nicht und belohnen Sie ihn anfangs auch für kurze Zeiten auf den Hinterbeinen. Sie müssen ein Gespür dafür bekommen, was Sie Ihrem Vierbeiner zutrauen können, ohne dass er die Lust an der Übung verliert.

3. Das Hochheben der Pfote im Stehen:
STEH – HINK BLEIB
4. Das eigentliche Humpeln: VORAN (oder HIER)
HINK

Üben Sie die einzelnen Punkte nacheinander. Gehen Sie erst weiter im Programm, wenn der bisherige Lernstoff wirklich sitzt. Das SITZ gehört zur Grundausbildung und macht Ihrem Hund hoffentlich keine Schwierigkeiten mehr. Schreiten wir gleich zu Punkt zwei weiter.

Lassen Sie Ihren Hund sich setzen. Knien Sie sich vor Ihren Schüler. Die Leckerchen müssen in greifbarer Nähe sein. Sie nehmen mit Ihrer linken Hand seinen rechten Fuß vorsichtig hoch und geben das Kommando HINK. Ein BLEIB bedeutet dem Hund, dass er in dieser Position verharren muss, bis Sie das Auflösungswort sagen, z.B. FERTIG oder OKAY. Der Hund darf die Pfote wieder herunternehmen und bekommt sofort ein Leckerchen.

Stellen Sie sich darauf ein, dass Sie diese Übung ziemlich oft machen müssen. Wenn Sie das Kommando BLEIB HINK geben, warten Sie 1 oder 2 Sekunden, um dem Hund eine Chance zu geben, die Pfote selbst zu heben. Tut er es nicht, geben Sie sofort die Hilfen. Gehen Sie vom regelrechten Anheben der Pfote langsam dazu über, die Pfote an den Zehennägeln nur noch anzutippen. Wenn der Hund das erste Mal die Pfote auf das Hörzeichen HINK von selbst hebt, machen Sie ein großes Fest für den Hund daraus und sparen Sie nicht mit Lob. Es kann sein, dass Ihr Hund versucht, nur die Pfote leicht zu heben und nicht den Fuß. Dann stupsen Sie immer wieder gegen die Pfote. Schließlich wird Ihr Vierbeiner begreifen.

Nun gehen Sie langsam dazu über, eine immer längere Zeit, die die Pfote angehoben sein muss, zu verlangen. Sie haben ein Zwischenziel erreicht, wenn der Hund 30 Sekunden den Fuß hebt.

Nun zu Schritt zwei: Lehren Sie Ihrem Hund zunächst das STEH. Dabei steht der Hund ruhig und belastet alle vier Pfoten. Sie üben mit dem Hund, indem Sie ihn an der Leine kurz FUSS gehen lassen und dann anhalten. Der Hund wird

Hat sich Deutsch-Drahthaar-Rüde Olex »verletzt«? Er humpelt dramatisch.

versuchen sich abzusetzen. Halten Sie dann mit der rechten Hand das Halsband des Hundes unter Kontrolle und heben Sie ihn mit der linken Hand unter seinem Bauch wieder hoch – STEH. Achten Sie darauf, dass der Hund wirklich ruhig steht, bevor Sie ihn mit FERTIG wieder entlassen. Bauen Sie nach und nach die Hilfen ab, bis der Hund auf Kommando STEH fest steht. Dann hat sich der Hund aber auch ein großes Lob verdient.

Üben Sie nun das HINK im Stehen. Der Hund muss im Stand seine Pfote wieder heben. Der Aufbau entspricht demjenigen aus dem Sitzen. Hebt der Hund im Stehen die Pfote sicher, üben Sie die Kombination SITZ HINK – (AUF) STEH HINK. Dies ist für den Hund nicht ganz einfach.

Es wird eine Zeit dauern, bis er sein Gleichgewicht gefunden hat. Nun ist es Zeit, mit der letzten Aufgabe, dem eigentlichen Hinken, anzufangen. Befestigen Sie dazu die ca. 2 m lange Leine am Halsband des Hundes. Falls Sie ein Zughalsband benutzen, haken Sie die Leine nicht auf Zug ein. Führen Sie nun die Leine zur Unterstützung der Hinke-Pfote unter dem Fuß entlang zu Ihrer Hand.

Zunächst stehen Sie direkt gegenüber dem Hund und geben die Anweisung HINK VORAN. Geben Sie dem Hund Zeit. Er muss sich erst an die ungewohnte Bewegung auf drei Pfoten gewöhnen. Anfangs wird er seine erhobene Pfote sicherlich auf die Leine stützen. Das ist in Ordnung. Freuen Sie sich über jeden einzelnen Schritt und zeigen Sie es dem Hund auch. Locken Sie den Hund ruhig für die ersten Schritte mit einer Belohnung. Nach und nach verlangen Sie mehr Schritte, bevor Sie die Belohnung herausrücken. Sobald sich der Hund nicht mehr an der Leine abstützt, geben Sie diese Unterstützung auf, lassen die Leine aber am Halsband. Für eine ganze Weile führen Sie die Leine noch unter der Pfote durch, sodass sie im Notfall dem erhobenen Fuß Unterstützung gewähren kann – NEIN HINK. Erst wenn der Hund über eine längere Trainingsperiode (ca. 2 Wochen) einige Schritte ohne Unterstützung durch die Leine hinkt, entfernen Sie die Leine.

Sobald der Hund ca. 20 Schritt einwandfrei hinkt, können Sie mit der Feinarbeit beginnen. Schließlich soll Ihr Hund ja verletzt wirken. Dazu passt es einfach nicht, wenn der Hund bei der Arbeit freudig mit dem Schwanz wedelt und auf drei Pfoten dahinrast. Arbeiten Sie betont ruhig mit Ihrem Schüler. Früher oder später wird der Hund sich auf Ihre Gemütsverfassung einstellen und ebenfalls ruhiger werden. Achten Sie darauf, dass es so aussieht, als ob der Hund nach jedem Schritt zusammenbrechen könnte. Das geht nicht mit Zwang, sondern nur mit geduldigem Üben. Führen Sie das Hörzeichen LANGSAM ein. Anfangs müssen Sie den Hund notfalls mit der Leine bremsen, später soll der Hund alleine auf das Kommando langsamer und ruhiger arbeiten.

Tischlein deck dich

Benötigte Utensilien: Belohnung; ein Tisch in Hundehöhe; Teller und Besteck, das der Hund tragen kann; Stoffserviette; kleiner zusammengebundener Blumenstrauß

Für diesen Trick muss der Hund vor allem eines können: apportieren (siehe Seite 110 ff.).

Der zweite Teil des Tricks ist, dass der Hund die verschiedenen Gegenstände mit möglichst wenig fremder Hilfe richtig auf dem Tisch platziert. Wollen Sie diesen Trick perfekt vorführen, müssen Sie sich auf eine längere Übungszeit einstellen. Nehmen wir an, der Hund apportiert alle möglichen Gegenstände ohne Probleme. Wählen Sie nun erst einmal die Gegenstände aus, die auf Ihren Tisch kommen sollen. Der Tisch an sich darf nur so hoch sein, dass der Hund leicht auf ihm Gegenstände ablegen kann. Ganz gewiefte können natürlich auch einen Stuhl benutzen. Aber machen Sie es dem Hund am Anfang leicht und wählen Sie einen Tisch in passender Höhe. Das Tischtuch breiten Sie selbst über den Tisch aus.

Nun gibt es zwei Schwierigkeitsstufen: Einmal bringt Ihnen der Hund die Gegenstände und Sie legen Sie geordnet auf den Tisch. Die zweite Möglichkeit ist viel attraktiver, aber auch viel schwieriger zu lehren. Der Hund bringt die Gegenstände und legt sie selbst an den richtigen Platz. Die erste Möglichkeit brauchen wir hier nicht weiter erörtern, da es sich um reines Apportieren handelt. Aber nun zu Möglichkeit zwei. Hierfür muss der Hund lernen, einen Gegenstand nicht irgendjemand zu bringen, der ihn dann dem Hund abnimmt, sondern der Hund

Nouni serviert schon einmal die Knabbereien.

muss den Gegenstand selbst ablegen, möglichst noch an einen ganz bestimmten Platz.

Fangen Sie leicht an. Lassen Sie sich einen Gegenstand bringen, den der Hund gerne aufnimmt. Wenn der Hund nun mit dem Gegenstand im Maul erwartungsvoll vor Ihnen steht, führen Sie ihn am Halsband sacht an den kleinen Tisch neben ihnen und sagen zunächst nur AUS. Achten Sie darauf, dass der Hund wirklich erst auf Kommando den Gegenstand fallen lässt. Als nächstes lehren Sie dem Hund, den Gegenstand am richtigen Platz abzulegen und nicht einfach fallen zu lassen. Sie manipulieren die Schnauze des Hundes sanft über die richtige Stelle, drücken sehr behutsam seine Schnauze herunter und sagen dann LEGE ES DA HIN – AUS. Wenn der Tisch die richtige Größe hat, fällt das dem Hund nicht schwer.

Klappt es mit Hilfen, geht es nun darum, dass Sie sich langsam entfernen können und der Hund den Gegenstand trotzdem an den richtigen Platz legt. Befinden Sie sich anfangs direkt neben dem Hund, so gehen Sie nun Schritt für Schritt weiter weg. Der Hund soll auch nicht erst zu Ihnen laufen, sondern den Tisch direkt ansteuern. Es ist nun eine reine Fleißaufgabe, dem Hund beizubringen die verschiedenen Zubehöre an die richtige Stelle des Tisches zu legen. Aber machen Sie es dem Hund nicht zu schwer. Es ist publikumswirksamer, wenn der Hund den Teller, das Besteck, eine Serviette und vielleicht noch einen kleinen Blumenstrauß richtig auftischt, als dass zu viele Gegenstände ihn verwirren. Entweder der Hund holt sich die Gegenstände der Reihe nach selbst, oder, wenn das Ganze noch nicht so sitzt, gibt sie eine Hilfsperson dem Hund.

Dieser Trick ist wirklich nicht ganz einfach. Aber halten Sie durch! Ihr Publikum wird die Vorstellung lieben.

Der singende Hund

Benötigte Utensilien: Belohnung; eine akustische Quelle, die den Hund heulen lässt

Dieser Trick ist nicht für alle Hunde geeignet. Mit dem richtigen Hund ist das Singen allerdings gar kein schwerer Trick – und immer ein bezaubernder. Von allen Rassen haben die Schlittenhunde das größte Gesangstalent. Besitzer von solch nordischen Rassen werden nur allzu gut wissen, dass Ihrem Schützling die Stimmbänder locker sitzen. Schlagen Sie einen hohen Ton an, wird der Hund seinen Kopf in den Nacken werfen, die Schnauze auf 45 Grad, und mitheulen, solange der Ton anhält. Aber nicht nur Gesang löst eine Heularie aus. Sirenen aller Art animieren ebenfalls zum Mitsingen.

Haben Sie nun keinen Husky mit seinem Naturtalent, müssen Sie unter Umständen dennoch nicht auf den wirkungsvollen Trick verzichten. Die einzige Schwierigkeit besteht darin, den richtigen Ton zu finden, damit der Hund loslegt. Ich sollte einmal im Rahmen eines Filmprojektes einem Deutsch Drahthaar das Heulen beibringen. Ich habe alle nur erdenklichen Geräusche in Natur oder auf Tonband getestet – ohne Erfolg. In meiner Not habe ich mich an meine Geige erinnert, die ich zu Schulzeiten gespielt hatte. Als ich loslegte, rannte Olex verzweifelt von einer Ecke des Raumes zur anderen – ohne zu heulen. Schließlich habe ich diese offensichtliche Tortur beendet und mich damit abgefunden, dass die Szene umgeschrieben werden musste.

Aber geben Sie nicht zu schnell auf, versuchen Sie vor allem sirenenartige, hohe Töne. Setzen Sie nicht zuletzt auch Ihre eigene Stimme ein. Ihr hohes C könnte genau das Richtige sein. Machen Sie sich keine Gedanken über das Publikum, auch wenn Ihr Gesang nicht gerade liebreizend ist. Ihr Hund wird Sie mit seinem Heulen herausreißen und das Publikum wird applaudieren. Heult Ihr Hund nicht, sondern hält er sich die Ohren zu? Bingo. Vergessen Sie das Singen Ihres Hundes. Sie haben eben einen neuen Trick erfunden.

Tricks für geschickte Nasen und Pfoten

Der Seehund

Benötigte Utensilien: Belohnung; kleine Käse-, Wurstwürfelchen oder Ähnliches

Bei diesem Trick lehren Sie Ihrem Hund, ein Würfelchen Käse, Wurst oder Ähnliches auf der Nase zu balancieren, um es dann mit einer schnellen Bewegung der Schnauze in die Luft zu katapultieren und sich zu schnappen. (Als Balanciergegenstand eignet sich Käse besonders gut. Die meisten Hunde mögen ihn sehr gerne, er lässt sich leicht in Würfel schneiden und bleibt nicht auf der Hundenase kleben.) Diesen Trick müssen Sie in zwei Teilen lehren: das Balancieren und das Fangen.

Legen Sie sich genügend Belohnungshappen bereit. Lassen Sie den Hund sitzen – SITZ.

Schäferhund-Rüde Taran balanciert ein Stückchen Käse so lange auf der Nase, bis er das Zeichen FERTIG bekommt. Dann schnappt er sich den Leckerbissen.

Umfassen Sie sanft den Fang Ihres Vierbeiners, sodass der Hund ihn für 5 Sekunden still hält. Geben Sie dazu das Hörzeichen BLEIB. Wiederholen Sie den Vorgang 5-mal. Dann ist die erste Trainingsstunde vorbei. Später am Tag oder am nächsten Tag wiederholen Sie diese Übung. Diesmal platzieren Sie aber das Käsewürfelchen auf der Nase des Hundes. Sagen Sie BLEIB zum Hund und helfen Sie notfalls mit der Hand am Fang nach. Nach 5 Sekunden geben Sie den Hund frei – FERTIG – und belohnen ihn. Verwenden Sie aber nicht das Stück, das er balanciert hat, sondern etwas anderes, das er auch gerne frisst. Wiederholen Sie diese Übung 4-mal, dann hören Sie für diesen Tag auf. Fahren Sie zunächst noch fort, diesen Schritt zu üben, bis der Hund zuverlässig und ohne Handhilfe das Würfelchen mindestens 15 Sekunden auf seiner Nase balanciert. Nehmen

Sie dann den Würfel weg. Belohnt wird der Hund wiederum mit einem anderen Leckerbissen.

Wenn Ihr Vierbeiner wirklich perfekt balanciert, können Sie einen Schritt weitergehen. Wieder balanciert der Hund das Würfelchen auf seiner Nase. Diesmal schieben Sie mit dem Kommando FERTIG den Würfel von der Nase des Hundes zu seinem Maul. Der Hund darf den Würfel nun fressen. Sie können dem Hund helfen, auf Ihr FERTIG zu warten, bevor er sich den Würfel schnappt, indem Sie ihn verschieden lange Zeiten balancieren lassen. Nach 1–2 Tagen werden Sie bemerken, dass der Hund von sich aus versucht, den Würfel in die Luft zu schnellen. Belohnen Sie den Hund aber nur, wenn er Ihr Kommando FERTIG abgewartet hat. Wenn der Hund vorzeitig reagiert, sagen Sie NEIN und üben eine Zeit lang wieder nur das Balancieren.

Nun sind sie beide bereit, den Trick zusammenzusetzen. Legen Sie dem Hund das Würfelchen auf die Nase und sagen Sie BLEIB. Treten Sie ein paar Schritte zurück und warten Sie ein Zeit lang. Achten Sie auch hier darauf, dass die Zeit, die Sie den Hund warten lassen, variiert. Sagen Sie FERTIG und überschütten Sie den Hund mit Lob, wenn er sich nun das Käsewürfelchen holt.

Über einen Steg balancieren

Benötigte Utensilien: Belohnung; Halsband und Leine; ein möglichst höhenverstellbarer Steg

Für diesen Trick ist es notwendig das richtige Material zu haben. Überlegen Sie, welche Art von Steg Sie brauchen. Wollen Sie nur im eigenen Garten üben, können Sie einen festen Steg bauen. Soll der Steg transportabel sein, müssen Sie darauf achten, dass er aufgebaut genügend stabil ist. Nichts verunsichert einen Hund anfangs mehr als ein wackeliger Untergrund. Wählen Sie eine nicht zu schmale Breite (im Allgemeinen ca. 40 cm). Als Auf- und Abgang können Sie Rampen bauen, die mit Steigleisten versehen sind oder kleine geschlossene Treppen. Günstig ist es, wenn der Steg in der Höhe verstellbar ist.

Fangen Sie mit einem ca. kniehohen Steg an. Schon einen Welpen können Sie auf den Steg setzen und warten, bis er sich komfortabel und sicher fühlt. Halten Sie so lange Körperkontakt zu dem Kleinen, bis er das nicht mehr braucht und frei steht oder sitzt. Ist Ihr Kleiner ängstlich, verlangen Sie sonst nichts von ihm und nehmen Sie ihn vom Steg herunter. Wichtig ist von Anfang an darauf zu achten, dass der Hund

Riesenschnauzer Andy wagt sich für ein Guti vertrauensvoll immer weiter.

nicht von alleine seitlich abspringt. Er ist sofort zu korrigieren – NEIN.

Setzen Sie dann den Hund ruhig aber bestimmt genau an die Stelle, von der er abgesprungen ist. Den meisten Junghunden macht es bald Spaß über den Steg zu gehen. Versüßen Sie Ihrem Kleinen doch die Arbeit mit ein paar Leckerbissen, die er nach und nach findet, wenn er über den Steg geht.

Die Berührung durch sein Frauchen gibt Airedale Terrier Tobby Sicherheit.

Noch ist der Hund unbedingt an der Leine, die allerdings locker durchhängen sollte. Je sicherer Ihr Hund wird, desto eher wird er versuchen, über den Steg zu rennen. (Oder er ist besonders ängstlich und rennt, damit er das Ganze möglichst schnell hinter sich hat. Erkennbar ist dies an den meist weit ausgefahrenen Krallen. Der Hund muss erst noch Sicherheit gewinnen und lernen, dass er mit seinen Ballen einen viel besseren Halt hat.) Nun müssen Sie dem Hund das Hörzeichen LANGSAM lehren. Achtung! Aus langjähriger Erfahrung weiß ich, dass das Hörzeichen LANGSAM von 95% aller Hundeausbilder falsch bzw.

überhaupt nicht gelehrt wird. Die meisten rufen Ihrem eiligen Hund zwar LANGSAM hinterher, aber in der Regel erfolglos. Üben Sie das LANGSAM systematisch. Benützen Sie eine ca. 1 m lange Leine. Immer wenn der Hund zu schnell wird, sagen Sie LANGSAM und halten ihn mit der Leine zurück. Ständiges Gegenhalten verführt den Hund allerdings noch mehr zum Rasen. Vielleicht stemmt er sich sogar gegen die Leine. Kleine Leinenrucke sind das Gegenmittel. Denken Sie immer daran, dass der Hund möglichst im eigenen Gleichgewicht gehen sollte.

Führen Sie den Hund schließlich an durchhängender Leine oder frei gerade an das Hindernis heran. Ein seitliches Aufsteigen ist zu vermeiden. Zwanglos und mit beruhigenden Worten führen Sie den Hund über den Steg. Ein paar ausgelegte Leckerbissen erhöhen die Motivation ungemein und stoppen auch Raser. (Dies allerdings nicht zuverlässig.) Bei sehr niedriger Planke ist die Versuchung für den Hund groß abzuspringen. Verfahren Sie wie oben beschrieben, wenn es die Größe des Hundes zulässt. Wenn nicht, führen Sie den Hund sofort wieder auf den Steg und lassen ihn an der Absprungstelle anhalten. Werden die Planken höher, muss auf jeder Seite des Hundes notfalls ein Helfer bereitstehen. Auf keinen Fall soll der Hund von der Planke fallen oder springen. Beruhigende Worte, ein Leckerbissen und Ermunterungen sollen den Hund veranlassen weiterzugehen, wenn er wieder auf der Planke ist. Zwingen Sie den Hund zu nichts. Unbedingt sollten Sie darauf achten, dass er am Ende des Brettes nicht hektisch abspringt, sondern langsam absteigt. Notfalls bremsen Sie ihn mit der Leine kurz und sagen LANGSAM.

Vielleicht haben Sie weitergehende Ambitionen. Während ein Rettungshund vor allem langsam und bedacht alle Hindernisse angehen soll, muss der Agility-Hund Speed zeigen. Diese Hunde dürfen über die Planke rennen. Sie müssen nur die Kontaktzone am Ende des Hindernisses berühren. Aber auch für Agility-Hunde empfehle ich erst einmal die langsame Grundausbildung.

Die Wippe

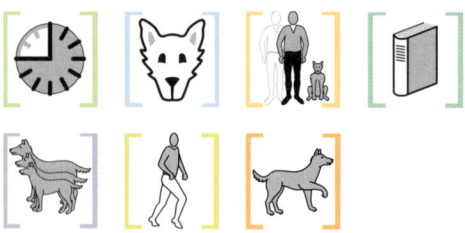

Benötigte Utensilien: Belohnung; Halsband und Leine; eine höhenverstellbare Wippe

Eine Wippe ist schnell gebaut. Besorgen Sie sich ein ca. 5 m langes, nicht zu schmales und sich nicht durchbiegendes Brett. Als Auflage für die Mitte können Sie ein Kant- oder Rundholz verwenden. Mit steigender Sicherheit des Hundes auch ein höheres Gestell.

Beginnen Sie am besten mit einer niedrigen Unterlage, die nur nach und nach erhöht wird. Führen Sie Ihren Vierbeiner ruhig an das Gerät heran und geleiten Sie ihn betont langsam über das Brett. Nähert sich der Hund dem Drehpunkt und beginnt die Planke zu schnell zu kippen,

reagieren viele Hunde, indem sie erschrocken versuchen sich festzukrallen und dann natürlich ins Rutschen kommen. Daher hält man den Hund in der Mitte etwas zurück, bis er gelernt hat, durch seine Körperbewegung die Bewegung des Brettes auszugleichen und ruhig auf allen vier Ballen stehen zu bleiben. Hier kann man auch eine Hilfsperson einsetzen, die das Kippen der Wippe bremst. Bei steilen Wippen ist die Ballenhaftung unbedingt erforderlich. Der erfahrene Hund geht bis zum Drehpunkt, bleibt stehen, balanciert das Kippen aus und geht dann weiter.

Fortgeschrittene Hunde kann man an der Wippe vor ein neues Problem stellen. Das Brett liegt nicht mehr einladend am Boden auf, sondern die Wippe befindet sich waagrecht im Gleichgewicht oder ist sogar zur anderen Seite hin geneigt. In beiden Fällen muss der Hund sich das Brett erst mit den Pfoten holen, bevor er aufsteigen kann.

Während des Aufbaues gehen Sie dazu über, sich immer weiter vom Hund zu entfernen, bis Sie schließlich in Grundposition vor der Wippe verharren und den Hund von hier aus losschicken. Wenn Sie wollen, können Sie dem Hund auch lehren, wieder über die Wippe zu Ihnen zurückzukommen.

Die Leiter

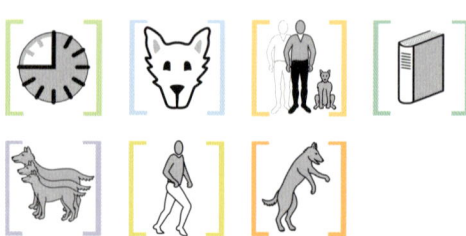

Benötigte Utensilien: Belohnung; Halsband und Leine; eine Leiter mit breiten Sprossen

Für den Anfang benötigt man möglichst eine Stufenleiter mit abgeflachten breiten Treppenstufen. Runde Sprossen sind für den Hund viel schwieriger zu begehen, da er an ihnen wenig Halt findet. Die Leiter muss länger sein als der

Dieser Hund balanciert auf der Wippe selbstständig und sicher den Kippunkt aus.

Die Sprossen der Leiter sind für den Anfang sehr breit. So lernt die Schäferhündin Mücke den Abstieg sicher zu meistern.

auf den Hinterpfoten stehende und sich streckende Hund, sonst besteht für den Hund die Versuchung einfach hinaufzuspringen. Die Leiter muss gut verankert sein. Sie darf nicht wegrutschen oder wackeln. Erste Versuche können auf einer nicht zu hohen waagrechten Leiter durchgeführt werden. Zum Klettern muss die Leiter dann genügend steil stehen. Sie sollte auf eine ausreichend breite Auflage führen.

Zu Beginn wird der Hund angeleint gerade an die Leiter herangeführt. Mit Worten, Klopfen auf die Sprossen oder auch einem Leckerbissen wird der Hund angeregt hinaufzusteigen. Bei der Leiterübung sollten Sie dem Hund anfangs auch durch Körperkontakt Sicherheit geben. Dazu stellen Sie sich neben die Leiter, streicheln den Hund und reden ihm beruhigend zu. Ist die Leiter noch flach, können Sie leicht den Arm unter den Bauch des Hundes halten (ohne ihn zu berühren). So können Sie Ihren Freund bei einem Ausrutscher sofort auffangen. Zunächst einmal reicht es, wenn der Hund nur die Vorderpfoten aufsetzt und sich mit diesen die einzel-

nen Sprossen hoch tastet, bis die Hinterläufe gestreckt sind. Jetzt tritt ein Helfer in Aktion. Er ergreift einen Hinterfuß und setzt ihn vorsichtig auf die unterste Stufe der Leiter. Wird der Hund nervös, beruhigen Sie ihn und brechen die Übung vorerst mit FERTIG ab. Auf keinen Fall dürfen Sie schimpfen! Nur Geduld führt zum Ziel. Ein neuer Versuch wird erst am nächsten Tag gestartet.

Bleibt der Hund ruhig, belastet er die aufgesetzte Hinterpfote und beginnt er sich hochzuschieben, kann es sein, dass er schon von alleine versucht, die andere Pfote nachzuziehen. Oftmals wird er aber noch unsicher in der Luft rudern und nur durch Zufall einen Halt finden. Bei dieser Übung zeigt sich immer wieder, dass die Hunde mit der Koordination der Bewegung ihrer Hinterpfoten Schwierigkeiten haben. So muss dann ein Helfer die Pfote an die richtige Stelle führen. Macht der Hund keine Anstalten, die zweite Pfote zu benutzen, greift der Helfer ebenfalls ein und setzt den Fuß höher. Nach jeder Stufe gewähren Sie Ihrem Vierbeiner, wenn er will, eine kleine Verschnaufpause. Hast muss unbedingt vermieden werden.

Begrüßen Sie jede Initiative vom Hund mit zurückhaltender Begeisterung, also in der Stärke wohl dosiert, um den Hund nicht zu einer schnellen, unbedachten Handlung zu verführen.

Mücke setzt auf der waagrechten Leiter vorsichtig Pfote um Pfote auf.

Nicht die Quantität des Lobes ist ausschlaggebend, sondern die Qualität. Geben Sie Ihrem Hund das Gefühl, dass er im Begriff ist, eine ungeheure Tat zu vollbringen und dass Sie »mächtig stolz« auf ihn sind – und geben Sie ihm vor allem, wenn notwendig anfangs auch durch körperlichen Kontakt, Sicherheit (ohne ihn zu bedrängen).

Viele Hunde lernen das Leitersteigen erstaunlich schnell. Aber Vorsicht! Die Übung erfordert vom Hund sehr viel Konzentration. Wiederholen Sie sie zu oft, dann macht vor allem der unerfahrene Hund schnell Fehler. Er wird zu schnell, rutscht ab und stößt sich oder fällt gar von der Leiter. In Zukunft wird solch ein Hund die Kletterübung nur noch mit Hemmungen angehen. Und es soll doch auch dem Hund Spaß machen. Öfter als 3-mal am Tag sollten Sie das Leitersteigen nicht verlangen.

Je weiter fortgeschritten Ihr Hund ist, desto weniger werden Sie ihn beim Üben unterstützen. Seien Sie aber immer bereit, dem Hund bei Schwierigkeiten zu helfen. Gute Leistungen beim Leitersteigen sind zum großen Teil auch eine Vertrauenssache zwischen Hund und Führer.

Hol´s-Stöckchen-Tricks – Apportieren mit Variationen

Die »Grundausbildung«

Benötigte Utenlilien: Belohnung; Holzhantel oder andere Apportiergegenstände

Das Apportieren ist Grundlage für eine Vielzahl von Tricks. Es gibt Hunde, die zum Apportieren geboren sind, so alle Retriever-Rassen, und es gibt Hunde, die man erst überzeugen muss, dass Apportieren viel Spaß machen kann und vor allem von Frauchen oder Herrchen sehr geschätzt wird. Und die meisten Hunde lieben es, ihrem Frauchen oder Herrchen zu gefallen. Beim Apportieren brauchen Sie besonders viel Geduld und Einfühlungsvermögen. Aber die Mühe lohnt sich. Ihrem Hund steht dann die ganze Welt der Hundekunst offen. Auch wenn Sie dem Hund das Apportieren spielerisch beibrin-

gen – es übt einen positiven Einfluss auf die Disziplin des Hundes allgemein aus.

Fangen Sie mit einem Gegenstand an, den der Hund von sich aus gerne ins Maul nimmt und trägt. Das soll aber eher nicht das Lieblingsspielzeug des Hundes sein, mit dem er nach Belieben herumtobt, sonst würde er »den Ernst der Lage« nicht begreifen und Sie müssten unnötig Zwang ausüben. Oft ist eine einfache Holzhantel, deren Steg vielleicht mit einem Stück Gummi weicher gemacht wird, das beste Mittel der Wahl. Gewicht und Größe der Hantel müssen sich der Größe und Stärke des Hundes anpassen. Kleine Hunde sind keine Gewichtheber und große könnten ein zu mickriges Apportierholz nicht ernst nehmen.

Üben Sie zunächst ohne Ablenkung. Lassen Sie den Hund vor sich sitzen und halten Sie ihm das Holz vor die Schnauze. Wenn er es von sich aus nimmt, ist das fantastisch. Sie geben sofort das Hörzeichen BRING dazu und loben den Hund sehr. Wenn nicht öffnen Sie ihm sanft die Schnauze und schieben ihm das Holz in den Fang – BRING. Jetzt kommt aber die nächste Klippe. Der Hund muss das Holz so lange Sie es wollen im Fang behalten. Geben Sie sich anfangs mit Sekunden zu frieden. Auf AUS darf der Hund

Schäferhündin Sheela nimmt die geworfene Holzhantel sicher auf und bringt sie ihrem Frauchen. Dafür gibt es ein großes Lob.

das Apportierholz Ihnen wieder geben. Loben Sie den Hund. Verweigert der Hund rigoros das Öffnen des Fangs zum BRING, fassen Sie mit einer Hand über den Fang und drücken die Lefzen leicht gegen die Zähne. Dies ist dem Hund zwar unangenehm, aber er wird das Maul öffnen. Unterstützen Sie das Halten anfangs mit einer Hand unter dem Kinn. Mit der anderen Hand streicheln Sie seinen Kopf. Schritt zwei ist nun geschafft. Üben Sie den Vorgang so lange, bis der Hund das Bringholz auf einmaliges Hörzeichen aus Ihrer Hand nimmt und mindestens 30 Sekunden festhält. (Spuckt der Hund das Holz aus, geben Sie es ihm wieder in den Fang.)

Jetzt geht es darum, dass der Hund das Holz auch dann aufnimmt, wenn es auf dem Boden liegt. Um dies zu erreichen platzieren Sie das Holz auf zwei Böcken (auch ein paar dicke Bücher können hier gute Dienste tun), sodass der Mittelsteg für den Hund gut fassbar ist. Halten Sie das Halsband des Hundes in der Faust, sodass Sie mit einer Drehung der Hand unter dem Halsband den Hund veranlassen können den Fang zu öffnen und das Holz zu nehmen. Hat er das Holz aufgenommen, lassen Sie den Druck auf das Halsband sofort weg und loben den Hund. Reduzieren Sie nach und nach die Höhe der Hilfsböcke, bis der Hund das Holz selbstständig vom Boden aufnimmt. Wenn Sie einfühlsam genug gearbeitet haben, wird der Hund spätestens jetzt das Holz gerne nehmen, um sich ein dickes Lob und eine Belohnung abzuholen.

Bis jetzt haben Sie noch unmittelbar neben dem Hund gestanden. Jetzt lassen Sie den Hund wiederum sitzen und legen das Bringholz zwischen sich und dem Hund. HIER BRING! Der Hund sollte nun schnell zum Holz laufen und es ihnen freudig bringen. Weiten Sie die Entfernung zwischen dem Hund, dem Holz und Ihnen immer weiter aus, bis der Hund ca. 5 m apportiert. Üben Sie nun auch das Holz zu werfen, während der Hund neben Ihnen sitzt. Wenn der Hund in allen Situationen und auch unter Ablenkung freudig alle möglichen Gegenstände apportiert, haben Sie den größten Schritt getan.

Neben der oben beschriebenen Methoden gibt es noch andere, dem Hund das Apportieren sicher beizubringen. Bei gut erzogenen, übersensiblen Hunden muss man jede Art von Zwang weglassen. Fehler werden wortlos korrigiert, richtige Aktionen blumig gelobt und direkt eingreifende Hilfen möglichst vermieden. Dieser Weg ist meist länger als der oben beschriebene und funktioniert nur bei absoluter Konsequenz, aber dafür apportiert der Hund dann ebenso freudig alles, was er schleppen kann. Sie sollten auch das Kommando HALTEN üben, wenn der Hund etwas im Maul behalten soll, bis er weitere Anweisungen erhält. Es ist auch sinnvoll und später nützlich, wenn der Hund das Kommando NIMMS kennt und so befolgt, dass er den bezeichneten Gegenstand aufnimmt und hält.

Nützliche Anwendungen

Die Liste der Dinge, die Sie sich von Ihrem Hund bringen lassen können, ist schier unendlich. Achten Sie beim Üben darauf, dass Sie nicht nur das Gewicht wechseln, sondern auch das Material der Dinge, die ihr Vierbeiner apportieren soll. Die meisten Hunde nehmen weiches Material und Holz lieber als harte Gegenstände und Metall. Wie praktisch ist es aber, wenn Ihr Hund einen verlorenen Schlüsselbund findet und Ihnen zurückbringt. Oder Sie haben die Hände voller Einkaufstaschen und dann rutscht Ihnen auch noch der Türschlüssel aus der Hand. Wohl dem, der dann einen »metallfesten« Hund hat, der ihm den Schlüssel aufhebt und in die Hand abgibt.

Geradezu ein Klassiker ist der Hund, der die Zeitung bringt. Apportieren kann Ihr Hund schon, Sie müssen dann nur noch dafür sorgen, dass die Zeitung am Gartentürchen so hinterlegt wird, dass der Hund sie sich holen kann. Zum Beispiel kann er sie aus einer Röhre ziehen. Gehen Sie dazu mit Ihrem Hund zu der Röhre, zeigen Sie auf die Zeitung und sagen Sie BRINGS. Helfen Sie anfangs nach, damit die Zei-

Nouni muss dringend Gassi gehen.

Schäferhund Donar hat einen Nebenjob als Zeitungsjunge.

tung wirklich leicht aus der Röhre gleitet. Bauen Sie diese Hilfen nach und nach ab, so wie Sie die Entfernung zwischen dem Gartentürchen und Ihnen stückweise erweitern. Zuletzt öffnen Sie die Haustür, schicken Ihren Hund zum Zeitungsholen und freuen sich riesig, wenn der Hund stolz mit der Zeitung im Maul zu Ihnen kommt.

Sehr nützlich und für den Hund stark motivierend ist auch, wenn er durch das Bringen seiner Schüssel oder der Leine anzeigt, dass er Hunger hat, die Wasserschüssel leer ist oder er dringend hinaus muss. Bei Schüsseln nimmt der Hund die am leichtesten, die aus Plastik sind und keinen besonderen Rand haben. Die Leine muss so verwahrt werden, dass sie der Hund auch leicht nehmen kann. Zum Üben gehen Sie, wenn der Hund Hunger hat, mit ihm zu seiner Schüssel und lassen sich die Schüssel geben. Fragen Sie den Hund dazu HAST DU HUNGER? und füllen Sie die Schüssel sofort. Mit der Wasserschüssel und der Leine verfahren Sie ebenso. So praktisch diese Tricks sind, lassen Sie sich nicht von Ihrem Hund tyrannisieren. Setzen Sie ihm klare Grenzen. Ein eindeutiges NEIN muss der Hund akzeptieren! Mit der Zeit können Sie es sicher unterscheiden, ob der Hund dringend hinaus muss oder nur spazieren gehen will.

Aufräumen

Benötigte Utensilien: Belohnung; verschiedene Gegenstände, die der Hund tragen kann; eine Kiste; eine Tennisballbüchse

Stellen Sie sich vor wie praktisch es ist, wenn der Hund seine Spielsachen oder auch die Spielsachen Ihrer Kinder aufräumt. Alles kommt in eine Box. Die Spielsachen Ihres Hundes sind im ganzen Zimmer verstreut. Führen Sie den Hund nun zu einem Spielzeug, z. B. einem Ball, und lassen Sie ihn den Ball aufnehmen. Nun gehen Sie mit dem Hund zu der Kiste. Leiten Sie Ihren Vierbeiner so, dass der Hund seinen Kopf über die Kiste hält. Dann fordern Sie den Hund mit AUS auf, den Ball in die Box fallen zu lassen. Sagen Sie dazu AUFRÄUMEN. Üben Sie zunächst nur mit einem Spielzeug.

Sobald der Hund begriffen hat, dass der Ball in die Box muss, gehen Sie nicht mehr den ganzen Weg mit, sondern schicken den Hund zur Box – AUFRÄUMEN. Lässt der Hund den Ball an der falschen Stelle fallen, lassen Sie ihn den Ball wieder aufnehmen und helfen ihm ein wenig zur Kiste. Erst wenn Sie, aus welcher Position auch immer, den Hund zum AUFRÄUMEN schicken können, gehen Sie dazu über ein zweites Spielzeug, vielleicht seinen Tauzieh-Knoten, aufnehmen zu

*Essen fassen! Donar und Nouni bringen
ihre Schüsseln.*

lassen. NIMMS – AUFRÄUMEN. Haben Sie bis hierher richtig geübt, wird der Hund keine großen Schwierigkeiten haben, das Hörzeichen auszuführen.

Nehmen Sie nun nach und nach das übrige Spielzeug mit ins Programm. Das Endziel haben Sie erreicht, wenn der Hund auf ein einmaliges Hörzeichen AUFRÄUMEN losstürmt und seine sieben Sachen in der Kiste sammelt. Genauso können Sie ihn dazu ausbilden, das Kinderzimmer aufzuräumen. Lassen Sie ihn dabei alles bewegliche Spielzeug, das auf dem Boden liegt in die Spielkiste werfen. Vom Aufbau gehen Sie wie oben beschrieben vor. Ihr Kind wird begeistert sein!

Eine publikumswirksame Erweiterung ist der Hund, der Tennisbälle in ihre Büchse befördert. Üben Sie wie bereits beschrieben anfangs mit einer großen Box. Das kennt Ihr Hund ja schon. Verkleinern Sie die Box nun Stück für Stück, bis Sie eine größere Büchse nehmen können. Der Weg zu der kleinen Büchse ist dann nicht mehr weit.

Tricks für Hochsprungexperten

Nicht alle Hunde eignen sich für Tricks mit Sprungkraft. Der Körperbau verbietet z.B. Basset Hounds den eleganten Sprung durch den Reifen. Ganz davon abgesehen, dass Bassets nicht unbedingt Bewegungsfanatiker sind. Den meisten Hunden macht Springen aber Spaß. Hunde sind zwar keine Pferde, aber auch mit ihnen sollte ein gezieltes Training durchgeführt werden. Für anspruchsvollere Sprungtricks sollte Ihr Hund auf jeden Fall auf Hüftgelenksdysplasie (HD) und Ellenbogendysplasie (ED) geröntgt werden. Beide Krankheiten des Knochensystems gibt es in verschiedenen Graden. Die schwereren Formen verbieten ein Sprungtraining. Aber auch die leichteren Formen lassen Vorsicht anraten.

Hunde im Wachstum, gleich welcher Größe, sind im Skelettbau noch nicht gefestigt und somit generell zu schonen. Welpen sollte man auf keinen Fall springen lassen. Große bis sehr große Rassen brauchen manchmal bis zu 2 1/2 Jahren, bis das Wachstum abgeschlossen ist. Nehmen Sie darauf Rücksicht. Kurzatmige Hunde, arthritische oder schwangere, Hunde mit Problemen am Rücken oder den Beinen sollten nicht springen.

Gehen Sie jedes neue Hindernis in seiner niedrigsten Stufe an, bevor Sie von Ihrem Hund Hochleistungen erwarten. Am leichtesten lehren Sie dem Hund das Springen, wenn Sie zu Hause zwischen zwei Zimmern ein Brett befestigen. Überspringen Sie das Brett zunächst zusammen mit dem Hund – HOPP. Ihr Schüler wird dabei vorsichtshalber an der Leine geführt. Nach erfolgtem Sprung, und sei er auch noch so niedrig, ist großes Lob angesagt. Die meisten Hunde springen mit Begeisterung, und für einen gesunden Hund ist es auch ein guter Sport. Der Sprung darf nur nicht zu hoch sein. Ein gesunder

Schäferhündin Mücke zeigt einen perfekten Sprung über die Meterhürde ohne aufzusetzen.

Hund kann aber mindestens das anderthalbfache seiner Schulterhöhe überspringen. Das heißt, ein mittelgroßer Hund springt mindestens einen guten Meter hoch.

Wenn ein Hund den Sprung über das Brett verweigert, ist es einfach noch zu hoch für ihn oder die Motivation ist nicht groß genug. Geduldige Einarbeitung wirkt sich hier besonders positiv aus. Wenn Sie ein paar Mal mit dem Hund zusammen gesprungen sind, lassen Sie ihn nun mit dem Brett dazwischen sich Ihnen gegenüber setzen. Locken Sie den Hund zu sich. Für alle Fälle ist der Hund noch an der Leine. Schließlich platzieren Sie sich mit dem Hund auf der gleichen Seite und schicken ihn über das Hindernis, das darauf schrittweise erhöht werden kann. Sie können den Hund auch wieder zu sich zurück springen lassen. Wenn der Hund erst einmal das Prinzip begriffen hat, wird er seine neuen Fähigkeiten leicht auf andere Situationen übertragen.

Zum Schluss noch eine kleine Warnung: Einem ausgebildeten Springroutinier könnte es in den Sinn kommen auch Zäune zu überspringen, vor allem dann, wenn Sie mit Zäunen geübt haben. Der wohlerzogene Hund weiß da allerdings sehr wohl einen Unterschied zu machen. Aber vielleicht müssen Sie ihn auch an seine Pflichten (nämlich generell hinter dem Gartenzaun zu bleiben) erinnern.

Sprung über Herrchens Arm oder einen Stock

Benötigte Utensilien: Belohnung

Es ist gar nicht so schwer wie es erscheint, einen Hund über einen ausgestreckten Stock

Der Sprung über eine Parkbank ist nicht einfach. Der Golden Retriever meistert diese Aufgabe jedoch mit Elan.

springen zu lassen, über Arm, Bein oder sogar Ihren Kopf. Der Trick kommt aber beim Publikum gut an. Üben Sie zunächst, wie eben beschrieben, das HOPP mit dem Hund gemeinsam. Geben Sie dann, wenn diese Übung sitzt, den Hund einer versierten Hilfsperson an die Leine. Knien Sie sich nun hin und strecken Sie einen Arm aus. Nun nähert sich der Helfer mit dem Hund und Sie sagen HOPP. Notfalls kann der Helfer mit einem kurzen Leinenruck nach vorne oben den Hund an seine Aufgabe erinnern. Augenblicklich muss der Zug auf die Leine nachlassen, sobald der Hund springt. Üben Sie, bis der Hund auch ohne Helfer diese Sprünge ohne Hemmung absolviert.

Wenn der Hund groß genug ist (oder Sie klein genug sind), können Sie ihn auch im Stehen über den ausgestreckten Arm springen lassen. Oder Sie reichen Ihrem Freund die Hand, und der Hund springt über diese improvisierte Hürde.

Wenn ein Hund dies beherrscht, dürfte der Sprung über den Stab nun eigentlich keine großen Schwierigkeiten mehr bereiten. Suchen Sie sich zunächst einen geraden, ungefähr 80 cm langen Stock. Der Stock darf nicht zu dünn sein, damit der Hund ihn gut erkennen kann. Der Hund sitzt. Nehmen Sie diesen Stock zunächst in die linke Hand. So haben Sie die rechte frei, um den Hund notfalls mit Leckerchen zum Springen animieren zu können: Hörzeichen HOPP. Wenn der Hund sich arg ziert, den Stock alleine (ohne Unterbau) als Hindernis zu sehen, und er versucht unter dem Stab hindurchzugehen, hängen Sie notfalls ein Stück Stoff über den Stab. Der Hund kann ein solches Hindernis leichter taxieren. Nehmen Sie den Stoff aber möglichst bald wieder weg.

Springt der Hund einwandfrei ca. 1m hoch, können Sie den »Kopfsprung« einüben. Sie knien sich hin, halten den Stock mit beiden Händen über Ihrem Kopf, beugen sich vor und stützen sich dabei auf ein Knie. Nun ist es von Vorteil, wenn Sie zumindest für den Anfang dieses Sprungs einen Helfer haben, der den Hund eventuell auch an der Leine hat, um ihn während des Sprungs zu leiten. Üben Sie solange: Hund sitzt – HOPP – Hund springt über den Stock über Ihrem Kopf, bis Sie keine Hilfsperson mehr benötigen. Für eine Vorführung sieht es viel dramatischer aus, wenn Sie mit aufrechtem Körper und gestreckten Armen den Stab über den Kopf halten, dem Hund das Hörzeichen HOPP geben, sich blitzschnell niederkauern und sich sofort nach dem Sprung wieder aufrichten. »There´s no business like showbusiness!«

Der Sprung über einen Menschen oder einen anderen Hund

Benötigte Utensilien: Belohnung

Diesen Trick wird Ihr Publikum mit Begeisterung aufnehmen. Er ist auch relativ einfach zu lernen. Suchen Sie sich zunächst einen versierten Assistenten. Legen Sie sich auf den Fußbo-

den bequem hin. Ihr Helfer nimmt mit dem Hund an der Leine kurz Anlauf – HOPP – beide springen über Sie. Der Assistent tritt nun immer mehr in den Hintergrund, bis der Hund ohne seine Hilfe nach beiden Seiten über Sie hinweg springt. Trampeln ist verboten! Vergessen Sie nicht zu loben. Sie können nun auch auf Händen und Füßen eine lebendige Hürde darstellen. Ihr Vierbeiner wird nach allen Seiten über Sie hinwegfliegen.

Es gibt aber auch noch eine lustige Variante dieses Tricks: Sie legen sich wieder hin und sagen HOPP. Während der Hund springt, rollen Sie sich in die Richtung, aus der er kommt, und rufen wieder HOPP. Der Hund schafft es sicherlich, mehrmals hin und her zu springen. In einer anderen Variante trainieren Sie einen weiteren Hund, die Hürde zu spielen. Bringen Sie geduldig beiden Hunden bei, jeweils über den anderen stehenden zu springen. Dazu müssen beide Vierbeiner aber zunächst das STEH absolut beherrschen. Die Hunde sollten sich auch gut vertragen, da das Über-den-Rücken-Springen dem jeweiligen Hund als Dominanzgeste ausgelegt werden kann. Üben Sie am Anfang unbedingt mit einem bis zwei Helfern. Und vergessen Sie nicht das Lob und die Belohnung.

Komm in meine Arme, Kleines

Benötigte Utensilien: Belohnung

Die natürliche Grenze der Machbarkeit dieses Tricks ist die Größe und das Gewicht Ihres Hundes. Während ein Pudel leicht wie eine Flocke in Ihre Arme fliegen wird, dürfte Sie ein Bernhardiner einfach platt walzen. Es gibt Hunde, die kei-

Kleinpudel Sayman ist glücklich in Herrchens Armen gelandet.

Spielen Sie nun einige Tage jeweils ein paar Minuten so mit dem Hund. Als nächstes bringen Sie ihn dazu mitzuhelfen. Rufen Sie ihn und strecken Sie ihm dabei die Arme entgegen. Ist der Hund von dem neuen Trick noch nicht restlos begeistert, gehen Sie in die Knie oder hocken sich hin. Klopfen Sie sich an die Schenkel, halten Sie einen Leckerbissen hoch und fangen Sie Ihren Kleinen. Es ist gleichgültig, ob er Ihnen wirklich entgegenspringt oder einfach einen Luftsprung aus Begeisterung macht. Ihr Schüler wird sich schnell einprägen, dass Sie ihn fangen und dann auch gezielter springen. Als Kommando bieten sich Ihre ausgestreckten Arme in Zusammenhang mit dem Hörzeichen HOPP an. Sie können Sich auch leicht auf die Brust klopfen. Und stehen Sie nicht steif wie ein Stock da. Auch ein kleiner Hund bringt eine gewisse Wucht mit sich. Seien Sie im wahrsten Sinne des Wortes »flexibel«.

Der Sprung durch einen Reifen

Benötigte Utensilien: Belohnung; Reifen mit einem Durchmesser von ca. 60 cm; Plastikbänder; dünne Plastik- oder Papierfolie

nen allzu engen Körperkontakt lieben. Diesen wird der Trick nicht so leicht fallen, aber richtig durchgeführt stärkt er das Band zwischen Hund und Halter.

Besonders die agilen kleinrassigen Hunde springen von sich aus gerne umher, wenn sie aufgeregt sind. Es dürfte Ihnen nicht schwer fallen solch einen Treibauf noch mehr anzuspornen: Halten Sie einen Leckerbissen über seine Nase, klatschen Sie in die Hände und machen Sie auch sonst aufregende Geräusche. Wenn der Hund nun Luftsprünge macht – fangen Sie ihn ganz einfach. Ihre Begeisterung darüber ist grenzenlos. Starten Sie gleich einen zweiten Versuch. Anfangs wird er Ihnen noch nicht weit entgegenspringen. Beugen Sie sich also hinunter und fangen Sie ihn am Boden. Wenn der Hund sich auch sonst gerne auf Ihren Schoß setzt oder es liebt getragen zu werden, dann wird ihn die Fangaktion nicht erschrecken. Im Gegenteil, sie wird ihm Spaß machen. (Anderenfalls müssen Sie anfangen, den Hund behutsam an das Getragenwerden zu gewöhnen.)

Um dem Hund das Lernen zu erleichtern, müssen Sie anfangs dafür sorgen, dass dem Hund keine Ausweichmöglichkeiten neben dem Reifen gegeben sind. Sie brauchen also links, rechts und unten eine Begrenzung. Eine Möglichkeit ist es, einen Reifen in einen Türrahmen so einzuspannen, dass das untere Ende des Reifes die Türschwelle berührt. Der Hund muss also zunächst nur durch den Reifen laufen. Manche Hunde stören sich an dem oberen Begrenzungsbogen, aber nach ein paar Übungen an der Leine werden diese Kandidaten ihre Scheu verlieren. Lassen Sie dazu den Hund sitzen. Führen Sie die Leine durch den Reifen und gehen Sie auf die andere Seite. Rufen Sie nun den Hund zu sich und geben Sie das Kommando DURCH. Sparen Sie nicht mit Lob und wiederholen Sie den Vorgang ein paar Mal.

Nouni zeigt den Sprung durch den Reifen. In der rechten Hand winkt ein Leckerbissen.

Ganz allmählich halten Sie den Reifen höher und geben dem Hund das Kommando HOPP–DURCH. Sie müssen nun vor allem darauf achten, dass sich Ihr Lehrling nicht unter dem Reifen durchschmuggeln kann. Die Leine kann das verhindern – NEIN–HOPP–DURCH. Wenn Sie den Reifen auf ca. 30 cm Höhe haben und der Hund ohne Schwierigkeiten in beide Richtungen hindurchspringt, können Sie den Reifen aus der Tür nehmen und in der Hand halten.

In den folgenden Übungsstunden müssen Sie darauf achten, dass der Hund immer durch

den Reifen springt, wenn Sie es ihm befehlen. Weicht der Hund nach unten aus oder will er sich ganz drücken, heißt es NEIN und Sie halten dem Hund den Reifen wieder vor die Nase: HOPP–DURCH. Wenn das Springen ohne weiteres klappt, können Sie den Reifen allmählich höher nehmen. Der Hund kann ungefähr das $1^1/_2$-fache seiner Schulterhöhe springen. Dies gilt für kleine und mittelgroße Rassen, die großen, schweren schaffen das sicherlich nicht. Es gab einmal eine Zirkusgruppe mit Barsois, die wahre Meisterleistungen im Hochsprung durch einen Reifen zeigten. Windhunde sind aber auch sehr leicht gebaut.

Ein Hit auch für Vorführungen ist es, wenn Sie Ihrem Zögling das Springen durch einen bespannten Reifen lehren. Dazu muss der Hund zunächst den normalen Reifensprung perfekt beherrschen. Dann befestigen Sie an dem Reifen Flatterbänder aus Papier oder Plastik, die vor der Reifenöffnung hängen. Lassen Sie dem Hund nun erst einmal Zeit, sich mit dem neuen Gebilde anzufreunden. Machen Sie ihm den Sprung so einfach wie möglich. Loben Sie den Hund begeistert, wenn er sich trotz der Flatterbänder überwindet und springt.

Aus den nur oben am Reifen befestigten Flatterbändern wird allmählich eine Folie mit großzügig angebrachten Schlitzen. Optisch bedeutet das für den Hund ein deutlicheres Hindernis als die Flatterbänder. Die Schlitze müssen so angebracht sein, dass das Papier oder das Plastik sehr leicht zerreißt, wenn der Hund hindurchspringt. Über Wochen hinweg gestalten Sie die Folie ganz allmählich immer stabiler, das heißt die Schlitze werden immer kleiner. Schließlich springt der Hund durch eine durchgehende Folie, die freilich auch dann noch leicht reißen muss.

Für diesen Trick muss das Vertrauensverhältnis zwischen Ihnen und Ihrem Hund besonders groß sein, springt der Hund doch durch eine Wand. Durchsichtige, farbige Plastikfolie erleichtert dem Hund den Sprung und ist in der Wirkung auf das Publikum fast so gut wie eine undurchsichtige Folie.

Spaßturniere

Eine Wurst apportieren

Benötigte Utensilien: Belohnung; ein Stück Wurst (z. B. Wiener)

Dieses Spiel steht und fällt damit, dass sich die Wettkampfteilnehmer nicht vorbereiten können. Der Hund muss apportieren können. Geben Sie erst unmittelbar vor dem Spiel die Regeln bekannt. Es geht darum, wie gut ein Hundeführer sein Tier einschätzen kann. Eine verlockend riechende Wurst muss apportiert werden. Bringt der Hund die Wurst zu seinem Frauchen oder Herrchen oder frisst er sie lieber? Alle Teilnehmer müssen sich vor Beginn der Spiele festlegen. Es dürfen außer dem einmaligen Kommando BRING keine weiteren Hilfen gegeben werden. Hätten Sie die richtige Lösung für Ihr Team gewusst?

Der Ball im Wassereimer

Benötigte Utensilien: Belohnung; ein Eimer voll Wasser; Tennisbälle.

Für dieses Spiel muss der Hund ein sehr guter Apportierer sein (siehe Seite 110ff). Für jeden Teilnehmer wird mit ca. 2 m Abstand ein mit Wasser gefüllter Eimer aufgestellt. In jedem Eimer schwimmt ein Ball, den der entsprechende Hund der Größe nach gut aufnehmen kann. Für kleine Hunde muss der Eimer natürlich so klein sein, dass der Hund leicht hineinfassen kann. Das Ball-Apportieren (ohne Wassereimer!) sollte vorher geübt werden. Wenn die Hunde verträglich und gut erzogen sind, schicken alle Hundeführer Ihre Tiere auf ein Startsignal zum entsprechenden Eimer. Die Hundeführer bleiben an ihrem Platz. Mit BRING soll der Hund einen Ball aus dem Wasser holen und apportieren. Der Hund, der am schnellsten wieder mit Ball bei seinem Führer ist, hat gewonnen.

Man kann das Spiel auch als Staffellauf aufziehen. Dann enthält der jeweilige Eimer so viele Bälle wie Hunde im Team antreten. Der erste Hund wird geschickt, einen Ball aus dem Wassereimer zu apportieren. Wenn der erste Hund seinen Ball bei seinem Besitzer abgeliefert hat, wird der nächste Hund geschickt usw.

Flat-Coated Retriever Gismo hat einen Ball aus dem Wassereimer gefischt.

Das große Fressen

Benötigte Utensilien: 6 verschiedene Happen; 6 kleine Podeste

Der Hundeführer begibt sich mit seinem Hund an einen Startplatz. Dort muss der Hundeführer auch die ganze Zeit verharren. Vor dem Team sind im Halbkreis 6 kleine Podestchen aufgestellt auf denen jeweils eine Leckerei liegt: z. B. ein Fleischstückchen, Streichwurst, Fisch, Schokolade, Frolic und Käse. Der Witz an dem Spiel ist, dass der Hundeführer, bevor er seinen Hund loslässt, genau angeben muss, was der Hund in welcher Reihenfolge fressen wird und was er gar nicht nimmt. Nach dem Start des Hundes darf der Hundeführer sein Tier in keiner Weise mehr beeinflussen. Jede zutreffende Angabe bringt einen Punkt.

Platz gehen auf Ziel

Benötigte Utensilien: Belohnung; ein mittelgroßer Gegenstand

Die Hunde werden PLATZ gelegt, die Hundeführer entfernen sich ca. 20 Schritte und bleiben mit Gesicht zum Hund stehen. Zwischen dem Hund und dem Führer liegt ein nicht zu kleiner Gegenstand, z. B. ein Schlüsseletui. Die Teams treten gegeneinander an. Nacheinander rufen die Hundeführer Ihre Hunde ab und versuchen das Kommando PLATZ so genau zu geben, dass der Hund möglichst nahe an dem Gegenstand zu liegen kommt. Berührt der Hund den Gegenstand mit einem Körperteil (z. B. der Pfote), so gehört der Gegenstand dem Führer. Ansonsten wird die Entfernung des Hundes zum Ziel gemessen. Die kleinste Zahl gewinnt.

Dieses lustige Spiel ist für die Führigkeit und den Gehorsam des Hundes sehr nützlich. Das Hörzeichen PLATZ, auf die Entfernung befolgt, kann dem Hund das Leben retten, z. B. wenn er gerade im Begriff ist, über eine stark befahrene Straße zu laufen.

Hat Frauchen richtig geraten? Die Amerikanisch-Kanadisch Weiße Schäferhündin Bianca holt sich zuerst das Würstchen.

Bringsel austauschen

Benötigte Utensilien: Belohnung; eine Hürde; 3 rote Bringsel, 3 grüne Bringsel

Dies ist ein anspruchvolles Spiel. Der Hund muss sicher apportieren BRING, über eine Hürde springen HOPP, einen Gegenstand ablegen LEGE ES HIN und einen anderen aufnehmen, um dann mit diesem Gegenstand im Maul über die Hürde zurückzuspringen und seinem Führer das Bringsel zu überreichen.

Der Spielaufbau ist folgender: In der Mitte des Platzes steht eine ca. 60 cm hohe (für große Hunde) und 1 m breite Hürde. Auf jeder Seite der Hürde liegen je 3 Bringsel, die auf der einen Seite der Hürde rot und auf der anderen Seite grün angemalt sind. Dies dient nicht dem Hund als Hilfe, er kann die Farben wahrscheinlich nicht unterscheiden, sondern dem Hundeführer und den Bewertern als Orientierungshilfe, ob der Hund fehlerlos arbeitet.

Der Hundeführer steht gegenüber der Hürde auf einer Seite, die er auch nicht verlassen darf. Die z. B. grünen Bringsel liegen neben ihm und dem Hund. Der Hundeführer schickt seinen Hund nun mit HOPP – BRING über die Hürde. Der Hund muss sofort starten, auf der anderen Seite der Hürde ein rotes Bringsel aufnehmen und es über die Hürde zu seinem Führer tragen. Dieser sagt LEGE ES HIN. Hat der Hund das Hörzeichen befolgt, lässt der Führer den Hund mit NIMMS ein grünes Bringsel aufnehmen. Mit VORAN HOPP schickt der Führer seinen Hund über die Hürde. LEGE ES HIN klappt hoffentlich auch. Nun kommt der erste große Stolperstein: Der Hund muss ein rotes Bringsel aufnehmen und das grüne zurücklassen. BRING HOPP – und der Hund ist wieder auf der Seite der grünen Bringsel und so weiter. Im Spiel treten zwei Mannschaften gegeneinander an. Wer am schnellsten die Aufgabe fehlerfrei gelöst hat, hat gewonnen.

Dieses Spiel lässt sich nicht aus dem Ärmel schütteln, sondern muss vorher sorgfältig geübt werden, sonst werden die Hunde heillos verwirrt. Die Übungen für die Einzelelemente finden Sie unter dem jeweiligen Kapitel der Tricks.

Bianca hat mit dem PLATZ aus der Entfernung keine Schwierigkeiten.

Sport und Spiel
für Jedermann

Agility

Alle
agilen
Hunde

Agility, das rasante Geschicklichkeitsspiel, ist ein ideales Fitness-Training für Mensch und Tier. Es werden aber auch mentale Fähigkeiten geübt. Ihr Hund lernt Selbstvertrauen und wird zu blitzschnellen Reaktionen angeleitet. Aber letztlich ist es das Erlebnis des fein abgestimmten Zusammenspiels mit dem Hund, das die Faszination »Agility« ausmacht.

In erster Linie haben Hundebesitzer zu diesem noch recht neuen Sport gefunden, die einfach nur Spaß mit Ihrem Hund haben wollten. Wettkämpfe standen an zweiter Stelle. 1977 zeigte man als besondere Attraktion im Pausenprogramm der Crufts Dog Show in London (der größten Hundeausstellung der Welt) erste Übungen mit Hunden, die dem Pferdesport nachempfunden waren. Das Programm fand weltweit begeisterte Anhänger. 1991 legte die FCI verbindliche Regeln fest. Diese wurden inzwischen

überarbeitet und den praktischen Anforderungen besser angepasst. Das neue FCI-Reglement gilt seit dem 1.1.1996. Ein Standardparcours besteht aus 12–20 verschiedenen Hindernissen.

Für das Anfängertraining braucht Ihr Hund ein bequemes Lederhalsband und eine verstellbare Leder- oder Gurtleine. Für den Wettkampf eignet sich eine so genannte Moxon-Leine, wie sie für Retriever verwendet wird. Leine und Halsband sind eine Einheit und Stopper verhindern, dass der Hund am Hals gewürgt wird. Solch eine Leine lässt sich schnell abnehmen. (Im Wettkampf darf der Hund keinerlei Halsbänder tragen, auch kein Flohhalsband.) Außerdem benötigen Sie Spielzeug und/oder Leckerchen zum Belohnen. Der Zeitaufwand für Ihr Agility-Training hängt von Ihren Zielen ab. Auf jeden Fall sollten Sie mindestens zweimal die Woche in der Gruppe üben. Bis der Hund einen Anfängerparcours fehlerfrei durchlaufen kann, werden sicherlich ein paar Wochen ins Land gehen. Und – Üben macht den Agility-Meister!

Welche Hunde eignen sich für Agility?

Wichtig ist, dass der Hund Freude am Spiel zeigt. Die verschiedenen Hindernisse des Parcours fordern einen bewegungsfreudigen, sehr wendigen Hund, der absolut fit ist.

Schauen Sie sich einmal in den Agility betreibenden Vereinen um. Beobachten Sie die Hunde und reden Sie mit ihren Besitzen und den Trainern. Welche Hunde eignen sich gut für diesen Sport? Meist sind es die mittelgroßen, drahtigen Tiere, die vor Energie strotzen. Der ideale

Bei dem Viadukt darf der Hund nicht durch die Öffnungen kriechen, sondern er muss über die Bögen springen.

Agility-Hund ist schnell, ausdauernd, zuverlässig und lerneifrig. Beim größten Eifer muss der Agility-Hund aber vor allem gesund sein. Herz und Kreislauf, Bänder, Gelenke und Knochenbau müssen einer tierärztlichen Prüfung standhalten.

Ihr Riesenhund ist vollkommen gesund und genügend fit? Besser, Sie schicken den Hund trotzdem nicht über den Parcours. Extrem schwere oder große Hunde sind wegen ihrer Anatomie den vielfältigen Anforderungen auf Dauer nicht gewachsen. Der Agility-Hund sollte 70 cm Schulterhöhe nicht überschreiten. Schwergewichten wie Bernhardinern oder Doggen bekommen auf Dauer die hohen Sprünge und das Durchkriechen des Tunnels nicht gut.

Für Schäfer- und Hütehunde gehören Sprünge über Schafpferche zu den alltäglichen Aufgaben. Diese Hunde sind schnell und wendig. Sie bringen auch die nötige Mischung zwischen Selbstständigkeit und Gehorsam für Agility mit. Das prädestiniert zum Beispiel Deutsche Schäferhunde, Belgische Schäferhunde, Border Collies und Australian Shepherds für den Sport. Für Hunde unter 40 cm Schulterhöhe wurde eine eigene Klasse eingeführt (Mini-Agility). Allzu feingliedrige Hunde könnten wegen der erforderlichen Sprungkraft Schaden erleiden. Hunde mit Atemproblemen (z.B. Bulldoggen) sind nicht geeignet. Rassen mit sehr langem Rücken, wie Dackel und Basset Hound, leiden oft an Wirbelsäulenproblemen. Hier sollte man vom Agility-Sport lieber absehen. Der West-Highland-White-Terrier und vor allem der Sheltie sind bei den Minis wahre Sportskanonen.

Vielleicht haben Sie schon eine Favoritenrasse oder Sie wollen Ihr Herz

einem Mischling schenken. Wenn Sie allerdings den Ehrgeiz haben, in den Olymp der Agility-Teams aufgenommen zu werden, dann muss Ihre Wahl auf einen Rassehund mit FCI-anerkannten Papieren fallen. Nur diese Vierbeiner sind bei den offiziellen Turnieren auf nationaler und internationaler Ebene zugelassen. Für Mischlinge gibt es aber ein breites Angebot nicht-offizieller Turniere.

Der Aufbau des Hundes bis zur Parcours-Reife

Im Agility-Parcours sind keine bestimmten Signale und Hörzeichen vorgeschrieben. Hat man sich jedoch einmal für ein bestimmtes Kommando entschieden, dann muss man unbedingt dabei bleiben. Der Hund sollte bereits den Grundgehorsam beherrschen und in der Lage sein, viele neue Kommandos zu lernen. Auch rechts und links sollte er unterscheiden können. Das ist gar nicht so einfach wie es zunächst klingt: Von welchem Bezugspunkt gilt rechts oder links? Vom Hundeführer aus oder vom Hund? Wenn Sie erfolgreich mit diesen Kommandos arbeiten wollen, müssen Sie flexibel genug sein, um den Richtungswechsel immer vom Hund aus anzugeben. Sie können dem Hund schon während Spa-

Der Mischlingsrüde nimmt den Laufsteg sicher.

ziergängen bei Richtungswechseln die Bedeutung von rechts und links deutlich machen.

Die durch die FCI anerkannten Hindernisse sind: fester Tunnel, Stofftunnel, Laufsteg, Tisch, Schrägwand, Hürden, Weitsprung, Wassergraben, Wippe, Slalom und Reifen. Bevor Sie anfangen können, Ihren Hund in einen fertigen Parcours zu schicken, muss der Vierbeiner jedes einzelne Hindernis kennen lernen.

Zur Meisterung des **festen Tunnels** benötigt der Hund Mut und Selbstvertrauen sowie absolutes Vertrauen in seinen Führer. Er soll ohne Zögern durch den Tunnel laufen. Dieses Hindernis kann man schon gut mit einem Welpen üben. Dazu schiebt man anfangs den Tunnel auf ca. 1 m zusammen und lässt den Hund durchlaufen. Am besten, man verwendet als Motivation ein Spielzeug, das man vor dem Hund durch den Tunnel wirft. Es ist am Anfang hilfreich, wenn der Hund am Eingang von einem Helfer gehalten wird und Sie sich zum Ausgang des Tunnels begeben. Der junge Hund wird schnell seine Vorbehalte ablegen und zügig durch den immer länger ausgezogenen Tunnel rennen. Der Tunnel macht beim Wettkampf einen Knick, sodass der Hund das Ende nicht sehen kann. Er hat eine Länge von 3–6 m, muss flexibel und in Bögen auslegbar sein.

Auch den **Stofftunnel** können Sie schon mit dem jungen Hund üben. Schieben Sie ihn zunächst ebenfalls auf ein Minimum zusammen und halten Sie den Stoff hoch, sodass der Hund den Ausgang sieht. Nach und nach wird der sichtbare Ausgang verkleinert, bis der Hund ganz durchschlüpfen muss und der Schlauch auf seine volle Länge (3–3,50 m) ausgezogen wird.

Ihren jungen Hund können Sie ebenso mit dem **Laufsteg** bekannt machen. Sichern Sie ihn so weit, dass er nicht herunterfallen kann, aber doch möglichst im eigenen Gleichgewicht geht. Machen Sie ihn von Anfang an durch einen kurzen Stopp auf die Kontaktzonen aufmerksam. (Die Kontaktzonen sind rot eingefärbte Zonen an den Hindernissen Wand, Wippe und Laufsteg. Der Hund muss diese Zonen mindestens mit einer Pfote berühren, sonst gibt es Fehlerpunkte.)

Der **Tisch** sollte in der Höhe verstellbar sein. Eventuell sollten seine vier offenen Seiten zugehängt werden. Der Hund wird zunächst mit einem Guti oder Spielzeug auf den niedrigen Tisch gelockt. Sobald Sie das Gefühl haben, dass sich Ihr Hund auf dem Tisch wohl fühlt, geben Sie das Kommando PLATZ (ab dem 2. Grad kann es nach Richteranweisung PLATZ, SITZ oder STEH sein). Der Hund muss mit den Ellbogen den Tisch berühren und 5 Sekunden liegen bleiben.

Die **Schrägwand** besteht aus zwei Wandelementen, die im 90°-Winkel verbunden sind. Der höchste Punkt liegt auf 1,90 m, für Mini-Agility auf 1,70 m. Die Wände sind mit Querleisten versehen, damit der Hund nicht abrutschen kann und festen Halt hat. Am besten lernen Sie Ihren Hund an, indem die Wand niedriger gestellt wird. (Kommandos: WAND oder WAND HOCH, RUNTER). Achten Sie darauf, dass der Hund auf keinen Fall seitlich auf- oder abspringt. Lassen Sie Ihren Schüler mit tiefer Nase an den Kontaktzonen verharren.

Die **Hürden** erfordern Sprungkraft, Mut und Unterordnungsbereitschaft. Üben Sie alle Arten von Hürden erst in geringer Höhe. Ein sauber ausgeführter Trainingssprung niedriger Höhe ist mehr wert als ein Fehler eines überforderten

Schwungvoll wird die Hürde genommen. Die Stange liegt nur leicht auf und darf nicht herunterfallen.

Hundes. Ein nach dem Sprung geworfener Ball kann Wunder bewirken. Wie im Pferdesport gibt es einfache Kombinationen, Doppelhürden, Viadukte oder Mauern. Alle Hürden haben eine bewegliche Auflage, die der Hund abwerfen kann.

Vor dem Wassergraben übt man am besten den **Weitsprung** ein. Dieser Sprung erfordert ein gutes Augenmaß, Zielsicherheit und ein Gefühl für Entfernungen. Der Hund soll die hintereinander aufgestellten, kleinen Hürden mit einem einzigen Sprung überwinden, ohne sie zu berühren. Der Weitsprung besteht also aus mehreren Elementen, die hintereinander gestellt 1,20–1,50 m (Minis 0,75 m) ergeben. Nehmen Sie sich zunächst nur zwei Elemente vor, die der Hund überspringen soll. Erweitern Sie den Sprung nach und nach. Auch hier kann der kurz vor dem Hund geworfene oder auf der anderen Seite platzierte Ball einen mächtigen Motivationsschub bewirken.

Der **Wassergraben** (1,20 m Standard; 0,75 m Mini) ist ein für den Hund schwer einzuschätzendes Hindernis. Eine niedrige Absprungstange kann hier helfen. Es ist von Vorteil, wenn der Hund schon an Wasser gewöhnt ist.

Das Begehen der **Wippe** muss sehr behutsam gelehrt werden. Führen Sie den gesicherten Hund langsam an den Kipp-Punkt. Eine Hilfsperson sollte nun die Planke sehr langsam nach unten bewegen. Der Hund muss sich in Ruhe an die Bewegung gewöhnen können. Gerät er trotzdem in Panik, halten Sie sofort in der Bewegung inne und beruhigen Sie Ihren Vierbeiner, bis er wieder im eigenen Gleichgewicht steht. Der zweite Abwärtsversuch muss noch behutsamer ausfallen. Auf keinen Fall dürfen Sie den Hund abspringen lassen. Bei manchen Hunden ist sehr viel Geduld nötig, bis sie ihren Körper so weit beherrschen, dass sie den Kipp-Punkt selbstständig ausbalancieren können (zur Wippe siehe auch Seite 108).

Beim **Slalom** soll sich der Hund so schnell wie möglich durch hintereinander gesetzte Stangen schlängeln, ohne eine Stange auszulassen. Das erfordert zum einen großes Geschick und zum anderen Führigkeit. Hier muss der Hund sehr auf Handzeichen achten. Leinen Sie den Hund zunächst an. Die erste Stange muss sich immer links vom Hund befinden. Halten Sie die Leine senkrecht nach oben und führen Sie den Hund zunächst langsam durch das Hindernis (Hörzeichen z. B. SLALOM). Später können Sie den Hund auch mit Leckerbissen oder einem Spielzeug durch die Tore locken. Erst nach und nach erhöhen Sie die Schwierigkeit. Sie sind am Ziel, wenn sich der Hund ohne Leine mit Handzeichen durch den Slalom lotsen lässt.

Der Sprung durch den **Reifen** erfordert vom Hund viel Körperbeherrschung und Mut. Was im Wettkampf so spielerisch aussieht, müssen Sie und Ihr Hund sich Schritt für Schritt erarbeiten. Das Reifenrund sollte schon Ihr Welpe kennen gelernt haben. Zuerst wird der Reifen in einem Rahmen in unmittelbare Bodennähe gehängt. Der Hund muss mehr durchlaufen als springen (REIFEN-DURCH). Am Anfang wird die Fläche

Der Hund springt gut, ohne das Hindernis zu berühren.

Die Bewertung im Agility-Parcours

Der Parcours setzt sich aus 12 – 20 Hindernissen zusammen. Davon sind mindestens 7 Hochsprünge. Die Hindernisse müssen in der nummerierten Reihenfolge genommen werden, die erst kurz vor dem Wettkampf festgelegt wird. Man benötigt für den Parcours – im Freien oder einer Halle – mindestens 20x40m Fläche. Die Streckenlänge beträgt 100–200m.

Das Team muss den Parcours in einer bestimmten Standardzeit bewältigen. Überschreitungen werden mit 1 Strafpunkt pro Sekunde geahndet. Die doppelte, mindestens aber die 1,5fache Standardzeit ist die Maximalzeit. Braucht das Team länger, wird es disqualifiziert. Fehler an den Hindernissen wie Abwurf einer Stange, Vorbeilaufen, Nichtberühren der Kontaktzonen, falsche Reihenfolge etc. werden mit je 5 Fehlerpunkten geahndet.

Die Benotung:
- 0–5,99 Punkte
  Bewertung: vorzüglich
  Prüfung bestanden
- 6–15,99 Punkte
  Bewertung: sehr gut
  Prüfung bestanden
- 16–25,99 Punkte
  Bewertung: gut
  Prüfung nicht bestanden
- über 26 Punkte
  keine Bewertung

Der Slalom muss Schritt für Schritt aufgebaut werden.

unter dem Reifen versperrt. Sobald dies keine Schwierigkeiten mehr bereitet, wird der Reifen etwas höher gehängt (REIFEN – HOPP – DURCH). Gehen Sie auf keinen Fall zu schnell vor. Hier müssen Sie besonders viel Einfühlungsvermögen und Geduld zeigen (zum Reifen siehe auch Seite 117f.). – Bereiten die einzelnen Hindernisse dem Hund keine Schwierigkeiten mehr, setzen Sie sie Schritt für Schritt, aber in immer neuen Kombinationen zusammen, bis Sie Ihren Vierbeiner mit Hör- und Sichtzeichen durch den Parcours lenken können.

Die Wettbewerbsklassen im Agility

Der Hund muss für den Wettbewerb mindestens 15 Monate alt sein. Es wird in zwei Größenklassen gestartet: Mini-Agility = Hunde mit einer Widerristhöhe unter 40cm (Sprunghöhe bis 40cm) und die Standardklasse für alle größeren Hunde (Sprunghöhe bis 65cm). Die Einführung einer dritten Klasse Mini, Midi, Maxi ist geplant. Die FCI-anerkannten Prüfungen umfassen in Standard und Mini drei Klassen.

Tunierhundesport

Sind Sie ein Trimm-Dich-Freund mit einem bewegungssüchtigen Hund? Dann finden Sie sicherlich im Tunierhundesport Ihre Erfüllung. Im Tunierhundesport oder auch Tuniersport gibt es 8 Altersklassen (des Führers!). Außerdem starten Damen und Herren getrennt. Das heißt es gibt eine breite Palette von Betätigungsmöglichkeiten für Hundeführer aller Art. Bei den Hunden wird beim Hindernislauf als Einzeltunier unterschieden zwischen Vierbeinern bis 50 cm Schulterhöhe (Gruppe 1) und Hunden über 50 cm Schulterhöhe (Gruppe 2).

Vor dem Preis steht aber auch in dieser Sportart der Fleiß. **Gehorsamsübungen** sind angesagt. Solange das Mensch-Hund-Team nicht eine korrekte Leinenführigkeit und Freifolge, nicht ein schnelles Sitz und Platz aus der Bewegung vorzeigen kann, sind Lorbeeren noch weit entfernt. (Die Anforderungen in der Unterordnung sind ähnlich denen in der Begleithundeprüfung, Stufe A; siehe dazu Seite 49). Natürlich können Sie schon mal parallel dazu in Sachen Fitness tätig werden.

Beim **Hürdenlauf** über eine Strecke von 50 m gilt es drei 50 cm hohe und 2 m breite Hürden gemeinsam mit dem Hund zu überspringen. Die Hürden bestehen aus zwei Ständern, auf denen eine Querlatte lose aufliegt.

Der Abstand von der Startlinie zur ersten Hürde beträgt 15 m, ebenso zwischen der dritten Hürde und der Ziellinie. Zwischen den Hürden haben Sie und Ihr Hund 10 m lang Zeit, sich auf den nächsten Sprung zu konzentrieren, denn Abwürfe oder ausgelassene Sprünge kosten 5 Fehlerpunkte. Teilen Sie sich Ihre Puste so ein, dass sie für 2 Durchgänge reicht. Aber trotzdem gilt es, möglichst viel Tempo zu machen, denn in der Bewertung spielt die Laufzeit eine große Rolle. Gewertet wird die Zeit desjenigen (Hund oder Halter), der als letzter das Ziel durchquert. Wenn der Hund den Lauf in der Freifolge meistert, gibt es 10 Pluspunkte.

Das Gleiche gilt für den **Slalom**. Der durch Stangentore ausgewiesene Slalomkurs ist 75 m lang. Hund und Hundeführer müssen alle 7 Tore gemeinsam durchlaufen. Verausgaben Sie sich nicht vollständig beim ersten Lauf, denn es gibt auch hier einen zweiten. Zu treffen sind Stangentore von mindestens 1,80 m Höhe und 1,40 m Breite. Da müssen Sie mit Ihrem Hund schon gut zielen. Für jedes nicht durchlaufene Tor werden 5 Fehlerpunkte abgezogen.

Dem Bedlington Terrier und seinem Frauchen macht der Hindernislauf Spaß.

Der Hund (hier ein Mischling) darf die Tonne beim Überspringen berühren.

8 auf einer 75 m langen Linie stehende verschiedene Hindernisse gilt es beim **Hindernislauf** vom Hund zu überwinden. Sie dürfen neben der Bahn mitlaufen. Die Hürde ist 50 cm hoch, aber: Aufsetzen ist erlaubt. Die Treppe besteht aus je 5 Stufen von 20 cm Höhe und Tiefe hinauf und hinunter. Dieses Ein-Meter-Hindernis wird wohl jeder zivilisierte Hund zu nehmen wissen. Auch das umgedrehte V der 1,40 m hohen Schrägwand ist meist kein Problem (Länge der Seitenteile je 1,90 m). Der Tunnel von 3,50 m Länge ist immerhin 40 cm breit und 80 cm hoch. Ein klein wenig »gefaltet« passt da sogar ein Bernhardiner hindurch. Manche Hunde haben anfangs Bedenken, die mit Hilfe eines in den Tunnel geworfenen Gutis oder Spielzeugs aber schnell ausgeräumt werden können. Der Laufsteg ist 4,50 m lang und 65 cm hoch. 2 bequeme Rampen führen hinauf und hinunter. Die Tonne von 60 cm Durchmesser ist mit einem rutschfesten Belag versehen und darf auch berührt werden. Durch den Reifen (Innendurchmesser 70 cm) führt nur ein gezielter Sprung. Wackelig ist der Hoch-Weit-Sprung. Seine Rundstäbe sind in 35 cm Höhe lose aufgelegt. Für die Weite von

1 m muss der Hund schon ein wenig Anlauf nehmen. Den Abschluss bildet wieder eine 50 cm hohe Hürde mit Aufsetz-Möglichkeit.

Die Stunde der Wahrheit in Bezug auf Fitness schlägt aber erst richtig beim **Geländelauf**. Über 2 bzw. 5 km führt die Strecke in der freien Natur über möglichst weichen Boden. Ihr vierbeiniger Freund muss dabei an einer maximal 2 m langen Leine geführt werden. Es sollen allerdings schon gewiefte Hundeführer gesichtet worden sein, die das »Führen« andersherum verstanden haben und Ihren Kameraden mit einer Art Bauchgurt und Leine eingespannt haben. An manchen Stellen hat diese Praktik zwar Unwillen aufkeimen lassen, aber ich finde, die Idee spart Energie und ist somit in unserer Zeit durchaus ehrenhaft.

Wettkampfmäßig geht es beim **Vierkampf** um die Disziplinen Unterordnung, Hürdenlauf, Slalom und Hindernislauf. Der Hindernislauf kann auch als Einzeltunier ausgeschrieben werden. Für Sport-Freaks gibt es dann noch den **Combinations-Speed-Cup** (CSC) = Slalom, Hürden- und Hindernislauf. Hier ist der Start von einer Dreier-Staffel üblich.

Obedience

Obedience ist eine Sportart mit dem Hund, bei der es um eine möglichst korrekte Unterordnung geht. Es sind viele Hunderassen geeignet. Das Interessante bei Obedience ist, dass es selbst bei Prüfungen kein festes Schema gibt, sondern alle Übungen auf Anweisung des Richters ausgeführt werden. Neben der Präzision des Hundes wird auch die Harmonie im Mensch-Hund-Team bewertet. Nur ein freudig folgender Hund hat Chancen auf hohe Bewertungen. Um eine freudig gezeigte und gleichzeitig korrekte Arbeit zu erreichen muss regelmäßig trainiert werden. Jeden Tag zweimal zehn Minuten sind mehr wert als einmal in der Woche zwei Stunden. Obedience schweißt Hund und Halter zusammen, ihre Kommunkationsfähigkeit wird gefördert, und dadurch wird auch der alltägliche Umgang mit dem Hund leicht und unkompliziert gestaltet.

Die verschiedenen Klassen im Obedience

Die Klassen 1 und 2 werden auf nationaler Ebene geprüft, wobei jedes Land seine eigene Prüfungsordnung hat. Die Klasse 3 wird auf internationaler Ebene mit nochmals steigender Schwierigkeit durchgeführt. Folgende Übungen werden verlangt:

Klasse 1 (Mindestalter des Hundes 12 Monate):
■ Ablegen in der Gruppe,
■ Leinenführigkeit,
■ Freifolge,
■ Platz aus der Bewegung,
■ Hinlegen aus der Bewegung mit Herankommen,

■ Freisprung über die Hürde,
■ Voraussenden mit Hinlegen,
■ Bringen,
■ Eigenidentifizierung aus 2 Gegenständen,
■ Kontrolle aus der Distanz.

Klasse 2 (nur von Klasse 1 abweichende Übungen genannt; Mindestalter 14 Monate):
■ Sitzen und Platz aus der Bewegung,
■ Eigenidentifizierung aus 4 Gegenständen.

Klasse 3 (nur von Klasse 1 abweichende Übungen genannt; Mindestalter 15 Monate):
■ Stehen und Sitzen aus der Bewegung,
■ Eigenidentifizierung aus 6 Gegenständen.

Obedience-Hunde müssen untereinander verträglich sein.

Ablegen in der Gruppe

Alle an einem Wettkampf teilnehmenden Hundeführer (HF) stellen sich mit ihren angeleinten Hunden in der Grundstellung (der Hund sitzt eng neben dem linken Fuß des HF) mit einem Abstand von ca. 5 Schritten in einer Reihe auf. Die Hunde werden abgeleint und mit dem Hörzeichen PLATZ abgelegt. Der Hund bleibt am Platz. Die HF entfernen sich ungefähr 20 Schritte und drehen sich zu ihrem Hund um. Die Hunde müssen 2 Minuten ruhig am Platz verharren. Nach Ablauf der Zeit gehen die HF zu ihrem Vierbeinern zurück, nehmen den Hund in die Grundstellung (SITZ) und leinen ihn an.

Aufbau: Zunächst muss der Hund die Übung »Ablegen« ohne Ablenkung perfekt beherrschen. Ein normal sozialisierter und behutsam ausgebildeter Hund wird wenig Schwierigkeiten machen, wenn er in der Gruppe abgelegt wird. Zunächst wird sich der HF nicht weit von seinem Tier entfernen. Bei einem Junghund ist zu beachten, dass seine Konzentrationsfähigkeit nur kurz ist und ihn

Man sieht dem Mischling seine gespannte Aufmerksamkeit deutlich an.

vielleicht die Neugier auf den Nachbarn zum Aufstehen verleiten könnte. Darum sollten Sie mit dem Junghund zunächst lieber nur kurz arbeiten.

Freisprung über eine Hürde

Der HF nimmt mit seinem Hund in der Grundstellung in angemessener Entfernung vor der Hürde Aufstellung. Auf Anweisung des Wettkampfleiters gibt der HF dem Hund mit je einem Hör- und/oder Sichtzeichen die Anweisung zum Hin- und Zurückspringen über die Hürde. Nach dem Rücksprung soll sich der Hund dicht vor den HF setzen und mit dem Hörzeichen FUSS rasch in die Grundstellung kommen. Die Höhe der Hürde soll der Schulterhöhe des Hundes entsprechen. Die Maximalhöhe beträgt 70 cm.

Aufbau: Welpen und junge Hunde dürfen auf keinen Fall zu hoch springen. Die Gelenke und Bänder sind noch zu weich, um einer größeren Belastung standzuhalten. Für den Anfang langt auch ein 20 cm hoher Sprung. Wichtig ist eher, dass der Hund lernt, hin und zurück zu springen. Stellen Sie sich in etwa 1 m Entfernung zu der Hürde auf. Der Hund ist angeleint. Dann laufen Sie mit dem Hund zur Hürde und geben ihm das Hörzeichen zum Hin- und nach einer Wendung zum Zurückspringen. Erst wenn der Hund diese Abfolge verstanden hat, kann man anfangen, ohne Leine zu arbeiten und die Hürde Schritt für Schritt zu erhöhen. Sobald der Hund Schwierigkeiten hat, nehmen Sie ihn wieder an die Leine.

Voraussenden mit Hinlegen

Das Team (Mensch und Hund) geht aus der Grundstellung geradeaus los (FUSS). Nach einigen Schritten wird der Hund mit einem Hörzeichen (VORAN, VORAUS) zu einer Markierung (z. B. Pylone) vorangeschickt. Mit dem Kommando bleibt der HF sofort stehen. Der Hund soll schnell und freudig weglaufen. Nach ca. 20 Schritten wird der Hund mit PLATZ an der Pylone angehalten. Auf Anweisung des Bewerters geht der HF zu seinem Tier und nimmt es mit SITZ in die Grundstellung.

Aufbau: Am besten verwendet man zum Aufbau schon eine Markierung, die auch aus der Entfernung für den Hund deutlich sichtbar ist. Das kann auch ein Kleidungsstück des HF (z.B. eine Jacke) sein. Gehen Sie mit dem Hund zum Ende der Vorausstrecke und legen Sie auf (oder neben) der Markierung unter geheimnisvollen Gebärden ein Leckerli oder Spielzeug ab, während der Hund zusieht. Gehen Sie nun mit dem Hund etwa 5 Schritte von der Markierung weg. Vor allem der junge Hund muss noch nicht in die Grundstellung genommen werden. Sobald Sie das Gefühl haben, dass Ihr Vierbeiner unbedingt zu dem Leckerli/Spielzeug will, schicken Sie ihn mit VORAN los.

Von einem jungen Hund verlangen Sie noch kein PLATZ. Fortgeschrittene Hunde, die das PLATZ aus der Distanz bereits kennen, werden an der Markierung ins Platz gerufen. Vorerst darf der Hund das Auslegen der Belohnung noch verfolgen, auch wenn Sie schon bald den Hund nicht mehr zum Auslegen mitnehmen. Schon bald wird der Hund verstanden haben, was Sie von ihm wollen. Dann ist es an der Zeit, dass der Hund das Auslegen der Belohnung nicht mehr verfolgen darf. Zu Beginn dieses Übungsstadiums müssen Sie die Entfernung von der Markierung wieder verkürzen und nur Schritt für Schritt wieder vergrößern bis der geforderte Abstand erreicht ist.

Mischlingsrüde Sam liegt perfekt ab.

Eigenidentifizierung aus zwei Gegenständen

Der HF erhält zu Anfang der Prüfung vom Wettkampfleiter einen Gegenstand ausgehändigt, den er bis zur Übung »Eigenidentifizierung« bei sich trägt. Der HF kennzeichnet diesen Gegenstand mit seiner Startnummer. Zu Beginn dieser Übung gibt der HF dem Wettkampfleiter seinen Gegenstand zurück. Dieser berührt den Gegenstand nicht mit seinen Händen, sondern verwendet z.B. eine Grillzange. Der Leiter legt diesen Gegenstand und einen weiteren, geruchsneutralen in einer Linie aus. Währenddessen dürfen Hund und HF nicht zuschauen. Das Team nimmt danach in etwa 12 Schritt Entfernung vor den Gegenständen Aufstellung. Der Hund wird mit einem Hörzeichen zu den Gegenständen geschickt. Der Hund muss mit Hilfe seiner Nase den Gegenstand, der den Geruch seines HF trägt, herausfinden, ihn aufnehmen, in schneller Gangart zum HF bringen und sich dicht vor diesen setzen. Der HF nimmt dem Hund den Gegenstand ab (AUS) und nimmt den Hund mit FUSS in die Grundstellung. Der Hund muss die Aufgabe nach spätestens 3 Minuten gelöst haben. Für jeden Teilnehmer werden frische Gegenstände verwendet. Die Geruchsunterscheidung, wie sie im Obedience verlangt wird, ist in ihrer Form einzigartig im Hundesport.

Aufbau: Schon Welpen kann man auf diese Übung zwanglos vorbereiten. Es ist nur nötig, dass der Hund lernt, auf Hörzeichen seine Nase einzusetzen. Dies kann man leicht erreichen, indem man dem Hund etwas für ihn sehr Interessantes offen vor die Nase hält. Der Kleine wird automatisch daran schnüffeln. Dazu können Sie ein Hörzeichen (z.B. SCHNUFF) establieren. Nach und nach gehen Sie dazu über, das Objekt der Begierde leicht zu verstecken. Wenn der Hund nun anfängt zu suchen, können Sie das Hörzeichen SUCH dazu zu geben. Allmählich können Sie dann dazu übergehen, auch andere Gegenstände mit Ihrem Geruch (z.B. die in Prüfungen manchmal verwendeten Wäscheklammern aus Holz oder ein Tuch) zu verwenden. Es genügt

Beim Üben darf das Loben nicht zu kurz kommen. Schäferhündin Vera genießt die Zuwendung ihres Herrchens.

dazu, den Gegenstand kurze Zeit am Körper oder in der Hand zu halten. Die Übung muss für den Hund zunächst ein lustiges Versteckspiel sein.

Nun ist es an der Zeit, sich z.B. eine Grillzange anzuschaffen, damit Sie auch Gegenstände auslegen können, die nicht Ihren Geruch tragen. (Aber Vorsicht: Es reicht, die Gegenstände nur kurz in der Tasche zu tragen, um sie mit Ihrem Geruch zu »kontaminieren«! Am besten, sie öffnen die Packung erst kurz vor der Verwendung.) Diese Zange muss auch sehr sorgfältig getrennt von den Suchgegenständen aufbewahrt werden, damit sie nicht deren Geruch annehmen kann. Auch dürfen Sie die Zange immer nur am Griff anfassen. Die verwendeten Gegenstände müssen alle gleich sein.

Beginnen Sie mit nur 2 Klammern. Eine, die geruchlich neutral ist und eine, die Ihren Geruch trägt. Als Hilfe kann die »falsche Klammer« am Boden befestigt sein, sodass der Hund sie gar nicht aufnehmen kann. Um dem Lehrling seine Aufgabe zunächst zu erleichtern, liegt der neutrale Gegenstand schon da, wenn man den Geruch tragenden dazu legt, sodass der Hund

das beobachten kann. Wenn der Hund die Hörzeichen JA und NEIN versteht, kann man ihn die ersten Male damit helfen, den richtigen Gegenstand auszuwählen.

Im nächsten Schritt verringern Sie den Abstand zwischen den Gegenständen allmählich. Auch legen Sie nun beide Gegenstände aus – einen mit der Zange und den anderen mit der Hand. Jetzt muss der Hund wirklich seine Nase benutzen. Natürlich darf der Hund alle Gegenstände mit der Nase prüfen. Dauert das allerdings zu lange, kann man den Hund unterstützen und seine Aufmerksamkeit auf den richtigen Gegenstand lenken.

Prüfungsreif ist der Hund, der ohne Probleme den richtigen Gegenstand findet und ihn schnell und freudig zu Ihnen bringt (zu dieser Übung siehe auch Seite 80 ff.).

Kontrolle aus der Distanz

Auf Anordnung des Richters legt der HF seinen Vierbeiner hinter einer imaginären Linie zwischen zwei Markierungen (Pylonen) ab. Der HF geht ca. 20 Schritte von seinem Hund weg und stellt sich in Front zu ihm auf. Der Wettkampfleiter stellt sich nun hinter den Hund und zeigt dem HF mittels lautloser Zeichen an, wohin der Hund laufen und welche Position (SITZ oder PLATZ) er einnehmen soll. Der Hund verändert zweimal seine Position. Dazu darf der Hundeführer sein Tier mit Hör- und/oder Sichtzeichen lenken. Während der Arbeit darf der Hund sich seinem HF nicht nähern.

Aufbau: Der Hund kennt das Vorauslaufen (siehe Seite 131 f.). Den Übergang vom SITZ in das PLATZ und umgekehrt lehren Sie dem Hund zunächst getrennt vom Vorauslaufen. Knien Sie sich neben den Hund und lassen Sie ihn sitzen. Aus dem SITZ erfolgt das Kommando für PLATZ. Das dürfte der Hund ohne Schwierigkeiten befolgen. Umgekehrt – vom PLATZ in das SITZ – heben Sie den Hund mit einer Hand sanft unter seinem Bauch an. Nach und nach bauen Sie die Hilfen ab und entfernen sich bis zur vorgeschriebenen Distanz.

Flyball- und Frisbee-Spiele

Flyball

Dieses lustige Wettrennen um den fliegenden Ball kommt aus den USA zu uns. Der Flyball-Sport ist prinzipiell für jede Rasse oder jeden Mischling geeignet. Er ist Hundesport für jedermann. Hier regiert wirklich nur der Spaß an der Sache, obwohl vor allem in den USA auch Wettbewerbe ausgerichtet werden. Auch für die Hundeführer gibt es keine Altersgrenze. Jeder vom Kind bis zum Senior kann mitmachen. Ihr Hund muss keine hochbewertete Obedience-Unterordnung vorlegen können, um am Flyball Spaß zu haben. Freude an der Bewegung, einen gewissen »Tick« für Bälle und Apportierlust zeichnen den guten Flyballhund aus.

Wichtigster Bestandteil des Spiels ist die Ballwerf-Maschine. Es gibt verschiedene Ausführungen, die man relativ leicht selbst nachbauen kann. Im Prinzip besteht die Maschine aus einem Kasten, an dessen Front ein breiter Hebel oder ein Trittbrett angebracht ist, das der Hund mit seiner Pfote niederdrücken muss. Das löst einen Mechanismus aus, der einen Ball aus dem Kasten hochspringen lässt. Der Hund muss diesen Ball fangen.

Die meisten Hunde haben den Trick schnell heraus. Vor allem die »Pfoten«-Hunde. Es gibt nämlich verschiedene Hundetypen: Die einen versuchen ein Problem zu lösen, indem sie ihre Schnauze einsetzten, die anderen bevorzugen die Pfote. Beobachten Sie einmal Ihren Hund, dann werden Sie schnell erkennen zu welchem Typ er gehört. Der »Schnauzen«-Typ wird wahrscheinlich etwas länger brauchen, um das Rätsel der fliegenden Bälle zu lösen. Aber lernen wird er es auch, wenn er nur temperamentvoll, arbeitsfreudig und vor allem »ballverrückt« ist.

Lernen Sie Ihren Vierbeiner am besten an, indem Sie ihn zu der Box führen und den Auslöser selbst betätigen, damit der Hund zunächst nur merkt, worum es bei dem merkwürdigen Kasten eigentlich geht. Halten Sie den Hund dazu an, den Ball zu fangen. Hat Ihr Hund erst einmal die Box mit dem fliegenden Ball verknüpft, manipulieren Sie ihn sanft so an der Box, dass der Auslösemechanismus aufschnappt und der Ball fliegt.

Die meisten Hunde haben den Trick mit der Ballmaschine schnell heraus.

Ist dieses Ballfangen für den Hund an sich schon ein großer Spaß, kann man das Ganze für Hund und Mensch noch interessanter machen. Die Ball-Box wird in einen Parcours eingebaut.

Dazu benötigt man eine 22 m lange gerade Bahn. Vor der Start- bzw. hinter der Ziellinie muss ein 6 m langer Freiraum liegen. In 2 m Abstand von der Startlinie steht die erste von vier maximal 60 cm breiten Hürden. Die anderen Hürden folgen in 3-m-Abständen. Für Flyball-Rennen sind Hürden mit mindestens 20 cm und höchstens 40 cm Höhe nötig. Die Höhe der Hindernisse wird so eingestellt, dass sie 10 cm unter der Schulterhöhe des kleinsten Hundes liegt. 5 m hinter der letzten Hürde befindet sich die Ball-Maschine. Der Hund wird an der Startlinie weggeschickt. Er soll über die 4 Hürden springen, den Hebel an der Box mit der Pfote betätigen, den Ball fangen und mit dem Ball über alle Hürden zur Start-/Ziellinie zurücklaufen.

Um den Reiz des Spieles zu erhöhen wird im Wettkampf neben dem ersten Parcours in einigem Abstand ein zweiter aufgebaut. So können zwei Teams auf Zeit gegeneinander laufen. Nach drei Durchgängen erreicht das Team mit der schnellsten Zeit die nächste Runde und kann dann gegen ein anderes Siegerteam antreten.

Hunde-Frisbee

Für viele Hunde ist es die höchste Wonne, die weit fliegende Frisbee-Scheibe zu jagen und schließlich mit manchmal abenteuerlichen Sprüngen zur Strecke zu bringen. Solange der Hund im Wachstum ist, müssen Sie sehr vorsich-

Nicht nur Frisbees fliegen hoch.

tig sein. Knochen und Bänder sind noch weich und empfindlich. Aber schon Welpen kann man mit der Scheibe bekannt machen, indem Sie babygerechte Fangspiele gestalten, ohne die Scheibe zu werfen. Zerrspiele sind zu vermeiden, weil sie ein hartes Maul und das unerwünschte Ankauen der Scheibe fördern.

Lassen Sie sich von Ihrem Hund nie zu einem Nachlaufspiel verleiten. Der Vierbeiner muss Ihnen die Scheibe immer zurückbringen. Wenn Ihr Welpe oder Junghund lieber mit der Beute davonläuft, laufen Sie in die entgegengesetzte Richtung und locken den Vierbeiner zu sich. Lässt der Hund unterwegs die Scheibe fallen, laufen Sie zum Frisbee hin und machen es dem Hund interessant, bis er es von alleine wieder aufnimmt. Locken Sie nun erneut. Es wird sich bald zeigen, ob Ihr Hund Gefallen an diesem Spiel findet.

In dem Maß, in dem der Hund wächst, kann dann das Frisbee auch ein kleines Stück nahe dem Boden sachte geworfen werden. Zunächst nur einen halben Meter, dann immer weiter. Die Flugbahn bleibt aber immer noch flach und die Wurfwucht gemäßigt, damit der junge Hund nicht zu für ihn noch gefährlichen Sprüngen verleitet wird. (Übrigens ist das flach und mit wenig Schwung geworfene Frisbee auch eine gute Bewegungsart für Hundesenioren.)

Ob Sie mit Ihrem Hund nun in Wettbewerben starten oder das Ganze nur zum Spaß betreiben wollen: Auf jeden Fall müssen Sie sich mit den verschiedenen Wurftechniken der Frisbee-Scheibe vertraut machen, um Pep in das Spiel bringen zu können. Üben Sie zunächst ohne Hund.

Wenn es dann ernst wird, achten Sie darauf, dass Ihr Hund sich wie jeder Sportler vor dem Spiel mit Sprüngen genügend aufwärmen kann. Dann kann es losgehen. Ob Sie nun mit Ihrem Hund Figuren oder den »Viel-Scheiben-Fang« vorführen wollen, ob Sie beide unter Körpereinsatz zum Takt des Frisbee tanzen, ist sicher nicht entscheidend, solange Sie und Ihr Schützling viel Spaß haben. Im Gegenteil, wenn es nicht unbedingt Hochleistungssport sein muss, ist das Frisbee-Spiel gut geeignet, da Sie als

Border Collie Jacky findet die Kombination von Frisbee-Spiel und Wasserplantschen herrlich.

Spielführer nicht die gleichen athletischen Fähigkeiten wie Ihr Hund erreichen müssen. Sie können Ihrem Hund optimale Bewegungsmöglichkeiten bei eigenem minimalem Einsatz bieten.

Wie bei vielen außergewöhnlichen Sportarten ist das Ursprungsland für Hunde-Frisbee die USA. Der erste größere Wettbewerb fand 1974 in Kalifornien statt. Dort starteten bereits mehr als hundert Teilnehmer. Mit der Zeit fand dieser Sport Anhänger in Europa und Asien. 1989 fand die Weltmeisterschaft übrigens in Berlin statt.

Die Voraussetzungen für den Flyball- und Frisbee-Sport

Flyball und Frisbee sind beides rasante Spiele für blitzschnelle Hunde. Ja, das Frisbee-Spiel fordert in höheren Klassen nahezu artistische Fähigkeiten. Frisbee- und Flyball-Spiele fordern den Hund körperlich sehr. Man sollte nicht länger als 20 Minuten am Tag üben. Stellen Sie Ihren Hund, auch wenn er keine deutlichen Krankheitsanzeichen zeigt, unbedingt Ihrem Tierarzt vor, wenn Sie Flyball trainieren oder Frisbee spielen wollen. Das Herz-Kreislauf-System und der Bewegungsappart müssen absolut ohne funktionelle Störungen sein. Röntgenaufnahmen auf HD (Hüftgelenksdysplasie) und je nach Rasse auch ED (Ellenbogengelenksdysplasie) und Spondylose (Verknöcherungen im Wirbelsäulenbereich) sollte vor allem jeder Großhundebesitzer (etwa ab Schäferhundgröße) machen lassen. Unter Umständen ist der junge Hund zwar (noch) beschwerdefrei, aber im Röntgenbild sind bereits Krankheitsanzeichen zu sehen. Mit solchen Tieren körperlich anstrengend zu spielen verbietet sich von selbst, da der Hund früher oder später Schmerzen bekommen würde und trotz neuer Operationstechniken sich das Lebensalter des Hundes deutlich verkürzen könnte.

Leider sind auch Hunderassen unter Schäferhundgröße von Knochen- und Gelenksleiden nicht unbedingt frei. Das bemerkt man nur durch ihr geringeres Gewicht weniger. (Typisch ist z. B. die Patellaluxation bei Kleinhunderassen.) Mit

Und ich kriege sie doch!
Der weiße Schäferhund
zeigt viel Körperarbeit.

großen, schweren Rassen (z.B. Bernhardiner) sollten Sie diese Sportarten vermeiden. Hier sind Bänderrisse zu befürchten. Wenn Ihr Hund offensichtlich gerne den Ball oder die Frisbee-Scheibe herzhaft packen würde, jedoch plötzlich darin nachlässt, könnte das auch ein Hinweis für Zahnerkrankungen sein. Ein zersprungenes Frisbee kann für den Hund gefährlich scharfe Ränder aufweisen. Ersetzen Sie es sofort oder verwenden Sie besser weiche Frisbees.

Selbst wenn Ihr Hund kerngesund ist, dürfen Sie ihn nicht überfordern. Manche Hunde kennen nämlich nicht ihre Grenzen. Sie gehen im Spiel derart auf, dass sie sich bei warmen Wetter bis zum Hitzschlag verausgaben. Vor allem beim Frisbee-Spiel muss man sich immer vor Augen halten, dass die manchmal gewaltigen Sprünge nach der Scheibe an sich schon ein recht hohes Verletzungsrisiko beinhalten. Die Risiken kann man etwas eingrenzen, wenn man das Training bei Hitze vermeidet und auf einen möglichst weichen Untergrund achtet (geteerte oder gepflasterte Straßen sind verboten!). Die Frisbeescheibe sollte aus weichem, stabilem Material gefertigt sein.

Der Flyball darf nicht zu klein sein, sonst könnte er vom Hund verschluckt werden oder im Schlund stecken bleiben. Dann ist der Hund rettungslos verloren. (Gefährlich sind Tennisbälle für z.B. Schäferhunde oder Rottweiler. Es hat schon Todesfälle gegeben!) Ist der Ball zu schwer und hart, könnte sich der Hund die Zähne daran ausschlagen.

Meistens ergeben Rassebeschreibungen zuverlässige Hinweise, ob der Hund an Power-Spielen Gefallen finden wird. Doch selbst wenn der Körperbau geeignet erscheint wollen manche nicht so recht. Ich habe bis jetzt zwar noch keinen faulen Border Collie gesehen, aber sogar das soll es geben. Die schweren, ruhigen Rassen (z.B. doggenartige) oder solche mit einem langen Körper auf kurzen Beinen (z.B. Dackel oder Basset Hound) überlassen es gerne den kleineren oder quirligeren, sich im Spiel zu verausgaben. Vor allem für Frisbee-Spiele sind die agilen kleinen bis mittelgroßen Rassen zu bevorzugen.

Dogdancing und TEAM-Dance

Die Idee, Hundearbeit mit Musik zu verbinden, wurde Ende der achtziger Jahre in Kanada und England geboren. Heelwork to music (Bei-Fuß-gehen nach Musik) hat dort schnell viele Anhänger gefunden. Nach und nach entwickelte sich die Idee weiter. Dogdancing wurde ins Leben gerufen. Als das neueste Erscheinungsbild darf der TEAM-dance nach Ekard Lind angesehen werden, den er im Stillen ausarbeitete und erst 1998 der Öffentlichkeit vorstellte.

Der TEAM-dance bietet vielfältige Möglichkeiten, Sport und Musik im gemeinsamen Tanz von Mensch und Hund miteinander zu verbinden. Die Philosophie des TEAM-Dance hat sich aus Lind´s Idee einer neuen, wertschätzenden Mensch-Hund-Beziehung entwickelt. Neben den neuesten Erkenntnissen der Verhaltensforschung spielen ethische und pädagogische Grundsätze eine große Rolle. Die Individualität des Hundes wird gleichsam beachtet. Neben sportlichen Elementen steht der Umgang mit dem Hund im Vordergrund. So kann eine Harmonie zwischen Mensch und Hund entstehen, die die Grundlage für den TEAM-Dance bildet. Die Art der Kommunikation mit dem Hund und seine Motivation spiegeln sich im Spiel und der Ausübung von Autorität des Hundeführers wieder. Die Basis des TEAM-dances bilden Übungen der klassischen Unterordnung, die allerdings nur durch positive Motivation eingeübt werden.

Lind hat sich Aufgaben aus der Pferdedressur (zum Beispiel den »spanischen Schritt«) zum Vorbild genommen. Dazu kommen verschiedene

*Ein Tanz-Team aus der
Schule von Frau Schmid
zeigt einen kleinen Sprung.*

Tanzweisen. Erster Grundsatz des TEAM-dance ist, dass der Hund beim Tanz nicht einfach ein paar Kunststückchen zeigen soll, für die er belohnt wird, sondern zwischen Mensch und Hund soll sich ein feines Band aus selbstverständlicher Kommunikation und tänzerischem Aufeinander-Eingehen spinnen. Der Mensch soll sich zunächst ohne Hund mit Musik und Tanz unterschiedlicher Art auseinander setzen. Wie kann man nun aber dem Hund den Tanz so vermitteln, dass beide Spaß daran haben? Hunde haben ähnlich wie Pferde ein Gefühl für Musik und Rhythmus. Dieses Gefühl muss nun behutsam gefördert werden. Daher wird im TEAM-dance besonders darauf geachtet, dass der Hund in permanenter positiver Stimmung ist.

Die ersten Übungen sind sehr knapp (nur einige Minuten) zu halten. Der Mensch muss aus der positiven Schwingung der Musik heraus mit dem Hund kommunizieren und ihn zu freudiger Mitbewegung anleiten. Experimentieren Sie mit Bewegungen, Stimme, Gestik und Mimik, ohne den Hund direkt zu beeinflussen. Beobachten Sie den Vierbeiner. Was bietet er von sich aus an? Geht der Hund auf die Musik und Ihre tänzerischen Bewegungen ein, folgt freies Spiel zur Musik. Nach und nach orientiert sich das Spiel an der Musik.

Nach frühestens 2 Wochen Training werden Sie mit Ihrem Hund einen improvisatorischen Tanz vorführen können. Es muss vor allem deutlich sein, dass der Hund positiv auf die Musik reagiert und sich voll und ganz auf den Tanzführer konzentriert. Dies muss auch ohne ein Spielzeug oder ähnliches Motivationsobjekt zu erreichen sein. Die freudige Konzentration auf den Hundeführer muss dem Vierbeiner nach einer etwa 6-monatigen Grundausbildung selbstverständlich sein.

Aus dem freien Spiel zur Musik wird im TEAM-dance Schritt für Schritt eine Choreografie, die durchaus künstlerische Ansprüche stellen kann. Der Tanz mit dem Hund ist für alle Rassen geeignet. Lind betont, dass Musik und Tanzstil frei gewählt werden können. Daher kann die Choreografie ganz nach rasse- und individuell bedingten Vorgaben aufgebaut werden. In der höchsten Prüfungsstufe (4) muss der Hund etwa 100 (!) verschiedene Hörzeichen beherrschen.

Schließlich, nach vielem Üben, findet das Tanz-Paar zu einem gemeinsam ausgeführten Schritt, dem Variosynchronen Schritt. Diese Tanzweise wird deshalb »vario«-synchron genannt, weil die Synchronisation immer wieder durch asynchrone Passagen (Soli) abgelöst wird. Nach Lind zählt Harmonie zu den elementarsten Bedürfnissen des Hundes. Verpönt sind beim TEAM-dance Dressurleistungen als Selbstzweck, übertriebene Effekthascherei, Aufgabenstellungen, die dem Hund gesundheitlich schaden oder widernatürlich sind sowie Aufgaben, die eine Vermenschlichung des Tieres unterstützen.

Bei einem TEAM-dance-Tunier kann man in 4 verschiedenen Stufen starten. Die vierte ist die höchste Stufe. Die Gesamtnote kann höchstens 100 Punkte betragen. Diese Gesamtnote setzt sich aus 20 Punkten für den technischen Teil (Pflicht) und 80 Punkten für den künstlerischen Teil (Kür) zusammen. Die Punktzahl in der Kür wiederum ergibt sich aus den vier Bewertungspunkten Choreografie (20 Punkte), künstlerischem Ausdruck (20 Punkte), TEAM-Harmonie (20 Punkte) und technische Ausführung (20 Punkte). Das ausgewählte Musikstück darf in der Wertungsstufe 1 höchstens 2 Minuten, in der Stufe 4 höchstens 6 Minuten lang sein. Das Tanzfeld sollte zwischen 12 x 16 m und 13 x 17 m groß sein. Das Prüfungswesen ist zur Zeit im Aufbau. Wichtig sind die Bewertungsgrundsätze, die die Gewichtung von TEAM-dance-Vorführungen zeigen. Lind selbst setzt diese in seinem Buch folgendermaßen fest:

■ Homogenität: Die TEAM-dance-Vorführung soll eine in sich geschlossene Einheit widerspiegeln.

■ Vorbereitung, Ausbildung, Training, Prüfung und Turnier sind so zu gestalten, dass sie dem Ziel der Mensch-Hund-Harmonie dienen.

■ TEAM-Gedanke: Die Bedürfnisse von Mensch und Hund sollen in eine für beide vertretbare ethische Form gebracht werden.

■ Arteigen betonte Figuren und gemeinsam

Frau Angela Schmid und Ihr Kelpie Bandit in perfekter Harmonie.

ausgeführte Schritte sollen choreographisch verbunden und gegenübergestellt werden. Überforderung ist zu vermeiden.

■ Künstlerisch-sportliche Leistung: Dazu bekennen sich die TEAM-dance-Ausübenden nach dem Vorbild der Olympischen Grundsätze.

■ Die künstlerische Aussage wird höher bewertet als Akrobatik und isolierte, technische Perfektion.

TEAM-dance als Erweiterung von Heelworkto-music ist nur eine Form des Tanzes mit dem Hund. In der Schweiz ist es vor allem Angela Schmid, die eine anders aufgebaute und in manchen Punkten von Linds Methode unterschiedliche Art zu einer zwanglosen tänzerischen Beschäftigung mit dem Hund geführt hat. Gefragt ist auch hier ein partnerschaftliches Zusammenwirken von Hund und Mensch, das vor allem Spaß macht. Dogdancing kann nur gelingen, wenn das Verhältnis zwischen Mensch und Hund auch im Alltag von Harmonie geprägt ist.

Sport für Spezialisten

Die Fährtenarbeit

viele
Rassen,
außer
Windhunde

Der Hund ist ein ausgesprochenes Nasentier. Die Erlebniswelt des ausgewachsenen Hundes baut sich in erster Linie aus Geruchsbildern auf. Akustische und vor allem optische Eindrücke sind weit weniger wichtig als beim Augentier Mensch. Nach neueren Untersuchungen liegt die untere Riechschwelle des Hundes je nach seinen Fähigkeiten und seiner Motivation 10–100 Mal niedriger als die des Menschen. Es gibt rassebedingte Unterschiede in der Riechleistung, aber auch Ausnahmen.

Besonders kurznasige Hunde (z. B. der Boxer) haben, manchmal auch auf Grund von zu engen Nasenlöchern, vor allem bei Hitze Konditionsmängel und Atmungsschwierigkeiten.

Wissenschaftlich ist es aber nicht geklärt, ob die Funktion der Nase durch den verkürzten Fang generell beeinträchtigt ist. Viele als Fährten- und Rettungshunde sehr gut arbeitende Boxer zeigen hier der Theorie ihre Grenzen auf.

Die Quelle des menschlichen Geruchs ist sein Körperinneres (z. B. über den Atem) und seine Körperoberfläche. Viele verschiedene Faktoren wirken bei der Geruchsentstehung mit. Neben abgestorbenen Hautzellen (Schuppen) und Hautsekreten (Talg, Öle) sind die Zersetzungsprodukte des Schweißes stark geruchsbildend. Die menschliche Haut ist natürlicherweise ein Tummelplatz für Bakterien, Pilze und Parasiten. Es sind vor allem die Bakterien, die laufend die abgestorbenen Zellen und Hautsekrete zersetzen. Bei dieser Verwesung entstehen Gerüche, die der Hund aufnimmt. Die Zusammensetzung des Geruchsbildes eines Menschen ist von allen anderen Menschen verschieden.

Eine Fährte setzt sich aus verschiedenen Komponenten zusammen: Durch das Auftreten werden die Vegetation verletzt und eventuelle kleine Bodentiere zertreten. Pflanzen- und Tiersäfte treten aus und werden durch Bakterien zersetzt. Dies gilt auch für die menschlichen Geruchspartikel, die auf die Erde herabsinken.

Rottweiler-Hündin
Bora nimmt intensiv
Bodenwitterung auf.

Dies alles zusammen bildet eine geruchliche Leitbahn für die Hundenase. Solch eine Fährte verändert sich mit der Zeit durch Wind, Wetter und Temperatur auf charakteristische Weise. Mit zunehmender Übung und Erfahrung wird Ihr Hund solch einer Bodenfährte immer sicherer folgen. Im Gegensatz zu einer Bodenfährte können sich Geruchspartikel auch in der Luft befinden. Ein Hund sucht diese »Fährte« mit hoher Nase – man sagt, er »stöbert«.

Fährtenarbeit ist eine der hundegerechtesten Aufgaben überhaupt und eignet sich auch besonders gut zur Beschäftigung von Jagdhunden, die nicht in der Jagd geführt werden.

Die steigenden Schwierigkeitsgrade führen im Prüfungswesen über den Teil der Fährtenarbeit innerhalb einer Schutzhunde-Prüfung bis zur eigentlichen Fährtenhund-Prüfung im Sportwesen und der Rettungshundearbeit.

■ VPG 1: Eigenfährte (vom Hundeführer selbst gelegt), 350–400 Schritte lang, mindestens 20 Minuten alt, 2 Gegenstände, an einer 10 m langen Fährtenleine oder frei gesucht. Fährte enthält 2 rechte Winkel.

■ VPG 2: Fremdfährte, mindestens 30 Minuten alt, ca. 600 Schritte lang, 2 Gegenstände. An einer 10 m langen Fährtenleine oder frei gesucht. Fährte enthält 2 rechte Winkel.

■ VPG 3: Fremdfährte, mindestens 60 Minuten alt, ca. 800 Schritte lang, 3 Gegenstände. An einer 10 m langen Fährtenleine oder frei gesucht. Fährte enthält 4 rechte Winkel.

■ FH 1: Fremdfährte, 180 Minuten alt, 1000–1400 Schritte lang, 4 Gegenstände. 30 Minuten nach dem Legen der Fährte kreuzt ein anderer Fährtenleger mehrere Male die Fährte. 6 rechte Winkel.

■ FH 2: Fremdfährte, 180 Minuten alt, 2000 Schritte lang, 7 Gegenstände. 30 Minuten vor dem Ansatz des Hundes kreuzt ein anderer Fährtenleger mehrere Male die Fährte. 7 Winkel, davon mindestens 2 spitz und 1 Bogen.

■ RH-FH A: Fremdfährte, 90 Minuten alt, 1000 Schritte lang, 5 Gegenstände. Der Fährtenleger liegt oder sitzt am Ende der Fährte. 5 Winkel.

■ RH-FH B: Fremdfährte, 180 Minuten alt, 2000 Schritte lang, 7 Gegenstände. Der Fährtenleger liegt oder sitzt am Ende der Fährte. 7 Winkel, davon mindestens 2 spitz.

Schäferhündin Raschka mit ihrer Führerin bei einer Meisterschaftsprüfung. Die Hündin fährtet an einer 10 m langen Suchleine.

(Die Abkürzungen bedeuten: VPG = Vielseitigkeitsprüfung für Gebrauchshunde; FH = Fährtenhundprüfung; RH-FH = Rettungshund, ausgebildet vor allem in der Fährtensuche)

Als Untergrund für die Fährte eignen sich alle natürlichen Böden. Die Fährtengegenstände innerhalb einer Fährte müssen unterschiedlich sein und dürfen die Größe einer Brieftasche nicht überschreiten. Als Material kommen Leder, Kunstleder, Textilien und Holz in Betracht. Der Hund kann bei allen Fährten an der Suchleine (10 m) oder frei geführt werden. Bei der Freisuche ist ein Abstand von ca. 10 m zum Hund einzuhalten. Hat der Hund einen Gegenstand gefunden, kann er ihn durch Verweisen (Sitzen, Liegen, Stehen, ohne dass der Gegenstand aufgenommen wird) oder durch Aufnehmen anzeigen. Bei der Rettungshundeprüfung muss der Hund den Fährtenleger am Schluss eindeutig anzeigen.

Die Vielseitigkeitsprüfung für Gebrauchshunde

alle Gebrauchshunde-rassen

Die Wach- und Schutzfunktion der Hunde war wahrscheinlich mit einer der Gründe, warum sich die Beziehung zwischen Mensch und Hund so dauerhaft entwickelt hat beziehungsweise der Hund überhaupt domestiziert wurde. Es gab und gibt triftige Gründe, warum Hunde mit ihren feinen Sinnen als Beschützer von Menschen eingesetzt werden. Die verantwortungsvolle und fachgerechte Ausbildung von zuverlässigen echten Schutzhunden ist allerdings schwierig und erfordert viel Einfühlungsvermögen und Sachkenntnis. Die Ausbildung solcher Hunde muss professionellen Ausbildern vorbehalten sein.

Die Vielseitigkeitsprüfung für Gebrauchshunde (Abk. VPG) hat nichts mit solch einer Ausbildung echter Schutzhunde zu tun. Die Hunde werden dabei in drei Disziplinen und drei Stufen (VPG-I bis VPG-III) ausgebildet: der Nasenarbeit (Fährte; siehe oben), der Unterordnung und dem Schutzdienst. Die Voraussetzung für das Ablegen einer VPG-Prüfung ist das Bestehen einer Begleithundeprüfung (BH; siehe Seite 49). In allen drei Disziplinen sind verschiedene Übungen zu absolvieren, die mit Punkten bewertet werden. Auf Prüfungen, nationalen und internatio-

Schäferhund-Rüde Argus zeigt perfekt die Übung »Stellen und Verbellen«. Der Hund darf den Helfer nicht berühren.

nalen Wettkämpfen treten die Hundeführer gegeneinander an. Gewinner ist der, der mit seinem Hund die meisten Punkte (insgesamt höchstens 300) erringen kann.

In der Unterordnung werden folgende Übungen verlangt: Leinenführigkeit, Freifolge, Sitz, Platz und Steh (VPG-III) aus der Bewegung, das Apportieren eines speziellen Holzes auf der ebenen Erde, eine 1 m hohe Hürde und (ab VPG-II) eine Schrägwand bewältigen, Voraussenden des Hundes (ca. 30 Schritt weit) mit Hinlegen und das Ablegen unter Ablenkung.

Die Ausbildung im so genannten Schutzdienst wäre besser mit »Triebförderung« bezeichnet. Der Hund darf nur in einen gepolsterten Schutzärmel beißen und muss auf ein einmaliges Kommando sofort ablassen. Der Hund sieht den Schutzärmel als seine Beute an. Er beißt, um diese Beute zu erringen und nicht, um den Menschen zu verletzen. Das wird auch dadurch offensichtlich, dass der Hund, sobald der Figurant den Ärmel auslässt, jedes Interesse an dem Menschen verliert und sich nur noch mit dem Ärmel beschäftigt. Der Ärmel ist seine Beute, die der Hund bei der Übung auch meist vom Platz tragen darf. Solchen Hunden macht der Schutzdienst großen Spaß.

Hund im Anflug! Terrier-Mischling Justy ist ganz wild auf seine Ärmel-Beute.

Vor allem die Gebrauchshunde, die einen mehr oder minder stark ausgeprägten Beutetrieb haben, können sich im »Schutz«-Dienst ausleben, ohne dass sie gefährlich oder bösartig werden. Darüber hinaus kann nur ein Hund die Prüfung bestehen, der in der Fährtenarbeit und der Unterordnung eine Mindestpunktzahl erreicht (70%) und auch im Schutzdienst jederzeit im Gehorsam steht und den Ärmel trotz großen Beutetriebs jederzeit auslässt. Hunde, die Wesensschwächen zeigen, werden von der Prüfung sofort ausgeschlossen.

Nur weil der Hund eine Ausbildung im Sportschutzdienst durchlaufen hat, wird er nicht automatisch zum guten Beschützer. 97% der VPG-Hunde wüssten trotz ihrer Ausbildung nichts mit einem ernsthaften Angriff auf ihren Hunde-

Der Rottweiler hat seine Sache gut gemacht und bekommt zur Belohnung seine »Beute«, den Schutzarm.

führer anzufangen. Es ist ein Ammenmärchen, dass VPG-Hunde bewusst scharf gemacht werden, um irgendwelche physischen oder psychischen Defekte ihres Herrchens oder Frauchens zu kompensieren. Wenn es schwarze Schafe gibt, die außerhalb eines geregelten Übungsbetriebes innerhalb eines VDH-Vereines mit tierquälerischen Mitteln Hunde als Beißmaschinen missbrauchen, dann sind das Auswüchse unserer Gesellschaft, denen man zurecht mit gesetzlichen Mitteln entgegentreten muss.

Die VPG-Ausbildung ist anspruchsvoll, zeitaufwändig und vielseitig. Im richtigen Maß eingearbeitete Hunde haben an allen Disziplinen Spaß. Über die intensive Beschäftigung miteinander wachsen Hund und Führer auch enger zusammen. Wenn Sie Interesse an einer solchen Ausbildung haben, besuchen Sie zunächst einmal Vereine in Ihrer Umgebung und schauen Sie sich den Übungsbetrieb an. Herrscht ein Kasernenhofton und schleichen die Hunde nur freudlos neben ihren Besitzern her, dann suchen Sie sofort das Weite. Leider gibt es auch im Hundesport ein paar ewig gestrige. Wird individuell auf jeden Hund und seinen Führer eingegangen und bemüht man sich, dem Hund über positive Erlebnisse die einzelnen Übungen beizubringen, können Sie hier nicht ganz falsch sein. Stehen jetzt noch der Hund und seine Bedürfnisse als Tier und nicht als Sportgerät an erster Stelle, dann kann der VPG-Sport eine für Mensch und Hund sehr befriedigende Beschäftigung sein, die dem Hund ein gefahrloses Ausleben seiner angeborenen Triebe erlaubt. Wer darüber hinaus noch Freude an Wettkämpfen hat, kann zusammen mit seinem Hund ein spannendes Hobby ausüben.

Hüten und Treiben

Hüte- und Treibhunde

Der Einsatz von Hunden zum Schutz und zum Hüten der Herden gehört sicherlich neben der Jagd zu den ältesten Gebrauchsformen von Hunden durch den Menschen. Mit unterschiedlichen Schwerpunkten haben sich mehrere Arbeitsarten in verschiedenen Ländern und Regionen herausgebildet. Es gibt vier Einsatzarten von Hunden an Nutztierherden:

■ **Herdenschutzhunde:** Dies sind meist große, molosserähnliche Hunde, die eine Herde eigenständig bewachen und gegen Eindringlinge jeder Art, vor allem große Beutegreifer wie Wolf oder Bär, auch unter Einsatz ihres Lebens verteidigen. Diese Hunde sind sehr selbstständig und ordnen sich nur bedingt dem Menschen unter. Ihre Haltung und Ausbildung als Herdenschutzhund

erfordert genaue Fachkenntnisse und auch die richtige Umgebung, sodass sie als Hobby nicht geeignet ist. Der Umgang mit diesen Hunden im Haus ist schwierig und für Fremde manchmal gefährlich. Sollten Sie wirklich einen Hund aus dieser Kategorie besitzen, kann ich nur empfehlen, sich so gut wie möglich fachkundig zu machen.

■ **Treibhunde:** Das Treiben, vornehmlich von Großvieh, erfordert vom Hund eine ganz bestimmte Technik. Auffallend ist zunächst, dass vor allem die schweizerischen Sennenhunde (Großer Schweizer, Berner, Appenzeller und Entlebucher Sennenhund) bei ihrer Arbeit ausdauernd bellen: Die Herde darf nicht durch einen lautlos auftauchenden Hund erschreckt werden.

Der Herdenschutzhund bewacht seine Schafe selbstständig. Mit solchen Hunden ist nicht zu spaßen, wenn es um ihre Herde geht.

Besonders im Gebirge könnte ein kopfloses Durchgehen der Kühe gefährlich werden. Der gute Treibhund zwickt das Vieh, wenn es zurückfällt, mit den Schneidezähnen ins hintere Fesselgelenk, manchmal auch in die Nüstern. Dem unweigerlich folgenden Hufschlag weicht der Hund geschickt aus. Das Um- und Einkreisen der Herde wird vom Treibhund nicht verlangt. Er treibt die Kühe aus dem Stall auf die Weide, treibt sie zum Melken wieder zusammen und zurück in den Stall. Er muss Tiere, die sich verstiegen haben, vorsichtig wenden und zur Herde zurückbringen. Er hält und bewacht das Vieh den ganzen Tag auf der Weide und bewacht auch die Sennhütte.

■ **Herdengebrauchshunde:** Dies sind Hütehunde, deren Arbeitsweise an Schafen sich den heutigen Gegebenheiten in der Landschaft angepasst hat. Gefordert wird eine saubere, ruhige und auf Wirtschaftlichkeit (beste Ausnutzung der Weideflächen, keine unnötige Beunruhigung und somit Störung der Fresszeit oder gar Verletzung eines Schafs) ausgerichtete Hütearbeit. Hinzu kommen das genaue Einhalten von Weidegrenzen, das Verhindern von Schäden an fremden Kulturen sowie das verkehrsgerechte Führen der Herde.

Für jede Herde (ca. 350 Tiere) benötigt der Schäfer zwei stets einsatzbereite Hütehunde und einen dritten als Reserve. Die Hunde müssen auf Kommando oder selbstständig die Herde flankieren, in den Grenzen der Weideflächen halten und Naschen der Schafe von unerlaubten Feldfrüchten durch Wehren (Zurücktreiben und eventuell Zupacken) verhindern. Beide Hunde müssen sich durch Wort- und Sichtzeichen so aufstellen und einsetzen lassen, dass die Herde entsprechend den ständig wechselnden Weidegegebenheiten ruhig gelenkt werden kann. Der jüngere Hund wird als »Beihund« auf der Seite des Schäfers arbeiten, der erfahrenere Hund auf der gegenüberliegenden Seite mehr oder weniger selbstständig (Halben- oder Haupthund). Diese Wanderschäfereien werden aber immer seltener und sind kaum mehr zu sehen.

■ **Koppelgebrauchshunde:** Diese Hütehunde werden anders als die Herdengebrauchshunde eingesetzt. Sie treiben die Tiere während der Weidezeit von einer Koppel zur anderen und helfen dem Schäfer auch im Stall, im Pferch oder bei der Schafschur. Hütearbeit leisten sie bei der Ausnutzung der örtlichen Herbstweiden. Für alle Leistungen am Vieh zeigt sich, dass die ererbte Veranlagung maßgebend für die Güte der Arbeit ist. Oft sind Koppelschafhalter Nebenerwerbslandwirte, die sich nicht so intensiv mit ihren Hunden beschäftigen können. Für diese Arbeit hat sich der äußerst führige und dranghafte Border Collie bestens bewährt.

Übungsmöglichkeiten für Koppelgebrauchshunde

Schon so mancher Border-Collie-Besitzer hat sich von seinem arbeitswütigen und unermüdlichen Hund zur Anschaffung von Enten oder Gänsen überreden lassen. Wer kein Geflügel oder gar größere Weidetiere wie Schafe anschaffen will oder kann, ist auf Hüteseminare angewiesen, bei denen Weidetiere zur Verfügung gestellt werden. Inwieweit ein solcher nur sporadisch arbeitender Hund wettkampffrei wird, ist auch Begabungs- und Erfahrungssache des Hundes sowie des Führers.

Für die Teilnahme an einem Hüteseminar muss der Hund bereits über einen Grundgehorsam verfügen und mindestens 1 Jahr alt sein. In einem normalerweise rund eingezäuntem Grundstück befinden sich 5–6 Schafe. Meist wird vorher zwanglos getestet, wie sich der Hund den Schafen gegenüber verhält. Im Allgemeinen befindet sich dann noch ein Zaun zwischen den Tieren. Reagiert der Hund in gewünschter Manier und auf keinen Fall aggressiv, wird ein direkter Kontakt zu den Schafen zugelassen.

Wettbewerbe

Für Herden- und Koppelgebrauchshunde finden regelmäßig Wettkämpfe im Leistungshüten statt. **Hüten nach deutscher Art** richten der SV

Border Collies sind die geborenen Hütehunde.

(Verein für Deutsche Schäferhunde e.V.) für Deutsche Schäferhunde und die Vereinigung Deutscher Landesschafzuchtverbände (VDL) für Herdengebrauchshunde aller Rassen aus. Diese Wettkämpfe sind in aller Regel berufsmäßigen Schafhaltern vorbehalten.

Hütehundwettbewerbe **nach britischer Art** sind auch sportliche Wettkämpfe. Hier gibt es verschiedene Schwierigkeitsgrade und Abwandlungen in den einzelnen Ländern. In Deutschland gibt es seit 1989 die »Arbeitsgemeinschaft Border Collie« im Club für Britische Hütehunde. Inzwischen besteht ein breites Angebot an Wettbewerbsarten: speziell für junge Hunde, für mehrere Hunde, mit anderen Tierarten (Rinder, Ziegen) usw. Alle diese Hütewettbewerbe verlangen vom Hund das Treiben der Tiere über eine vorher abgestimmte Hindernisstrecke, die in der Regel mit dem Einpferchen oder Verladen der Tiere abgeschlossen wird. Dabei muss ein Zeitlimit eingehalten werden.

Im so genannten **Interrace-Parcours** (auch Holländischer oder Französischer Parcours genannt) sind alle Hüterassen zugelassen. Die Wettkampfstrecke ist als eine Kombination von Koppelgebrauchshunden und Herdengebrauchshunden anzusehen.

Andere Wettkämpfe werden für alle Hunderassen mit verschiedenen Weidetieren wie Geflügel, Schafen, Ziegen, Rindern usw. angeboten. Solche Wettbewerbe gibt es inzwischen in vielen Ländern für Tierhalter und Hundesportler gleichermaßen. Bei Hüteveranstaltungen, die rein als sportlicher Wettkampf anzusehen sind, ist unbedingt darauf zu achten, dass die Weidetiere möglichst schonend behandelt werden.

Windhunderennen

    alle Windhunde-rassen

Alle Windhunderassen sind über Jahrtausende als enorm schnelle Hetzjäger gezüchtet worden. Man kann 3 Gruppen unterscheiden, die auch im Wesen und nach der Arbeitsweise gewisse Unterschiede zeigen:

Östliche Gruppe: Saluki, Afghane, Sloughi, Azawakh.

Westliche Gruppe: Greyhound, Whippet, Italienisches Windspiel, Magyar Agár, Galgo Español, Irish Wolfhound, Deerhound, Barsoi.

Mediterrane Gruppe: Pharaoh Hound, Podenco Ibicenco, Podenco Canario, Podengo Portugueso.

Die Orientalen haben besondere Jagdeigenschaften. Sie sind ultraschnell, mutig und sehr selbstständig. Sie jagen einzeln oder in Paaren mit viel Ausdauer. Für den Anhänger des Islam ist es wichtig, dass die Hunde die Beute nicht töten, sondern nur festhalten.

Windhunde der westlichen Gruppe wurden vom Adel Europas und Russlands jahrhundertelang für den Jagdsport gezüchtet. Diese Sportjagden wurden schon früh reglementiert. Entgegen den völlig selbstständigen orientalischen Windhunden, verlangte man von den okzidentalen einen gewissen Gehorsam.

Die mediterranen Windhunde sind Hetzhunde für die Kleinwildjagd, vor allem auf Kaninchen. Diese Hunde besitzen eine enorme Sprungkraft aus dem Stand. Während alle Windhunde prinzipiell auf Sicht jagen, verwenden die mediteranen Hunde auch Nase und Ohren zum Aufspüren der Kaninchen in deren unterirdischen Gängen.

Greyhounds auf der Rennbahn.
Die Hunde tragen zum gegenseiti-
gen Schutz leichte Maulkörbe.

Das Rennreglement

Windhunde werden heute nur noch selten zur Jagd eingesetzt. Wenn Sie sich nun aber in eine solche Rennmaschine verliebt haben, gibt es dennoch Möglichkeiten, den Hund gefahrlos zu bewegen, ohne auf freier Flur beten zu müssen, dass kein Unfall geschieht. Seit Anfang der 20er Jahre gibt es organisierte Windhundrennen und Coursing. Der Windhundrennsport wird üblicherweise von einem nationalen Dachverband, welchem die einzelnen Rennvereine angeschlossen sind, koordiniert. In der Schweiz ist dies die IGWR (Interessengemeinschaft für den Windhundrennsport) mit 5 Rennvereinen, in Deutschland der DWZRV (Deutscher Windhundzucht- und Rennverband) mit ca. 50 Rennvereinen in allen Landesteilen. Wenn Sie sich mit dem Gedanken tragen, mehr oder weniger aktiv am Renngeschehen teilnehmen zu wollen, sollten Sie Mitglied bei einem Rennverein werden.

Die meisten Rennbahnen sind als kurz gemähte Rasen- oder seltener Sandbahnen in Doppel-U-Form angelegt. Die Länge beträgt 450 oder 480 m. Bis zu 6 Hunde starten gleichzeitig aus den Boxen. Nur die Deerhounds werden wegen ihrer Größe aus der Hand gestartet. Der gehetzte »Hase« wird durch ein frisches Hasen- oder Kaninchenfell simuliert. Das Fell wird an einer Schnur befestigt und von der Hasenma-

schine in einem Abstand von 15–30 m vor dem ersten Läufer rund um die Bahn gezogen. Der Hund, der zuerst durch das Ziel geht, ist Sieger. Manchmal werden neben der Zeitmessung auch Zielfotos angefertigt. Vor allem Greyhounds und Whippets schießen manchmal als geschlossenes Feld über die Ziellinie und sind mit dem bloßen Auge nicht platzierbar. Whippets und Italienische Windspiele können, je nach Ausschreibung, über eine verkürzte Strecke von 280–360 m starten, Senioren von 6–8 Jahren über 280 m.

Einem Afghanen im
vollen Lauf zuzusehen
ist eine Augenweide.

Die Teilnehmerkosten betragen ca. DM 30,–. Ausgetragen werden die Rennen je nach Anzahl der Hunde in 1 oder 2 Vorläufen zur Ermittlung der Finalisten. Bei größeren Feldern gibt es ein A- und ein B-Finale. Als internationales Basis-Rennreglement dient das der FCI. Es wird durch nationale Rennreglemente ergänzt.

Coursing

Auf der Rennbahn nimmt die Jagd hinter dem »Hasen« nach dem Start ihren vorgegebenen Verlauf. Anders beim Coursing: Hier kommen die Jagdeigenschaften der Windhunde wie Kondition, Kraft, Mut, schnelle Reaktion und Hetztrieb effektiver zum Einsatz. Auf einem sicheren Gelände wird ein Zickzackkurs festgelegt. Sind keine natürlichen kleinen Hindernisse verfügbar, wird eines für einen Sprung aufgebaut. Die Hunde sollen ihren Mut beweisen, indem sie die Hürde mit Tempo überspringen. Die Schnur des Hasenzugs läuft von einem Tor zum anderen über eine bis mehrere im Boden verankerte Umlaufrollen.

Sofern es sich nicht um eine Endlos-Anlage handelt, muss das Hasenfell für jeden Lauf neu ausgelegt werden, was bei einem Parcours von

ca. 600 m Länge z. B. rund 4 Minuten dauert. Für die Hunde sicherer und die Organisation zeitsparender ist ein neues System, bei welchem die Schnur auf Über-Kopfhöhe endlos geführt wird. Die Länge von 500–900 m richtet sich nach den Gegebenheiten des Geländes.

Im Coursing wird immer zu zweit gestartet. Beim idealen Paar läuft nicht einer hinter dem anderen her, sondern man hetzt in etwa auf gleicher Höhe und spielt sich einander die Beute zu. Beim Tor-Coursing kommt es darauf an, welcher der beiden Läufer als erster das Tor passiert, während das Jagd-Coursing mit einer verfeinerten Beurteilungsmöglichkeit durch einen Feldrichter abläuft. Mit Punkten bewertet dieser Verfolgungsschärfe, Jagdverhalten, Reaktionsvermögen und den »Kill« (das Totschütteln der Beute) sowie die rassespezifische Fähigkeit zur Teamarbeit bei beiden jagenden Hunden. Eine gewisse Geschwindigkeit, beharrliche Ausdauer und instinktmäßiges Vorausahnen, wie der Hase laufen könnte, machen den erfolgreichen Coursing-Hund aus.

Die Voraussetzungen

Wollen Sie Ihren Windhund bei Rennen laufen lassen, ist eine gründliche Vorbereitung nötig, damit der Hund keinen Schaden nimmt. Bevor der Junghund – kleinere Rassen nicht vor 9, größere nicht vor 12 Monaten – auf der Bahn seine ersten Läufe macht, bedarf es einer sorgfältigen Konditionsvorbereitung. Bis, besonders bei großen Rassen, das effektive Längenwachstum der Gliedmaßen im Alter von 59 Wochen abgeschlossen ist, bieten die aktiven Wachstumszonen noch nicht die Festigkeit des mineralisierten Knochens und sind anfällig für Frakturen und Entzündungen. So sollten bis zum 3-jährigen, voll ausgewachsenen Hund Trainings- und Renneinsätze nicht übertrieben werden. Zum langsamen Aufbau des Hundes eignet sich das Schritt für Schritt mehr verlangende Laufen neben dem Fahrrad sehr gut.

Für die Startberechtigung ist Voraussetzung, dass man zuvor eine Leistungskarte erwirbt. Die Leistungskarte erhält man vom Vorsitzenden der

Zwei Salukis haben nach einem Coursing ihre »Beute erlegt«.

Rennkommission, wenn (in Deutschland) folgende Bedingungen erfüllt sind:

■ Man muss Mitglied des DWZRV sein.

■ Der Hund muss im Zuchtbuch des DWZRV eingetragen sein. Man muss die Ahnentafel des Hundes vorlegen.

■ Man muss bei einem lizensierten Windhundrennverein am Training teilgenommen haben.

■ Man muss bei seinem Rennverein eine Trainingskarte erwerben, in die alle Trainingsläufe (Einzelläufe zählen nicht) eingetragen werden.

■ Die Trainingskarte muss enthalten:

1. Starts, die an 3 aufeinander folgenden Trainingstagen stattgefunden haben.

2. 2 Trainingsläufe für jeden Trainingstag.

3. Die Bescheinigung, dass der Hund mit noch mindestens 2 anderen etwa gleich schnellen Hunden gestartet und durchgelaufen ist, wie viele Hunde am Start teilgenommen haben, und dass der Lauf einwandfrei durchgeführt wurde.

4. Die Unterschrift von mindestens einem beim DWZRV lizensierten Rennfunktionär, der zur Beurteilung anwesend sein muss.

■ Diese Trainingskarte wird im Original dem Vorsitzenden der Rennkommssision vorgelegt, der danach die Leistungskarte gegen eine Gebühr ausstellt. Jetzt ist der Hund bahnsicher!

Ziehen von Schlitten und Wagen

    Schlittenhunde und andere kräftigen Hunde

Vorsicht Schlittenhunde! Vielleicht haben Sie sich ganz unschuldig in eines dieser ursprünglichen Kraftpakete verliebt und seinen blauen Augen einfach nicht widerstehen können. Ob blaue oder braune Augen, sicherlich haben Sie recht schnell bemerkt, dass sich die sprühende Lebensfreude kaum bändigen lässt und »normale« Spaziergänge Ihren »Nordischen« gerade einmal haben warm werden lassen. Haben Sie schon zur Selbsthilfe gegriffen und sind zum begeisterten Outdoor-Fan geworden? Lieben Sie lange Waldläufe oder Langlauftouren? Unternehmen Sie tagelange Wanderungen mit dem Hund oder fahren sie täglich mit ihm Rad? Dann haben Sie schon einen etwas ausgeglicheneren Vierbeiner und sind nicht mehr so sehr »gefährdet«. Aber wahrscheinlich wird es auch Sie noch packen: das Schlittenhundefieber.

Wenn Ihr Hund zu einer der folgenden Rassen gehört, haben Sie schon eine sichere Prädisposition für den Virus: Sibirian Husky, Samojede, Eskimohund, Alaskan Malamute oder der nicht als Rasse anerkannte Alaskan Husky. All diese Hunde haben eines gemeinsam: Sie sind keine Stubenhocker, sie sind nicht als Wach- oder Schutzhunde geeignet und sie haben eines im Blut – Laufen, Laufen, Laufen. Außerdem sind sie die geborenen Jäger und lassen sich nur mit Geschick und Mühe die grundlegenden Gehorsamsübungen eines gesitteten Haushundes beibringen. Eine abgelegte Begleithundeprüfung ist da schon wie ein Universitätsabschluss.

Obwohl Schlittenhunde im Haus gehalten werden können, sind sie eigentlich für das Leben draußen geboren, natürlich mit Familienanschluss. In ihrer ursprünglichen Heimat entlang des Polarkreises wurden sie nie verwöhnt. Als harte Arbeitstiere vor dem schnellen Jagd- oder dem schwerem Lastenschlitten haben sich die Nordischen bis heute eine gewisse physische und psychische Unabhängigkeit bewahrt, ohne die sie nicht hätten überleben können. Die bei uns richtig aufgezogenen und gehaltenen Schlittenhunde sind ausgesprochen menschenfreundlich, aber sie hängen nicht sklavisch am Menschen. Nicht nur in der Meute ziehen Schlittenhunde ein mehrstündiges Jagdabenteuer immer einem Ballspielchen vor.

Der Schlittenhundesport entstand wahrscheinlich Anfang des 20. Jahrhunderts bei den Goldsuchern im hohen Norden von Kanada und Alaska. Seit 1973 erinnert jedes Jahr das Iditarod-Rennen über 1800 km an eine Schlittenhundestaffel aus dem Jahr 1925, mit der ein lebensrettendes Serum in die abgelegene Stadt Nome transportiert wurde. Heute hat der Schlittenhundesport längst auch in Nordeuropa Fuß gefasst.

Bis in die 1980er Jahre hinein wurden in Mitteleuropa nur reinrassige Schlittenhunde eingesetzt, weil der Sport sich aus den Rassezuchtvereinen entwickelt hatte. In Alaska haben sich aber schon lange speziell für Rennen gezüchtete Alaskan Huskys durchgesetzt: Sibirian Huskys wurden mit Jagd- und Windhunden gekreuzt. Diese Alaskan Huskys waren schnelle Renner, gegen die die »reinrassigen« Schlittenhunde keine Chance hatten.

In Deutschland führte die Entwicklung dazu, dass es zwei Schlittenhunde-Organisationen gibt. Der Deutsche Club für Nordische Hunde e.V. (DCNH) ist die zuchtbuchführende Adresse für alle nordischen Hunderassen (also auch Jagdhunde, Wach- und Hütehunde und Asiatische Spitze), die vom Verband für das Deutsche Hundewesen (VDH) und der obersten Rassehundekommission FCI anerkannt sind. Der DCNH führt Zuchtschau-Ausstellungen, Rennsport und Tourensport sowie Anfänger-Veranstaltungen durch.

Der Deutsche Schlittenhund Sport Verband (DSSV) betreut auch nicht-rassereine Schlittenhunde, die nur zu seinen Veranstaltungen zugelassen sind. Außer Rennsportveranstaltungen führt der DSSV auch Anfängerkurse und Tourensport-Veranstaltungen durch. Mindestalter des Hundeführers 14 Jahre. Alle größeren Hunderassen sind zugelassen.

Prinzipiell bietet der Sport mit Schlittenhunden das ganze Jahr hindurch viele Möglichkeiten. Schlittenhunderennen sind wie Motorsportrennen in verschiedene Klassen eingeteilt. Am bekanntesten sind wohl die Sprintrennen über eine Distanz zwischen 8 und 20 km als Rundkurs über freies Gelände und/oder durch den Wald.

Klasseneinteilung

Die Klasseneinteilung wird nach der Anzahl der Hunde vorgenommen.

■ **Pulka-Style-Klasse** (Skandinavier): 1–3 Hunde. Distanz 8–12 km. Getrennte Klassen für Damen und Herren.
In dieser Klasse läuft der Hund, vor eine so genannte Pulka gespannt, vorneweg. Die Wettkämpfer müssen in der Pulka je Rüde 15 kg und je Hündin 10 kg mitführen. Der Musher (Schlittenhundeführer) selbst läuft die ganze Strecke auf Langlaufskiern hinter der Pulka, mit der er mittels einer langen Leine verbunden ist. Es versteht sich von selbst, dass er ein guter Langläufer mit entsprechender Kondition sein muss. (Pulka: aus Skandinavien stammender kleiner, bootsförmiger Schlitten aus Holz oder Kunst-

Der Traum vom Schlittenhundefahren. Ein herrliches Samojeden-Gespann in der Winterlandschaft.

*In der Pulka-Klasse sieht
man immer wieder auch
Deutsch-Kurzhaar-Hunde.*

stoff, der von 1 oder mehreren Hunden mittels Zuggestänge gezogen wird.)

■ **Die Schlittenklassen C, B, A und O:** Nachstehende Klassen werden mit den Schlitten (ohne Gewichtslimit gefahren):

Klasse C: bis 4 Hunde, Streckenlänge ca. 8 km,
Klasse B: bis 6 Hunde, Streckenlänge ca. 12 km,
Klasse A: bis 8 Hunde, Streckenlänge ca. 16 km,
Klasse O: offen, Streckenlänge ca. 20 km.

Die Rennen finden in der Regel an 2 Tagen statt. Für die Wertung wird die Zeit von beiden Läufen zusammengezählt.

■ **Longtrail-Rennen:** Sie werden in der Regel an 2 Tagen über jeweils 100 km durchgeführt, wobei mit den Hunden und dem Gepäck im Freien (!) übernachtet wird. Die weltweit bekanntesten Longtrails sind wohl das Iditarod und das Yukonquest in Alaska. In der Schweiz, Italien, Deutschland und Frankreich steht das »Alpirod« an der Spitze. Diese Rennen dauern bis zu 14 Tage.

■ **Mitteldistanz-Rennen:** Die Mitteldistanz-Rennen werden ebenfalls über 2 Tage gefahren. Sie laufen in der Regel über einen Rundkurs von jeweils ca. 35–50 km.

■ **Lastenziehen:** Um in dieser Klasse Leistung zu bringen, muss der Hund natürlich ebenfalls trainiert werden. Die Aufgabe besteht darin, auf einer Strecke von ca. 2000 m das zehnfache des Eigengewichts zu ziehen. Auch hier entscheidet die Zeit.

■ **Kinder-Rennen:** Seit einigen Jahren werden verschiedentlich auch Rennen für Kinder ausgerichtet. In dieser Disziplin dürfen die »Kleinen« mit 1–2 Hunden starten. Die Distanz beträgt 800–2000 m. Natürlich hat jedes Kind seine »Helfer«.

■ **Wandern mit dem Schlittenhund:** Eine wunderschöne Sache das ganze Jahr hindurch, gerade auch mit Kindern, ist das Wandern mit dem Schlittenhund. Der Hund trägt dabei spezielle Packtaschen auf dem Rücken, in denen bis zu einem Drittel seines Körpergewichts an Proviant verstaut werden kann. Er gewöhnt sich rasch und willig an die Packtaschen und trägt sie gerne. Wenn ein See oder Bach in Sichtweite kommt, müssen Sie jedoch aufpassen. Schon mancher Hund nahm zusammen mit dem Proviant ein erfrischendes Bad. Sie sollten also auch bei diesem Einsatz Ihren Hund immer an der Leine führen. Am besten, Sie legen sich auf der Wanderung einen Bauch- oder Brustgurt an, dann haben Sie Ihre Hände frei.

Sie werden feststellen, die Beziehung zu Ihrem Schlittenhund wird um vieles intensiver, wenn Sie später vielleicht einmal eine Wanderung mit Gepäck und dem Tiefschneeschlitten über mehrere Tage durchführen, z. B. in den Bergen. Sie können dabei auch mit Zelt und Schlafsack campen, wenn Sie die nötige Härte für den Winterbiwak besitzen. Für Hunde ist es jedenfalls kein Problem. Länge und Dauer einer solchen Tour bestimmen Sie selbst.

Beim **Mountaineering**, dem Fahren mit dem Schlittenhundegespann in hohen Bergregionen oder auf Gletschern, braucht man unbedingt alpine Erfahrung!

Tipp

Anregungen für Strecken und Routen gibt es bei den Schlittenhundevereinen und deren Mitgliedern. Wenn Sie eine leichte Strecke aussuchen, können Sie gegebenenfalls auch Ihre Kinder mitnehmen. Es wird auf jeden Fall ein unvergleichliches Erlebnis für alle werden.

Voraussetzungen für den Schlittenhundesport

■ **Zeitaufwand:** Schlittenhunde brauchen mehr Bewegung als andere Rassen. Das heißt für Sie, dass Sie sich ebenfalls mehr im Freien bewegen müssen, denn dreimal in der Woche sollten Sie schon mit Ihrem vierbeinigen Sportkameraden arbeiten. Bei Temperaturen über 15 °C, sollten Sie das Training in die kühlen Morgen- oder Abendstunden verlegen. Prinzipiell sind Schlittenhunde an hohe Temperaturen gewöhnt. Auch im hohen Norden kann es im kurzen Sommer bis zu 30 °C warm werden. Die Hunde werfen dann ihre Unterwolle ab.

Die Länge der Strecke sollten Sie nach Ihrer und der Kondition der Hund wählen; es sollten so zwischen 4 und 10 km sein. Suchen Sie sich möglichst Naturböden aus, geteerte Straßen malträtieren Hundepfoten. Setzen Sie sich auch mit der örtlichen Gemeindeverwaltung und dem Förster und Jäger in Verbindung, bevor Sie vor allem mit größeren Gespannen trainieren. Bereitschaft zur Abstimmung kann so manche Auseinandersetzung vermeiden.

■ **Kosten für die Teilnahme an Rennen:** Von Ende Oktober (Wagenrennen) bis Ende März des darauf folgenden Jahres finden fast jedes Wochenende Rennen statt. Startgeld: ca. 40,– bis 50,– DM.

Die Ausrüstung: Das Renngeschirr kostet ca. 60,– DM pro Hund. Einen Brust- oder Bauchgurt aus dem Sportgeschäft (Bergsteiger-Ausrüstung) gibt es für ca. 150,– DM.

Zughunde, die keine Schlittenhunde sind

Zugdienste gehörten auch zu den ursprünglichen Aufgaben der Schweizer Sennenhunde. Sie zogen morgens und abends den Milchkarren vom Bauernhof zur Käserei und waren auch die Zugtiere der Hausierer und Marktfahrer. Im Zweiten Weltkrieg setzte die Schweizer Armee Große Schweizer Sennenhunde als Zughunde ein. Der Zuchtverband für Schweizerische Hunderassen führt jedes Jahr Zughundeprüfungen durch, bei denen vor allem Große Schweizer Sennenhunde, Berner Sennenhunde und Bernhardiner teilnehmen.

Aber selbst, wenn Sie weder einen Schlittenhund, noch einen Schweizer Sennenhund haben,

Zwei prächtige Berner Sennenhunde ziehen einen Milchwagen.

Ein kräftiger Hund kann leicht eine erwachsene Person ziehen (Sacco-Cart, siehe Bezugsquellen).

können Sie Ihren großen Hund einspannen. Wenn Sie 2000,– bis 3000,– DM ausgeben wollen und können, ist der Sacco-Cart eine gute Möglichkeit 1–2 Hunde einzuspannen. Erfahrungsgemäß müssen die Hunde an eine Anspannung an der Deichsel langsam gewöhnt werden. Für ein gelegentliches Einspannen vor dem (Kinder-)Schlitten eignen sich für kurze Fahrten ganz gut normale Pferdehalfter. Ein Großpferde-Halfter passt in der Regel einem Schäferhund. Zwei Zugriemen werden jeweils links und rechts am Halfter eingehakt.

Welches Gefährt Sie auch benützen, ein großer Hund zieht 1–2 Kinder z. B. auf einem Schlitten leicht. Geben Sie aber die Hundeleine nie aus der Hand, sodass Sie den Hund auf jeden Fall sicher unter Kontrolle haben. Eine unkon-

trollierte Hetzjagd kann sonst nicht gebremst werden und nicht nur für das Kind gefährlich werden. Die Adressen von Vereinen oder Personen, bei denen man Kurse absolvieren, Wagen leihen oder bauen lassen kann, mitwandern kann finden Sie im Anhang.

Tierschutzgesetz: §3. Abschnitt II, Nr. 1a

»... ein Vorspann vor Karren oder leichten Handwagen ist unbedenklich, wenn große, ausgewachsene und kräftige Hunde benutzt werden.«

Die Dummy-Arbeit mit Retrievern

    alle Retriever-Rassen

Viele Hunde verfolgen begeistert einen geworfenen Gegenstand und bringen ihn zurück. Diese Anlage wurde speziell bei der Zucht der Retriever-Rassen gefördert, deren ursprüngliche Aufgabe im Apportieren von geschossenem Wild bestand. Zu den Retrievern zählen 6 Hunderassen: Der Golden Retriever, der Labrador Retriever, der Flat-Coated Retriever, der Curly-Coated Retriever, der Chesapeake Bay Retriever und der Nova Scotia Duck Tolling Retriever. Zum Einüben der jagdlichen Aufgaben und zur sportlichen Betätigung benutzt man statt Wild Dummies. Das gebräuchlichste ist ca. 500 g schwer, aus strapazierfähigem, grünen Stoff, mit einem Wurfgriff versehen und schwimmfähig. Es gibt aber diverse Ausführungen: vom 200 g leichten Welpenkissen bis zu mit Hasenfell überzogenen 3-Pfündern. Noch jagdnäheres Arbeiten erlaubt der Dummylauncher. Mittels Platzpatrone schießt man damit das Dummy auf größere Entfernungen. (Das sollte aber Personen vorbehalten bleiben, die im Umgang mit Schusswaffen versiert sind.) Gearbeitet wird nicht nur an Land, sondern auch entsprechend einer Entenjagd auf oder über Wasser hinweg.

Das Dummy-Training setzt sich aus verschiedenen Fächern zusammen:

■ **Markieren** (Marking Ability): Ein für den Hund sichtbar geworfenes Dummy wird auf schnellstem Weg apportiert.

■ **Einweisen** (Lining): Der Hundeführer dirigiert den Hund durch Richtungweisen zu einem schon liegenden Dummy.

■ **Verlorensuche** (Free Search): In einem mehr oder weniger großen Gebiet (ab ca. 800 m²) liegen ein oder mehrere Dummies, die der Hund selbstständig finden muss.

■ **Schleppe** (Tracking): Das Dummy wird von einem Helfer mehrere 100 m gezogen und abgelegt. Der Hund verfolgt die Spur und bringt das Dummy. (Wird leider bisher nur in Jagdprüfungen verlangt.)

■ **Standruhe** (Steadiness): Grundlage für die vorgenannten Fächer. Der Hund verhält sich

Die Golden-Retriever-Hündin Camilla zeigt Standruhe. Sie darf erst mit der Arbeit beginnen, wenn sie das Kommando dazu erhalten hat.

absolut ruhig, gleichgültig, ob andere Hunde arbeiten oder er selbst an der Reihe ist. Der Hund startet nur auf Kommando des Hundeführers zum Apport.

Für den Familienhund, der seine Apportierfreude im täglichen Leben zeigt, und den unerfahrenen Hundebesitzer ist es empfehlenswert, sich einer Trainingsgruppe anzuschließen. Entweder organisieren Sie selbst ein Treffen mit Gleichgesinnten oder Sie treten einem Verein bei. Profitrainer bieten Seminare an. Die VDH-Zuchtvereine Deutscher Retriever Club (DRC), Golden Retriever Club (GRC) und Labrador Club Deutschland (LCD) bieten ihren Mitgliedern Trainingsmöglichkeiten im gesamten Bundesgebiet.

Zum sportlichen Vergleich und Überprüfen des Gelernten stehen **Dummy-Prüfungen** in 3 Schwierigkeitsstufen an: Anfänger, Fortgeschrittene und Siegerklasse. Dabei sind die Aufgaben durch die Prüfungsordnung relativ genau festgelegt. Im Gegensatz dazu werden bei **Working-Tests** jagdnahe Situationen gestellt, die Flexibilität und höchsten Grad an Zusammenarbeit fordern.

Retriever müssen eine sehr gute Unterordnung besitzen und sich vor allem auf Distanz leicht leiten lassen. Das Detachieren (siehe dazu allgemein auch Seite 76 ff.) muss ihnen in Fleisch und Blut übergehen. Bei größtem Jagdeifer muss der Hund jederzeit in der Hand des Führers stehen. Auf die Standruhe wird allergrößter Wert gelegt. Angespannt wie ein Flitzebogen verfolgen die Hunde das Geschehen, sehen Dum-

Der Golden Retriever apportiert ein Dummy, das jagdnäher mit einem Hasenfell umwickelt ist.

mies fliegen, ohne dass sie auch nur unruhig hin und her rutschen dürfen, geschweige denn einen Laut von sich geben. Dummy-Arbeit ist eine anspruchsvolle Beschäftigung, die in der Natur des Retrievers liegt.

Schlusswort

Nach einem erfüllten Hundeleben stehen Erinnerungen an viele schöne Tage, die Mensch und Hund zusammen verbracht haben. Spiel und Spaß, gelöste Aufgaben, spannende Wettkämpfe. Im Alter lassen die Kräfte des Hundes allmählich nach. Er springt nicht mehr so ausgelassen herum, und schläft mehr. Aber darum muss er noch lange nicht zum alten Eisen gehören. Auch der ältere Hund freut sich nicht weniger als in seinen jungen Jahren, wenn er zusammen mit seinem geliebten Menschen Abenteuer erleben darf. Es müssen ja keine Gewaltmärsche sein!

Anhang

Für welche Art der Beschäftigung eignen sich die verschiedenen Hunderassen

Die Symbole bedeuten: **X** = geeignet;   ○ = bedingt geeignet;   **–** = nicht geeignet

	Bewegungsspiele	Powerspiele	Suchspiele	Bringspiele	Geschicklichkeitsspiele	Kraft- und Ausdauerspiele	Begleitung
Affenpinscher	X	○	X	X	X	○	X
Afghanischer Windhund	X	–	–	○	X	○	X
Airedale Terrier	X	X	X	X	X	X	X
Akbash	X	○	–	–	○	○	–
Akita Inu	X	X	○	–	○	X	○
Alaskan Malamute	X	○	–	○	X	X	○
Amerikan Staffordshire Terrier	X	X	X	X	X	X	X
Amerikanisch-Kanadisch Weißer Schäferhund	X	X	X	X	X	X	X
Appenzeller Sennenhund	X	X	X	X	X	X	X
Australischer Terrier	X	X	X	X	X	X	X
Azawakh	X	○	–	–	○	○	○
Barsoi	X	○	–	–	X	○	○
Basenji	X	○	○	○	X	○	X
Basset Fauve de Bretagne	X	–	X	X	X	○	X
Basset Griffon Vendeen (Grand/Petit)	X	–	X	X	X	○	X
Basset Hound	X	–	○	–	○	–	○
Beagle	X	–	X	○	X	○	X
Bearded Collie	X	X	X	X	X	X	X
Beauceron	X	X	X	X	X	X	X

	Bewegungsspiele	Powerspiele	Suchspiele	Bringspiele	Geschicklichkeits-spiele	Kraft- und Ausdauerspiele	Begleitung
Bedlington Terrier	✗	✗	✗	✗	✗	✗	✗
Belgische Griffons	✗	✗	✗	✗	✗	✗	○
Bergamasker	✗	○	○	○	✗	○	○
Berger Picard	✗	✗	✗	✗	✗	✗	✗
Berner Sennenhund	✗	○	✗	✗	✗	✗	✗
Bernhardiner	✗	–	✗	○	○	✗	○
Bichon Frisé	✗	–	–	○	✗	–	✗
Bluthund	○	–	✗	–	–	○	○
Bobtail	✗	✗	✗	✗	✗	✗	✗
Bologneser	✗	–	✗	○	○	✗	○
Bordeauxdogge	○	○	○	○	○	✗	○
Border Collie	✗	✗	✗	✗	✗	✗	✗
Border Terrier	✗	✗	✗	✗	✗	✗	✗
Boston Terrier	✗	✗	○	✗	✗	✗	✗
Bouvier des Flandres	✗	✗	✗	✗	✗	✗	✗
Boxer	✗	✗	✗	✗	✗	✗	✗
Briard	✗	✗	✗	✗	✗	✗	✗
Bulldogge, Englische	○	–	–	–	○	○	○
Bulldogge, Französische	○	–	–	–	○	✗	✗
Bullmastiff	✗	○	○	○	○	✗	○
Bullterrier	✗	✗	○	○	✗	✗	○
Cairn Terrier	✗	✗	○	✗	✗	○	✗
Cavalier King Charles Spaniel	✗	–	–	–	✗	–	✗

	Bewegungsspiele	Powerspiele	Suchspiele	Bringspiele	Geschicklichkeits- spiele	Kraft- und Ausdauerspiele	Begleitung
Cesky Terrier	✗	✗	✗	✗	✗	✗	✗
Chihuahua	○	–	–	–	✗	–	✗
Chow Chow	○	–	–	–	○	–	○
Cocker Spaniel, Amerikanischer	✗	○	–	○	✗	○	✗
Cocker Spaniel, Englischer	✗	✗	✗	✗	✗	✗	✗
Collie	✗	✗	✗	✗	✗	✗	✗
Coton de Tulear	✗	–	–	–	✗	–	✗
Curly-Coated Retriever	✗	✗	✗	✗	✗	✗	✗
Dackel	✗	–	○	–	○	–	✗
Dalmatiner	✗	✗	✗	✗	✗	✗	✗
Dandie Dinmont Terrier	✗	–	–	○	✗	○	✗
Deutsch Drahthaar	✗	✗	✗	✗	✗	✗	○
Deutsche Bracke	✗	–	✗	○	✗	–	○
Deutsche Dogge	○	–	✗	✗	○	✗	○
Deutscher Jagdterrier	✗	✗	✗	✗	✗	✗	–
Deutscher Schäferhund	✗	✗	✗	✗	✗	✗	✗
Deutsch Kurzhaar	✗	✗	✗	✗	✗	✗	○
Deutsch Langhaar	✗	✗	✗	✗	✗	✗	○
Dobermann	✗	✗	✗	✗	✗	✗	✗
English Setter	✗	✗	✗	✗	✗	✗	✗
Entlebucher Sennenhund	✗	✗	○	○	✗	✗	✗
Eurasier	✗	–	–	–	○	○	✗
Fila Brasileiro	○	–	○	○	○	○	–

	Bewegungsspiele	Powerspiele	Suchspiele	Bringspiele	Geschicklichkeitsspiele	Kraft- und Ausdauerspiele	Begleitung
Finnenspitz	✗	○	○	○	✗	○	✗
Flat-Coated Retriever	✗	✗	✗	✗	✗	✗	✗
Foxhound	✗	○	✗	–	✗	✗	–
Foxterrier	✗	✗	✗	✗	✗	✗	✗
Golden Retriever	✗	✗	✗	✗	✗	✗	✗
Gordon Setter	✗	✗	✗	✗	✗	✗	✗
Grand Griffon Vendeen	✗	○	✗	✗	✗	✗	✗
Greyhound	✗	○	–	–	✗	–	○
Groenendael	✗	✗	✗	✗	✗	✗	✗
Großer Schweizer Sennenhund	○	–	✗	✗	✗	✗	○
Hannoverscher Schweißhund	○	–	✗	✗	✗	○	○
Havaneser	✗	–	–	–	✗	–	✗
Hovawart	✗	✗	✗	✗	✗	✗	✗
Irish Setter	✗	✗	✗	✗	✗	✗	✗
Irish Terrier	✗	✗	✗	✗	✗	✗	✗
Irish Wolfshound	○	–	○	✗	○	○	○
Italienisches Windspiel	✗	○	–	–	✗	○	✗
Jack Russel Terrier	✗	✗	✗	✗	✗	✗	✗
Japan Chin	○	–	–	–	○	–	✗
Kaukasischer Owtcharka	○	–	–	–	–	○	–
Keeshond	✗	✗	○	–	✗	✗	✗
Kerry Blue Terrier	✗	✗	✗	✗	✗	✗	✗
King Charles Spaniel	✗	–	○	○	✗	–	✗

	Bewegungsspiele	Powerspiele	Suchspiele	Bringspiele	Geschicklichkeits-spiele	Kraft- und Ausdauerspiele	Begleitung
Komodor	O	–	–	–	O	O	–
Kromfohrländer	X	–	O	X	X	O	X
Kuvasz	X	O	–	–	X	X	–
Labrador Retriever	X	X	X	X	X	X	X
Lakeland Terrier	X	X	X	X	X	X	X
Landseer	O	–	O	X	O	O	O
Leonberger	O	–	O	X	O	O	O
Lhasa Apso	X	–	–	–	X	–	X
Löwchen	X	–	–	–	X	–	X
Malinois	X	X	X	X	X	X	O
Malteser	O	–	–	–	X	–	X
Manchester Terrier	X	X	O	X	X	X	X
Mastiff	O	–	O	O	O	X	O
Mastino Napoletano	O	–	–	–	O	O	–
Mops	X	–	–	–	O	–	X
Münsterländer, Großer	X	X	X	X	X	X	X
Münsterländer, Kleiner	X	X	X	X	X	X	X
Neufundländer	O	–	O	X	O	O	O
Norfolk/Norwich Terrier	X	X	O	O	X	X	X
Norwegischer Elchhund	X	O	O	O	X	X	O
Nova Scotia Duck Tolling Retriever	X	X	X	X	X	X	X
Österreichischer Kurzhaarpinscher	X	X	X	X	X	X	X
Papillon/Phaléne	X	–	–	–	X	–	X

	Bewegungsspiele	Powerspiele	Suchspiele	Bringspiele	Geschicklichkeits- spiele	Kraft- und Ausdauerspiele	Begleitung
Pekinese	O	–	–	–	O	–	X
Pinscher, Deutscher	X	X	X	X	X	X	X
Pointer	X	X	X	X	X	X	O
Polnischer Niederungs- hütehund (PON)	X	X	X	X	X	X	X
Pudel, Groß-	X	X	X	X	X	X	X
Klein-	X	X	X	X	X	X	X
Zwerg-	X	O	O	O	X	–	X
Toy-	X	–	–	–	X	–	X
Puli	O	–	–	–	O	O	–
Pumi	X	O	–	–	O	O	–
Pyrenäenberghund	O	–	–	–	–	O	–
Pyrenäenschäferhund	X	X	X	X	X	X	X
Rhodesian Ridgeback	X	X	X	X	X	X	O
Rottweiler	X	X	X	X	X	X	O
Saluki	X	X	–	–	X	O	O
Samojede	X	O	–	–	X	X	X
Schapendoes	X	X	X	X	X	X	X
Schipperke	X	O	–	O	X	O	X
Schnauzer, Riesen-	X	X	X	X	X	X	O
Mittel-	X	X	X	X	X	X	X
Zwerg-	X	X	X	X	X	O	X
Scottish Terrier	X	O	O	O	X	X	X
Sealham Terrier	X	O	O	O	X	X	X
Shar Pei	X	O	–	–	O	O	–
Shetland Sheepdog (Sheltie)	X	O	O	O	X	O	X

	Bewegungsspiele	Powerspiele	Suchspiele	Bringspiele	Geschicklichkeits-spiele	Kraft- und Ausdauerspiele	Begleitung
Shiba Inu	✗	○	–	–	✗	○	○
Shih Tzu	✗	–	–	–	✗	○	✗
Siberian Husky	✗	✗	–	–	✗	✗	○
Silky Terrier	✗	–	○	–	✗	–	✗
Sloughi	✗	○	–	–	○	○	–
Soft-Coated Wheaten Terrier	✗	✗	✗	✗	✗	✗	✗
Spitz, Deutscher Groß-	✗	✗	✗	✗	✗	✗	✗
Mittel-	✗	○	✗	✗	✗	✗	✗
Klein-	✗	–	○	○	✗	○	✗
Zwerg-	✗	–	–	–	✗	○	✗
Staffordshire Bullterrier	✗	✗	○	✗	○	✗	○
Tervueren	✗	✗	✗	✗	✗	✗	✗
Tibet-Dogge	○	–	–	–	–	○	–
Tibet-Spaniel	✗	○	–	–	✗	✗	✗
Tibet-Terrier	✗	✗	–	–	✗	✗	✗
Vizla	✗	✗	✗	✗	✗	✗	○
Weimaraner	✗	✗	✗	✗	✗	✗	○
Welsh Corgi Cardigan	✗	○	–	○	✗	○	✗
Welsh Corgi Pembroke	✗	○	–	○	✗	○	✗
Welsh Terrier	✗	✗	✗	✗	✗	✗	✗
West Highland White Terrier	✗	✗	○	✗	✗	✗	✗
Whippet	✗	○	–	–	✗	○	✗
Wolfsspitz	✗	✗	✗	✗	✗	✗	✗
Yorkshire Terrier	✗	–	–	–	✗	–	✗
Zwergpinscher	✗	○	–	○	✗	○	✗

Durchschnittlicher Zeitaufwand für die Unternehmungen mit dem Hund

	Seite	gering	hoch	sehr hoch	extrem hoch
Welpenspaziergänge	17	✗			
Stadtspaziergänge	20		✗		
Besuch eines Zoos	21		✗		
Suchspiele	22, 31		✗		
Werfspiele	26	✗			
Zerrspiele	29	✗			
Geschicklichkeitsspiele	34	✗			
Hundetreffs	39	✗			
Joggen	43		✗		
Wandern	45		✗		
Bergwandern	46		✗		
Rad fahren	48		✗		
Wassersport	52		✗		
Reitbegleitung	55			✗	
Wintervergnügen	58		✗		
Reisen	60	✗			
Trick: Pfote geben	67	✗			
Trick: Lustiger Hund	68	✗			
Trick: Gib Küsschen	69	✗			
Trick: Mach´ Gymnastik	69	✗			

	Seite	gering	hoch	sehr hoch	extrem hoch
Trick: Toter Hund	70		X		
Trick: Die Rolle	71	X			
Trick: Männchen	72		X		
Trick: Beim Fuß-Gehen die Seiten wechseln	73		X		
Trick: Rückwärtsgehen	74	X			
Trick: Der Wirbelhund	75	X			
Trick: Detachieren	76		X		
Trick: Sprechen, Zählen, Rechnen	79			X	
Trick: Geruchsidentifizierung	80			X	
Trick: Der lesende Hund	82			X	
Trick: Der betende Hund	83		X		
Trick: Das Nasereiben oder sich schämen	84		X		
Trick: Niesen	85		X		
Trick: Sag´ danke !	85		X		
Trick: Hundefußball	87		X		
Trick: Geduckter Gang, Soldat	89		X		
Trick: Buchstabieren	90			X	
Trick: Gesundheit !	92			X	
Trick: Türen öffnen und schließen	94				X
Trick: Ein Gläschen Champagner gefällig ?	96			X	
Trick: Der Hund als Kellner	97		X		
Trick: Tanzen	99		X		
Trick: Humpeln	100			X	

	Seite	gering	hoch	sehr hoch	extrem hoch
Trick: Tischlein deck dich	102			X	
Trick: Der singende Hund	104		X		
Trick: Der Seehund	104		X		
Trick: Über einen Steg balancieren	106	X			
Trick: Die Wippe	108			X	
Trick: Die Leiter	108			X	
Trick: Aufräumen	113			X	
Trick: Sprung über Herrchens Arm oder einen Stock	115		X		
Trick: Der Sprung über einen Menschen oder einen anderen Hund	116		X		
Trick: Komm in meine Arme, Kleines	116		X		
Trick: Der Sprung durch den Reifen	117			X	
Trick: Eine Wurst apportieren	119	X			
Trick: Dar Ball im Wassereimer	119		X		
Trick: Das große Fressen	120		X		
Trick: Platz gehen auf Ziel	120		X		
Trick: Bringsel austauschen	121				X
Agility	123			X	
Tunierhundesport	128		X		
Obedience	130			X	
Flyball	134		X		
Frisbee	135	X			
Dogdancing und TEAM-Dance	137			X	
Fährtenarbeit				X	

	Seite	gering	hoch	sehr hoch	extrem hoch
Vielseitigkeitsprüfung für Gebrauchshunde	143			✗	
Hüten und Treiben	145			✗	
Windhunderennen	148			✗	
Ziehen von Schlitten und Wagen (Hobby)	151		✗		
Ziehen von Schlitten (Sport)	151			✗	
Die Dummy-Arbeit mit Retrievern	156			✗	

Anschriften

Allgemeine Anschriften

■ Deutscher Verband der Gebrauchshundesportvereine (DVG), Gustav-Sybrecht-Str. 42, 44536 Lünen, 0231-878010
■ Fax-Hotline der Zeitschrift »Partner Hund«: Hundeparadiese, Parks und Freilaufzonen 0190/2132 65048 (1 Seite)
■ Fédération Cynoloique Internationale (FCI), 13, Place Albert I, B-6530 Thuin, Tel.: 071-591238, Fax: 071-592229
■ Österreichischer Kynologenverband (ÖKV), Johann-Teufel-Gasse 8, A-1238 Wien, Tel.: 01-8887092, Fax.: 01-88892621
■ Schweizerische Kynologische Gesellschaft (SKV), Länggaßstr. 8, Casa Postale 8217, CH-3001 Bern, Tel.: 031-235819, Fax: 031-240215
■ Verband für das Deutsche Hundewesen (VDH) e.V., Westfalendamm 174, 44141 Dortmund, Tel.: 0231-56500-0, Fax: 0231-59240

Freizeitgestaltung in Begleitung des Hundes

Pferdebegleitung
■ VFD-Informationen zur Prüfung für Pferdebegleithunde: VFD (Vereinigung der Freizeitreiter e.V.), Landesverband Niedersachsen/Bremen, Landesgeschäftsstelle, Veerßer Str. 67, 29525 Uelzen

Reisen mit dem Hund
■ Flug+Hund Reisen, Das 1. Spezial-Reisebüro für Urlaub mit und ohne Hund, Regina Winter, Gutenbergstr. 1, D-70771 L.-Echterdingen, Tel.: 9711/7944455, Fax: 0711/944456, Handy 0178/6955005

Sport und Spiel für jedermann

Dogdancing
■ Angela Schmid, Wolfikon 111, CH-9533 Kirchberg, Tel.: 0041/71-9312303

TEAM-Dance
■ Maria-Rose Ratfels Lind, Bayerham 37, A-5201 Seekirchen, Tel./Fax: 0043/(0)-62126604

Agility
■ Agility-Mobility Hund und Freizeit, Sekretariat: Liliane Binggeli, Postfach, CH-2532 Magglingen

Obedience
■ Interessengemeinschaft Obedience, c/o Birgit Funk, Kirchfeldweg 20, D-41472 Neuss, Tel.: 02131-983683

Sport für Spezialisten

Hüten und Treiben
■ Ansprechpartner insbesondere für Working Kelpies in Deutschland: Susanne Pabst (Tel. 06423/7139) und Winfried Mennle (Tel. 07578/2488)
■ Spezielle Kontaktadressen: Die aktuellen Adressen der einzelnen Spezialclubs für Hirten und Hütehunde in Deutschland sind bei der Geschäftsstelle des VDH zu erfragen. Zum Thema Herdenschutzhunde gibt es in Deutschland auch noch die Anlaufstelle: Gesellschaft zum Schutz der Wölfe e.V., Blasbacher Str. 55, 35586 Wetzlar
■ Arbeitsgemeinschaft Border Collie Deutschland, 1. Vor. Claus Börner, Buersche Straße 130, D-49324 Melle, Fax: 02265/980961
■ Arbeitsgemeinschaft zur Zucht Altdeutscher Hütehunde (AAH), Am Geestmoor 5, D-49453 Rehden, Tel.: 05446/1330, 05446/1643
■ Arbeitskreis Koppelgebrauchshund, Ludwig Daum, Aufelder Weg 6, D-85104 Pförring-Wakkerstein, Tel.: 08403/415
■ Gesellschaft zur Erhaltung alter und gefährdeter Haustierrassen e.V. (GEH), Am Eschbornrasen 11, D-37213 Witzenhausen, Tel.: 05542/1864
■ Verein für Deutsche Schäferhunde e.V. (SV), D-86167 Augsburg, Steinerne Furt 71/71a
■ Vereinigung Deutscher Landesschafzuchtverbände e.V. (VDL), Godesberger Allee 142-148 Bonn, Tel.: 0228-375351, Fax: 0228/376449

Berichtigung

Auf Seite 171 wurde unter der Überschrift
Bezugsquellen die Telefonnummer und
E-Mail-Anschrift der Firma LDR Hund & Sport
durch ein Versehen falsch wiedergegeben.

Der Eintrag lautet richtig:

- Joggerbauchgurt mit passender Leine:
  LDR Hund & Sport, Postfach 11 08,
  66616 Nonnweiler, Telefon 0 68 52/9 24 83,
  E-Mail: ldr.Hundesport@t-online.de

Die Firma SABRO ist umgezogen.

Der Eintrag lautet richtig:

- Hundeschuh und Reflexdecke:
  SABRO-Brockmann Knuth GbR,
  Schulstraße 7, 21256 Handeloh,
  Telefon 0 41 88/88 89 90,
  E-Mail: sabro-gbr@t-online.de

Windhunderennen
■ Deutscher Windhundzucht- und Rennverband e.V., Geschäftsstelle DWZRV, Grüne Gasse 7, D-3185 Söhlde
■ Österreichischer Club für Windhundezucht und Rennsport, Ingrid Machek, Anton Baumgartnerstr. 44/B3/117, A-1232 Wien
■ Schweiz: Interessengemeinschaft für das Windhundrennwesen der SKV (IGWR)

Ziehen von Schlitten und Wagen
Adressen, bei denen man Kurse absolvieren, Wagen ausleihen oder bauen lassen kann:
■ Susanne Preuß, Kiefholzstr. 412, D-12435 Berlin, Tel.: 030/5342957
■ Sabine Peitz, Zur Hellweghalle 37, 59597 D-Erwitte, Tel.: 02943/1350
■ Edith Schebor, Dorfstr. 10, A-3633 Schönbach, Tel.: 0043/2827-358
■ Familie Stadlbauer, A-4201 Gramstetten, Tel.: 0043/7239-8230
■ Klondike-Shop, Heidi Müller-Ruoff, CH-8712 Stäfa, Tel.: 0041/1-9264944

■ Deutscher Club für Nordische Hunde e.V. (DCNH), Geschäftsstelle, Ralf Linzenmeier, Stüttgesgasse 2, D-52152 Simmerath-Lammersdorf, Tel.: 02473-6443
■ Deutscher Schlittenhund Sport Verband (DSSV), Geschäftsstelle: Sabine Leue, Ludwigsfelder Straße 45, 80997-München, Tel.: 089-8126902
■ Schweizer Sennenhund-Verein für Deutschland e.V., Wolfgang Salbert, Kleekampweg 13, D-33613 Bielefeld, Tel.: 0521-884686
■ Schweizerischer Klub für Berner Sennenhunde, Hans Bachmann, Im Gisel, CH-8536 Hüttwilen, Tel.: 054747-1366, Fax: 054747-1291

Die Dummy-Arbeit mit Retrievern
■ Deutscher Retriever Club e.V. (DRC), Frau Margitta Becker, Dörnhagener Str. 13, D-34302 Guxhagen, Tel.: 05665/2774
■ Golden Retriever Club e.V. (GRC), Geschäftsstelle E. Koch, Kolpingstr. 22, D-48324 Sendenhorst
■ Labrador Club Deutschland e.V. (LCD), Geschäftsstelle Karen Willkomm, Auf der Heide 1, D-41462 Neuss

Bezugsquellen

Das Verzeichnis nennt insbesondere Firmen, von denen Ausrüstungsgegenstände im Buch vorgestellt werden. Darüber hinaus bieten zahlreiche weitere Firmen sowie der Fachhandel entsprechende Produkte an.

■ Leine für das Führen am Pferd: Erwin Meroth, Maternusstr. 3, 50996 Köln
■ Rucksäcke zum Tragen für kleine Hunde: Fa. Koch, Robert-Bosch-Str. 11, 86899 Landsberg, Tel. 08191/92480
■ Joggerbauchgurt mit passender Leine: LDR Hund & Sport, Postfach 1108, 66616 Nonnweiler, Tel.: 04356/98789, e-mail: sabro-gbr@t-online.de
■ Springer: Kleinmetall, Hainstr. 52, 63526 Erlensee, Tel. 06183/2905 und 72153
■ Sacco-Cart: Sacco Sports, Laubuseschlaucher Str. 22, 35785 Weilmünster, Tel.: 06472-7108, e-mail: sacco-sport@t-online.de
■ Hundeschuh und Reflexdecke: SABRO-Brokmann Knuth GbR, Dorfstr. 18, 24361 Haby, Tel.: 04356/98789, e-mail: sabro-gbr@t-online.de
■ Hundedecken: Krämer Pferdesport, 68764 Hockenheim-Talhaus, Tel.: 06205/9494-0, e-mail: info@kraemer-pferdesport.de

Literaturverrzeichnis

»Auf vier Pfoten« (Buchreihe): Tipps und Adressen für das Leben mit dem Hund in der Stadt. Herausgegeben von Pedigree/Effem. Verlag COMPANIONS Gläzer Linkwitz Wiskemann GmbH. Hamburg 1999
Die Bände sind für folgende für Städte verfügbar: Berlin, Bremen, Düsseldorf, Hamburg, Köln/Bonn, München, Nürnberg, Rhein-Main-Gebiet, Ruhrgebiet, Stuttgart.

Bloeme, Peter: Frisbee Dogs. How to Raise, Train und Compete. PRB & Associates. USA 1994

Brünger, Corinna: Der Berg ruft. Hochalpiner Wanderführer für Hund und Halter. Pro Hund Verlagswesen & Dienstleistungsagentur für Hundehalter. Bielefeld 1996

Brünger, Corinna: Mit meinem Hund auf Reisen. Gräfe und Unzer Verlag. München 1999

Chifflard, Hans & Sehner, Herbert: Ausbildung von Hütehunden. Ulmer Verlag. Stuttgart 1996

Das große Windhunderbe. Reprint Deutscher Windhundezucht- und Rennverband e.V. (DWZRV) 1932. Kynos Verlag. Mürlenbach 1985

Davis, L. Wilson: Go Find ! Training Your Dog to Track. Howell Book House. New York 1978

Der Hund im Urlaub. Sonderheft der Zeitschrift »Der Hund« für Ferienreisen mit dem Hund. 1997/98

Finger, Karl Hermann: Hirten- und Hütehunde. Ulmer Verlag. Stuttgart 1996

Johnson, Glen R.: Tracking Dog. Theory & Methods. Arner Publications 1977

Kraßnigg, Adolf: Tunierhund Sport. Kynos Verlag. Mürlenbach 1998

LaBelle, G.: A Guide To Backpacking With Your Dog. Alpine Blue Ribbon Books. Loveland 1993 (auf amerikanische Verhältnisse zugeschnitten, aber viele gute Tipps !)

Laser, Birgit: Obedience für Einsteiger. Cadmos Verlag. 1999

Leyen, Katharina von der: Das Welpenbuch. BLV Verlag. München 1999

Lind, Ekard: TEAM-dance. Gräfe und Unzer Verlag. München 1999

Lind, Ekard: Richtig Spielen mit Hunden. Naturbuch Verlag. Augsburg 1997

Lind Ekard: Hunde spielend motivieren. Naturbuch Verlag. Augsburg 1998

Lau, Brigitte: Faszination Agility. Oertel + Spörer Verlag. Reutlingen 1999

Ludwig, Claudia: Mit dem Hund in den Urlaub. Falken Verlag. Niedernhausen/Ts. 1998

Müller, Manfred: Der leistungsstarke Fährtenhund. Verlag Oertel + Spörer, Reutlingen 1984

Müller, Manfred: Die Spezialausbildung des Schutzhundes. Verlag Oertel + Spörer. Reutlingen 1980

Müller, Manfred: Vom Welpen zum idealen Schutzhund. Verlag Oertel + Spörer. Reutlingen 1978

Narewski, Ute: Welpen brauchen Prägungsspieltage. Verlag Oertel + Spöre., Reutlingen 1996

Olson, Lonnie: Flyball Racing. Howell Book. New York 1997.

Opitz, Walther: Windhunde. Ulmer Verlag. Stuttgart 1979

Räber, Hans: Schweizer Sennenhunde. Franckh-Kosmos Verlag. Stuttgart 1995

Schlegl-Kofler: Retriever. Franckh-Kosmos Verlag. Stuttgart 1994

Schoke, Thomas Achim: Herdenschutzhunde. Parey Verlag. Berlin 2000

Schulte-Wörmann, Dieter: Mit Hund und Pferd unterwegs. Franckh-Kosmos Verlag. Stuttgart 1996

Steiner, Astrid: Agility. Sport und Spaß mit Hunden. Müller Rüschlikon Verlag. Cham 2000

Syrotuck, William G.: Hund, Geruch und Fährte. Dr. Weidner Eigenverlag. Walldorf 1981

Treß, Gunther: Reisen mit dem Hund. Reise Handbuch. Conrad Stein Verlag. Kronshagen 1998

Waniorek, Linda: Fitnessplaner für den Hund. Gräfe und Unzer Verlag. München 2000

Wegmann, Angela & Heines, Wilfried: Such und hilf. Ein Handbuch für die Ausbildung und den Einsatz von Rettungshunden. Kynos Verlag. Mürlenbach 1997

Wegmann, Angela: Hunde richtig halten. BLV Verlag. München 1996

Wegmann, Angela: Wenn mein Hund nicht hören will. Praktische Hilfe bei Verhaltensproblemen. BLV Verlag. München 2000

Weidt, Heinz & Berlowitz Dina: Spielend vom Welpen zum Hund. Leitfaden für die Entwicklung des jungen Hundes. Naturbuch Verlag. Augsburg 1996

Register

Hinweis

Die Anleitungen, Ratschläge und Anregungen für Unternehmungen beruhen auf langjährigen Erfahrungen der Autorin und wurden sorgfältig geprüft. Bitte beachten Sie aber, dass manche Aktivitäten dann gefährlich werden können, wenn Sie Gesundheit, Geschicklichkeit oder ganz allgemein die Fähigkeiten von sich oder Ihrem Hund falsch einschätzen. Dies zu erkennen fällt in den Verantwortungsbereich des Einzelnen. Die Hinweise im Buch, beispielsweise die Gesundheit (tier-)ärztlich abklären zu lassen, beziehen sich stets auf den Regelfall, können aber niemals individuelle Dispositionen berücksichtigen.

Bildnachweis:

Alle Fotos Angela Wegmann, außer

W.A.Bajohr: 16, 25, 34u, 36, 61, 122, 128, 129, 146
Ipo Bildagentur: 20, 54u, 56o, 137
Juniors/B. Cullmann: 49, 64
Juniors/S. Danegger: 2/3, 135
Juniors/H. Farkaschovsky: 152
Juniors/R. Heinzl: 56u
Juniors/R. Kloska: 149u
Juniors/L. Poth: 150
Juniors/U. Schanz: 44ul, 140, 149o
Juniors/J.u.P. Wegner: 157
Juniors/J. Zimmermann: 153
Kleinmetall: 51
Koch: 45o
Kraemer: 34o
LDR Hund & Sport: 43
H.Reinhard: 88
Sabro: 44o, 44ur
Sacco Sports: 155
A.Schmid: 138, 139
Chr.Steimer: 11, 17, 23, 42, 50, 57, 134, 147, 154

Piktogramme: Anke Steinbicker nach Vorlagen der Autorin

Die Deutsche Bibliothek – CIP-Einheitsaufnahme

Ein Titeldatensatz für diese Publikation ist bei Der Deutschen Bibliothek erhältlich.

BLV Verlagsgesellschaft mbH München Wien Zürich
80797 München

© 2001 BLV Verlagsgesellschaft mbH, München

Umschlaggestaltung: Studio Schübel
Umschlagfotos:
J. u. P. Wegner /Coleman/Premium (vorn)
Juniors/J. u. P. Wegner (hinten oben)
Wegmann (hinten Mitte und unten)

Lektorat: Dr. Friedrich Kögel
Layoutkonzept: Atelier Steinbicker
Layout/Satz: Volker Fehrenbach
Herstellung: Hermann Maxant

Druck: Appl, Wemding
Bindung: Ludwig Auer, Donauwörth

Gedruckt auf chlorfrei gebleichtem Papier

Printed in Germany ·
ISBN 3-405-16022-7

Der richtige Umgang mit dem Hund

Bruce Fogle
Hunde richtig erziehen
Sanfte Erziehungsmaßnahmen und Korrektur schlechter Angewohnheiten – mit über 450 Farbfotos Schritt für Schritt leicht nachzuvollziehen.

Angela Wegmann
Wenn mein Hund nicht hören will
Typische und häufige Verhaltensstörungen beim Hund erkennen und beheben: Symptomatik, Diagnose, Behandlung, Vorbeugung, Beispiele für die Praxis.

Katharina von der Leyen
Braver Hund!
Viel Spaß beim Lesen und Üben: Hunde spielend leicht erziehen mit täglichen 10-minütigen Kurzlektionen, Spiel, Spaß und Konsequenz; das Basiswissen zur Hundeerziehung mit Illustrationen, die sehr humorvoll die beschriebenen Situationen visualisieren.

Katharina von der Leyen
Charakter-Hunde
Einblicke in Hundeseelen: die Charaktere der beliebtesten Rassen – brillant beschrieben, pointenreich, fesselnd, fundiert.

Angela Wegmann
Hunde richtig halten
Entscheidungshilfen für den Kauf der geeigneten Rasse und wichtiges Basiswissen für den artgerechten Umgang mit dem Hund.

Dr. med. vet. Doris Quinten
Gesundheits-Ratgeber Hunde
Damit Hunde gesund und fit bleiben: alles über Vorsorge, richtige Ernährung, Impfungen etc.; häufige Krankheiten: Ursachen, Behandlung, Krankenpflege, Vorbeugung, Selbstbehandlung – mit Naturheilkunde.

Katharina von der Leyen
Das Welpenbuch
Das umfassende Praxisbuch – Lesevergnügen pur: den richtigen Welpen finden, Rassen, Züchter, Auswahlkriterien; Entwicklung des Welpen, Grunderziehung, Fütterung und Pflege; Welpen und Kinder, Spiele, Gesundheitsvorsorge, Impfungen.